METHODEN HISTORISCHEN LERNENS

Manuel Köster

Aufgabenkultur im Geschichtsunterricht

WOCHEN
SCHAU
GESCHICHTE

Bibliografische Information der Deutschen Nationalbibliothek

Die Deutsche Nationalbibliothek verzeichnet diese Publikation in der Deutschen Nationalbibliografie; detaillierte bibliografische Daten sind im Internet unter http://dnb.d-nb.de abrufbar.

Die Qualität der in dieser Reihe erscheinenden Bände wird vor der Publikation in einem offenen Peer-Review-Verfahren durch das Herausgebergremium – gegebenenfalls in Verbindung mit externen, vom Herausgebergremium benannten Gutachtern – geprüft.

www.wochenschau-verlag.de

Titelgestaltung: Ohl Design
Titelbild: mariilya, adobe stock
Gesamtherstellung: Wochenschau Verlag
Gedruckt auf chlorfrei gebleichtem Papier
ISBN 978-3-7344-1211-0 (Buch)
E-Book ISBN 978-3-7344-1212-7 (PDF)
DOI https://doi.org/10.46499/991

Inhalt

Einleitung

Aufgaben spielen im Geschichtsunterricht eine zentrale Rolle. Über von der Lehrkraft vorbereitete oder von den Schüler*innen entwickelte Aufgaben werden die Lernenden dazu gebracht, sich mit historischen Inhalten und Problemen, mit Quellen und Darstellungen sowie mit fachlichen Methoden und Verfahren auseinanderzusetzen. Aufgaben, Aufgabenqualität und der Umgang mit Aufgaben bilden daher einen wichtigen Bereich der Forschung unterschiedlicher wissenschaftlicher Disziplinen, die sich mit schulischem Lehren und Lernen befassen. Obwohl den Aufgaben in theoretischen Überlegungen und Modellen der Geschichtsdidaktik, der Schulpädagogik bzw. Allgemeindidaktik und der Lernpsychologie eine derartige Bedeutung beigemessen wird, scheinen sie im schulischen Alltag manchmal eher stiefmütterlich behandelt zu werden. Während sich viele Lehrkräfte bei der Vorbereitung einer Geschichtsstunde viele Gedanken zu der Frage machen, welche Ziele verfolgt, welche Problemfragen bearbeitet und welche Materialien untersucht werden sollen, werden Aufgaben häufig nicht explizit vorbereitet, sondern eher spontan als mündlicher Arbeitsauftrag formuliert – obwohl die Aufgaben derjenige Teil des methodischen Arrangements einer Unterrichtsstunde sind, der Beziehungen zwischen Zielen, Inhalten, Medien und Lernenden stiftet. In diesem Buch sollen daher unterschiedliche, bislang weitgehend unabhängig voneinander existierende Diskursfelder zur Bedeutung unterschiedlicher Aufgabentypen aufeinander bezogen und auf ihre Bedeutung für das historische Lehren und Lernen hin befragt werden. Auf dieser Basis werden eigene Überlegungen zu Merkmalen guter Aufgaben und zum Umgang mit Aufgaben im Geschichtsunterricht entwickelt, die anhand von Beispielaufgaben konkretisiert und erläutert werden.

In Kapitel 1 wird die Frage diskutiert, was eine Aufgabe zur Aufgabe macht und welche Rolle Aufgaben im Geschichtsunterricht spielen. Kapitel 2 widmet sich unterschiedlichen Aufgabentypen, nämlich Diagnose-, Lern- und Prüfungsaufgaben. Zum einen wird deren jeweilige Funktion erläutert, zum anderen werden Modelle zur Bestimmung der Aufgabenqualität entwickelt und Leitaspekte vorgeschlagen, über die sich Lehrkräfte beim Erstellen eigener Aufgaben oder bei der Auswahl von Aufgaben aus dem Schulbuch Gedanken machen sollten. Kapitel 3 befasst sich mit dem Konzept der Aufgabenkultur, also der „Art und Weise, wie Lehrende und Lernende im Unterricht mit

Aufgaben umgehen“ (Bohl/Kleinknecht 2009, 331). Die Qualität der Aufgabenkultur bemisst sich nämlich nicht allein an der Aufgabe selbst (Aufgabentext), sondern auch an der Frage, wie diese Aufgabe im Unterricht bearbeitet wird, welche Materialien zur Verfügung stehen, wie viel Zeit den Lernenden zur Bearbeitung eingeräumt wird und wie die Ergebnisse der Aufgabenbearbeitung reflektiert und diskutiert werden (Aufgabenkontext). In diesem Kapitel werden unterschiedliche Phasen des Umgangs mit Aufgaben erörtert, empirische Befunde zur Aufgabenkultur diskutiert und Überlegungen zu der Frage angestellt, welche Rolle den unterschiedlichen Aufgabentypen in verschiedenen Lehr-Lernkonzepten zukommt. Kapitel 4 setzt sich mit dem Zusammenhang von Aufgaben und Sprache auseinander. Dabei geht es einerseits darum, dass Aufgaben selbst in Form von Sprache vorliegen und entsprechend verständlich oder unverständlich sein können, andererseits aber auch darum, dass Aufgaben unterschiedliche sprachliche Ebenen des Geschichtsunterrichts aufeinander beziehen und sprachliche Anforderungen an die Lernenden stellen. Kapitel 5 widmet sich der in bisherigen Diskursen zu Aufgabenqualität und Aufgabenkultur völlig ausgeblendeten Frage, inwiefern die Digitalisierung der Gesellschaft und der Lebenswelt der Lernenden neue Anforderungen an historische Lernaufgaben stellt – sowohl hinsichtlich der Frage, welche Lernziele angesichts grundlegender gesellschaftlicher Transformationsprozesse anzustreben sind, als auch bezüglich der Frage, wie die Lernenden bei der Aufgabenbearbeitung vorgehen. In Kapitel 6 schließlich werden die Überlegungen und Argumente der vorangegangenen Kapitel illustriert und konkretisiert. Anhand von insgesamt sechs Diagnose-, Lern- bzw. Prüfungsaufgaben wird beispielhaft erläutert, wie sich die Gütekriterien und Konstruktionsprinzipien bei der Aufgabengestaltung umsetzen lassen. Um diese Zusammenhänge zu erläutern, liegen die Aufgaben nicht in Form von Arbeitsblättern vor, die direkt in den Geschichtsunterricht eingebracht werden können, sondern sind eingebettet in konzeptionelle geschichtsdidaktische Überlegungen.

Ich danke den Herausgeber*innen der Reihe „Methoden historischen Lernens“ für ihr konstruktives und hilfreiches Feedback zur Manuskriptfassung dieses Bandes sowie Lisa Rauen und Laura Wessling für ihr Lektorat.

1. Definitorische Überlegungen – Was sind eigentlich Aufgaben?

„Aufgabe“ ist ein Begriff, den wir in unserem alltäglichen Sprachgebrauch regelmäßig verwenden und der Unterschiedliches bezeichnen kann. Neben den unterschiedlichen Formen einzelner unterrichtlicher Arbeitsanforderungen im engeren Sinne, die dieser Band thematisieren soll, können mit Aufgaben die Hausaufgaben gemeint sein. Darüber hinaus verwenden wir den Begriff aber auch mit den Konnotationen einer Zuständigkeit oder Verantwortung („Das war nicht meine Aufgabe“), einer Berufung („Lebensaufgabe“), einer Verpflichtung („Ich betrachte es als meine Aufgabe“) oder einer Funktion („Es ist die Aufgabe einer Uhr, die Zeit anzuzeigen“) – ganz zu schweigen von Homonymen wie der Aufgabe eines Paketes bzw. der Gepäckaufgabe, der Aufgabe des Widerstands bzw. eines Ziels oder der Aufgabe beim Volleyball.

Ähnlich vielfältig wie diese Konnotationen und Bedeutungsvarianten sind die Zugänge, die unterschiedliche Wissenschaften im Rückgriff auf ihre jeweils spezifischen theoretischen Traditionen zu „Aufgaben“ im Sinne schulischer Anforderungen gefunden haben – auch dann noch, wenn man sich zunächst auf diejenigen Aufgaben beschränkt, die sich auf die Initiierung und Förderung schulischer Lernprozesse beziehen und nicht der Diagnose oder Leistungsüberprüfung dienen. Diese Zugänge bewegen sich auf einem Kontinuum des Aufgabenverständnisses, das von den Polen „Aufgaben als Steuerungsinstrument der Lehrkraft“ und „Aufgaben als Ausdruck von Schülerorientierung“ begrenzt wird. So definiert etwa das „Wörterbuch Psychologie“ Aufgaben folgendermaßen:

„Durch Aufforderungen, situative Sachzwänge der A[ufgaben]-Situation (task environment) und/oder Vorsätze ausgelöste gedankliche Beschäftigung oder Handlung zur Verwirklichung eines Ziels, das bestimmten A[ufgaben]-Erfordernissen (task demands) entspricht. A[ufgabe] und Problem haben die nach Lösung drängende Ausgangslage und Ergebniserwartung gemeinsam, unterscheiden sich aber darin, daß bei einer A[ufgabe] die erforderlichen Schritte zu ihrer Erledigung bekannt sind, während die Wege zur Lösung eines Problems erst gefunden werden müssen.“ (Fröhlich 2004, 354)

Folgt man dieser Definition, dann lassen sich Aufgaben als zielgerichtete Bearbeitung eines Missstandes verstehen. Diese Beschäftigung kann, abhängig vom zu verwirklichenden Ziel und den mit der Aufgabe verbundenen Erfordernissen, rein gedanklich oder durch Handlungen erfolgen. Diese zielgerichteten Tätigkeiten können ihrerseits auf unterschiedlichem Wege ausgelöst werden: Durch Aufforderungen, z.B. in Form von Lernaufgaben in einem Schulbuch, durch „situative Sachzwänge" wie etwa das Bedürfnis, für die anstehende Klassenarbeit noch einmal die Unterrichtsinhalte der letzten Wochen aufzuarbeiten, oder durch Vorsätze, also durch selbstgesteckte Ziele. Sieht man von den etwas unscharf konturierten „Vorsätzen" ab, betont diese Definition also insbesondere den Aufforderungscharakter von Aufgaben, die hier in erster Linie als etwas beschrieben werden, das von außen an Individuen herangetragen wird, und nicht vor allem als Aufgaben, die sich Personen selbst stellen. Zwar ließe sich argumentieren, dass die hier erwähnten Sachzwänge genau dazu führen können – ein Sich-Selbst-Aufgaben-Stellen aus Interesse und Freude bleibt aber unterbelichtet. In ganz ähnlicher Weise beschreiben die Didaktiker Stefan Keller und Ute Bender (2012, 8) Aufgaben in einem einschlägigen Sammelband als „Anforderungen [...], mit denen Schülerinnen und Schüler seitens der Lehrkraft konfrontiert werden" (unter Bezugnahme auf Blömeke u.a. 2006, 331). Sie sehen Aufgaben nicht zuletzt als unterrichtliches Steuerungsinstrument für die Lehrkraft, die über die Eingabe von Aufgaben die Fragestellungen, Aktivitäten und Materialien, die in einer Unterrichtsstunde zum Einsatz kommen, vorgeben könne. Damit legten Aufgaben auch die zu erwartenden Denk- und Lernprozesse fest: „Durch ihr Aufgabenangebot konstituieren die Lehrkräfte [...] die inneren Reorganisationsprozesse der Schülerinnen und Schüler beim Lernen" (Keller/Bender 2012, 8). Der geschichtsdidaktische Diskurs scheint diesem Zugang zu Aufgaben in großen Teilen zu folgen. So beschreibt Holger Thünemann (2013, 143), unter direkter Bezugnahme auf Keller und Bender, folgende Charakteristika des (Lern-)Aufgabenbegriffs:

„Erstens und ganz allgemein sind Aufgaben Instrumente zur Gestaltung von Lehr-Lernprozessen. Zweitens dienen Aufgaben zur Operationalisierung bestimmter Fragestellungen. Drittens lassen sie sich als Mittel der Anforderungsniveau-Regulierung beschreiben. Viertens sind sie Werkzeuge der Wissensverknüpfung. Und fünftens könnte man sie, was die Unterrichtsakteure betrifft, zugespitzt als Lehrerprivilegien charakterisieren."

Im Gegensatz zu den ersten vier ist das fünfte hier genannte Kriterium kein definitorisches Merkmal, sondern eher ein Hinweis auf den weit verbreiteten unterrichtlichen Umgang mit Aufgaben. Thünemann beschreibt dies selbst als problematisch (vgl. ebd.), da es im Lichte eines konstruktivistischen Lernverständnisses – also der Annahme, dass Menschen ihr Wissen stets individuell auf Basis ihres Vorwissens, ihrer Interessen und Motivation etc. aufbauen – „nicht nur sinnvoll, sondern geradezu geboten" sei, dass Schüler*innen zunehmend lernten, sich selbst Aufgaben zu stellen.

Dieser Aspekt wird im bildungstheoretischen Zugang der Erziehungswissenschaftlerin Renate Girmes besonders betont. Sie betrachtet Aufgaben vor allem unter der Frage, welche Rolle diese bei der Bestimmung und Umsetzung der Ziele von Bildung spielen, wobei sie zwischen Aufgaben, die sich *den* Schülern stellen, und solchen, die sich *die* Schüler stellen, unterscheidet (vgl. Girmes 2014). Beide Aufgabentypen haben in diesem Zugriff gemeinsam, dass es sich um individuelle, perspektivenabhängige Konstruktionen handelt. Mit anderen Worten: Etwas ist nur dann eine Aufgabe, wenn es von einer Person als solche erkannt und angenommen wird (vgl. Girmes 2003, 7). Girmes benutzt hierfür das Sprachbild einer „Lücke", auf die eine Aufgabe hinweise: Etwas als Aufgabe zu begreifen, bedeutet in diesem Zugriff, eine Diskrepanz, ein Missverhältnis oder eben eine „Lücke" zwischen dem Ist- und dem Soll-Zustand wahrzunehmen. Girmes betrachtet Aufgaben damit vor allem als Herausforderung, der sich Menschen stellen, weil sie einen gegenwärtigen Zustand verbessern möchten. Eine Aufgabe kann für Schüler*innen damit nur dann eine Aufgabe sein, wenn sie diese als für sich sinnvoll erachten, wenn sie sie als Aufgabe annehmen. Zwar würden in der Schule Aufgaben von den Lernenden notgedrungen auch dann bearbeitet, wenn sie diesem Kriterium nicht gerecht werden. Dies sei dann aber durch extrinsische Motivation, etwa durch den Wunsch, nicht auffallen zu wollen, bestimmt, was dazu führe, dass die Aufgabe nicht so vollständig und komplett bearbeitet wird, wie man es möglicherweise eigentlich könnte, was seinerseits häufig zu Enttäuschung führe (vgl. ebd., 8). In der Tatsache, dass den Lernenden im Unterricht Aufgaben zugemutet werden, deren Sinnhaftigkeit für sie unklar bleibt, sieht Girmes also eine Ursache für ein mögliches Scheitern bei der Aufgabenbearbeitung. Offensichtlich konstituieren Lehrpersonen „die inneren Reorganisationsprozesse der Schülerinnen und Schüler beim Lernen" (Keller/Bender 2012, 8) durch ihr Aufgabenangebot also auf deutlich weniger unmittelbare Art und Weise, als dies bisweilen nahegelegt wird. Werden Aufgaben dagegen von den Schülerinnen als solche angenommen, so Girmes, verspüren sie also das Bedürfnis, die erkannte „Lücke" zu schließen, bringe dies zwei Effekte mit sich – zumindest dann, wenn die Lernenden zuversichtlich seien, die Aufgabe lösen zu können: Einerseits werde Kompetenz gebündelt und fokussiert, andererseits würde eine Beziehung zwischen dem Individuum und dessen Umwelt hergestellt. Entsprechend beschreibt Girmes Aufgaben folgendermaßen:

„Aufgaben sind gegenstandsbezogen und der Ausdruck für eine Lücke *zwischen dem, was ist [sic] und dem, was sein könnte, zwischen Bedingungen und Orientierungen; wird die Lücke empfunden, bewirkt das bei den Aufgabenbearbeitern, dass sie das an Wissen und Können, was ihnen zur Lösung der gesehenen Aufgabe nützlich sein könnte, auf ihre Aufgabe beziehen und dass sie das, was zur Lösung fehlt, zu finden oder zu entwickeln versuchen. Weil das so ist, sage ich: Alles Wissen und Können der Welt, [sic] nimmt Bezug auf Aufgaben." (Girmes 2014, 12, Hervorhebung im Original)*

Ganz ähnlich argumentiert Christian Heuer aus geschichtsdidaktischer Perspektive. Analog zu Girmes sieht auch er eine zentrale Aufgabe schulischen Lernens darin, die Schüler*innen für die Zukunft handlungsfähig zu machen. Anders als Girmes, der es in bildungstheoretischer Hinsicht darum geht, einen Zugang zu finden, anhand dessen die zukünftigen „großen Fragen" der Menschheit zu bestimmen sind, und die dazu auf (vermeintlich) überzeitliche menschliche „Bedingtheiten" und damit zusammenhängende Aufgaben und Orientierungen verweist (vgl. Girmes 2014, v.a. 15–20), betrachtet Heuer (2011a) zukünftige gesellschaftliche und biographische Herausforderungen als völlig offen. Weil angesichts dieser Kontingenz nicht vorherzusagen sei, welches (inhaltliche) Wissen zur Bewältigung dieser Herausforderungen vonnöten sei, müssten Aufgaben die Lernenden mit Kompetenzen historischen Denkens, also mit „domänenspezifische[n] Problemlösefähigkeiten" (Pandel 2007, 24), ausstatten. Das „Bewährungsfeld" der im Unterricht zu erwerbenden Kompetenzen sei „nicht in erster Linie die Schule, sondern das gegenwärtige und zukünftige Alltagsleben der Schülerinnen und Schüler" (Heuer 2011a, 46). Einen Lebensweltbezug mittels Aufgaben zu schaffen, erachtet Heuer schon aufgrund der in vielerlei Hinsicht heterogenen Schülerschaft für unabdingbar, die jeweils individuelle Geschichtsbilder, historische Orientierungsbedürfnisse und Identitätsbezüge mit in den Unterricht bringt (vgl. Heuer 2011a, 47). Um diesen jeweils unterschiedlichen Voraussetzungen und Bedürfnissen der Lernenden gerecht werden zu können, plädiert Heuer für eine veränderte Aufgabenkultur (vgl. Kapitel 3), die auf dem Aushandeln unterschiedlicher historischer Erzählungen basiert. So betont auch Heuer, dass Aufgaben aus der Interaktion der Beteiligten entstehen. „Eine Aufgabe an sich gibt es nicht. […] Sie entfaltet sich vielmehr im gemeinsamen Handelns von Lehrern *und* Schülern" (Heuer 2011a, 54; Hervorhebung im Original). Folgt man dieser Argumentation, müssen Aufgaben, um den Orientierungsbedürfnissen der Schülerinnen und Schüler gerecht zu werden und so, im Sinne Girmes, überhaupt erst zu Aufgaben zu werden, zum diskursiven historischen Erzählen anregen und zugleich Raum für historische Reflexion (vgl. Hasberg 2005; Thünemann 2013) lassen, um so spezifisch historische Kompetenzen der Lernenden zu fördern.

Während Aufgaben in psychologischen Kontexten also häufig als etwas verstanden werden, das in erster Linie von außen an eine Person herangetragen wird, definiert die durch Girmes vertretene bildungstheoretische Position Aufgaben als von Personen erkannte und zu bearbeitende Missstände.[1] Beide Perspektiven auf Aufgaben haben, wie die exemplarische Darstellung der Positionen Thünemanns und Heuers gezeigt haben, bereits Widerhall im geschichtsdidaktischen Diskurs gefunden, ohne dabei direkt übernommen worden zu sein. Die beiden Positionen sind nicht unvereinbar, sondern betrachten Aufgaben aus unterschiedlichem Blickwinkel. Dieser Blickwinkel ist geprägt von einem jeweils spezifischen Verständnis dessen, was Unterricht ist und was diesen ausmacht. So wird in psychologischen Traditionen, gerade im Bereich der Instructional Design-Forschung (bei aller Veränderung, die sich dort mit den psychologischen Paradigmenwechseln im Laufe des 20. Jahrhunderts vollzogen haben; vgl. Lipowsky 2015, 71–73), vor allem die empirisch verhältnismäßig leicht messbare Vermittlung von Inhalten mittels geschlossener Aufgaben diskutiert, um so die Wirksamkeit unterrichtlicher Maßnahmen zu testen. Diese Forschungstraditionen lassen sich etwas zugespitzt als tendenziell lehrer*innen- und stoffzentriert charakterisieren. Dagegen rücken erziehungswissenschaftliche, allgemeindidaktische und bildungstheoretische Ansätze die empirisch schwer zu fassende Bildungsaufgabe von Schule in den Vordergrund oder betonen doch zumindest die individuelle, schüler*innenseitige Dimension des Lernens stärker. Ähnliches gilt für jüngere konstruktivistische Ansätze in der Pädagogischen Psychologie, die Lernen nicht als Vermittlung von Inhalten, sondern als individuellen, situativen und kumulativen Prozess der Wissenskonstruktion fassen (vgl. ebd., 73–75). Dies gilt besonders für die Ansätze des situierten Lernens (vgl. Greeno 1998), die herausstellen, dass Lernen stets in konkreten situativen und sozialen Kontexten stattfindet, die berücksichtigt werden müssen. Diese Ansätze können damit als stärker schüler*innen- und lernprozesszentriert beschrieben werden.

Psychologisch orientierte, dem Prozess-Produkt-Paradigma von Unterricht verschriebene Ansätze dominieren den Forschungsdiskurs zur Unterrichtseffektivität und -qualität in englischsprachigen Ländern und werden auch in Deutschland breit rezipiert. Im aktuellen deutschsprachigen Diskurs, vor allem in den Erziehungswissenschaften und Fachdidaktiken, haben sich dagegen Angebots-Nutzungs-Modelle von Unterricht durchgesetzt. Diese bilden momentan das zentrale Paradigma der theoretischen Beschäftigung mit Unterricht (vgl. Köster u.a. 2017). Vereinfacht gesagt, betrachten derartige Modelle Unterricht als ein Angebot an die Lernenden, welches diese aufgrund ihrer jeweils spezifischen Lernvoraussetzungen auf individuelle Weise nutzen (vgl. Lipowsky 2015, 76f.). Zwei besonders einflussreiche Modelle, die auf dieser theoretischen Grundlage basierten, stammen von Pauli und Reusser (2006) bzw. von Helmke (2015). Diese haben auch geschichtsdidaktische Modellierungen von Unterricht beeinflusst (z.B. Gautschi 2015). Versteht man Unterricht als Kombination aus lehrer*innenseitigem Angebot und schüler*innenseitiger Nutzung[2] – verortet man also die Angebots-Nutzungs-Struktur auf der unterrichtlichen Makroebene –, kann man Aufgaben als Gelenkstelle zwischen Angebot und Nutzung auffassen (vgl. Thünemann 2013, 144). Diesem Verständnis folgend, sind Aufgaben Teil des von der Lehrkraft unterbreiteten Angebots an die Lernenden (so auch bei Heuer/Resch 2018, 5, sowie bei Mägdefrau/Michler 2018) und strukturieren durch ihre spezifische Beschaffenheit die mögliche Nutzung bereits deutlich vor, indem sie z.B. angeben, welche Denkleistungen erbracht werden sollen.

Die Grundstruktur aus Angebot und Nutzung wurde für eine fachspezifische Theorie des Geschichtsunterrichts (Köster u.a. 2017; Bracke u.a. 2018) aufgegriffen, mit systemtheoretisch inspirierten Ansätzen der Erziehungswissenschaft (Meseth u.a. 2012) verbunden und geschichtsdidaktisch gewendet. Ausgehend von den zentralen Annahmen der Systemtheorie Niklas Luhmanns (2008) wird Unterricht hier als ein soziales System verstanden. Betrachtet man Unterricht unter Berücksichtigung dieser für Lehrer*innen und Geschichtsdidaktiker*innen ungewöhnlichen Perspektive, ergeben sich Erklärungen für bislang schwer verständliche Befunde (vgl. Köster/Zülsdorf-Kersting 2018). Die zentrale Annahme dieser Theorie besteht darin, dass soziale Systeme (wie z.B. der Geschichtsunterricht) aus Kommunikation bestehen. Alles, was nicht Kommunikation ist, ist nicht Teil des Systems, sondern Teil der Umwelt. Für den Geschichtsunterricht bedeutet dies, dass die Lernprozesse der Schüler*innen nicht Teil des Systems Geschichtsunterricht sind. Zu diesem werden sie erst dann, wenn sie kommuniziert werden, wenn die Lernenden ihre Überlegungen also als Wortbeitrag, als Text, als Plakat usw. kommunizieren. Umgekehrt gehört der Geschichtsunterricht zur Umwelt der Denkprozesse von Lehrkraft und Lernenden. Diese Denkprozesse sind Teil des psychischen Systems Geschichtsbewusstsein. Die Unterscheidung von System und Umwelt ist deshalb wichtig, weil die Systemtheorie davon ausgeht, dass Veränderungen innerhalb eines Systems immer nur „autopoietisch" erfolgen können, also nur aus sich selbst heraus und nicht von außen gesteuert. Diese Annahme stellt die systemtheoretische Auslegung des gerade bereits erwähnten konstruktivistischen Lernbegriffs dar: Geschichtsunterricht kann nicht direkt in das historische Denken der Schüler*innen eingreifen, er kann aber eine Umgebung bereitstellen, die Anregungspotenzial für Veränderungen bereithält. In der Systemtheorie würde man sagen, dass System und Umwelt einander über „strukturelle Kopplungen" anregen können. Mittels Aufgaben können derartige Kopplungen hergestellt werden, indem die gewünschten kognitiven Leistungen, die die Lernenden erbringen sollen, vorstrukturiert und gezielt angesteuert werden. Dabei ist aber natürlich keineswegs sichergestellt, dass die Schüler*innen auf die vorgesehene Weise mit den Aufgaben umgehen und dabei tatsächlich zu den von der Lehrkraft in der Unterrichtsplanung antizipierten Einsichten gelangen. Hier greift die Logik von Angebot und Nutzung, auf die zuvor bereits verwiesen wurde. Aufgrund dieser Zusammenhänge müsste im geschichtsdidaktischen Diskurs deutlich mehr Gewicht auf die Aufgabenkultur gelegt werden, also auf „die Art und Weise, wie Lehrende und Lernende mit Aufgaben im Unterricht umgehen" (Bohl/Kleinknecht 2009, 331). Das dritte Kapitel wird sich der Bedeutung der Aufgabenkultur widmen.

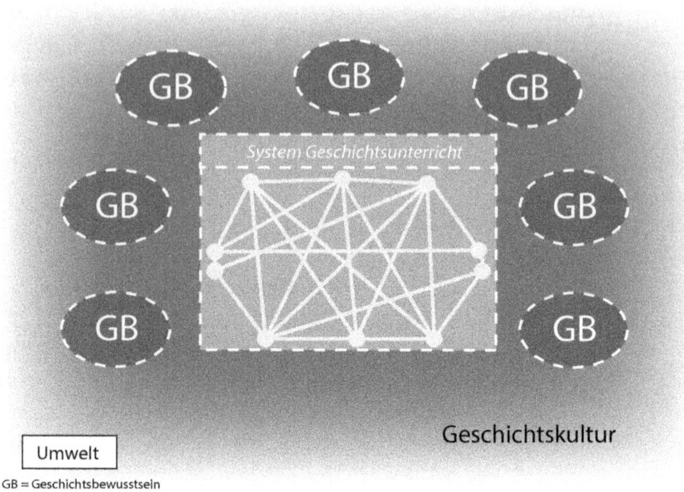

Abb. 1: Geschichtsunterricht systemtheoretisch (Bracke u. a. 2018, 37)

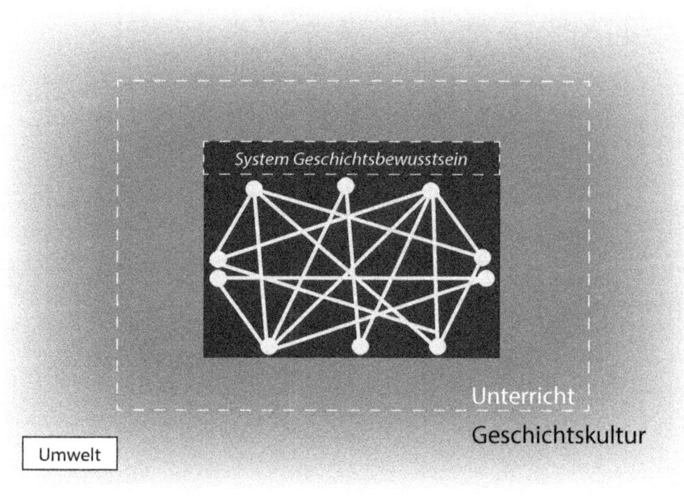

Abb. 2: Geschichtsbewusstsein systemtheoretisch (Bracke u. a. 2018, 37)

Anders als in bisherigen Modellen wird die Logik aus Angebot und Nutzung in der Theorie des Geschichtsunterrichts allerdings nicht auf der Makroebene des Unterrichts gedacht, sondern auf der Mikroebene. Jede kommunikative Handlung im Geschichtsunterricht, d.h. jede Äußerung, jede Geste, auch jedes bewusste Verweigern der Mitarbeit, stellt ein kommunikatives Angebot dar. Angebote werden im Unterricht also nicht nur von der Lehrkraft, sondern gleichermaßen von den Lernenden gemacht. Zudem werden Angebote nicht (oder zumindest nicht allein) vor dem Unterricht erdacht und dann in diesen eingebracht, sondern ergeben sich ebenso sehr aus dem kommunikativen Zusammenspiel des Unterrichtsgeschehens. So stellt eine Frage der Lehrperson ein kommunikatives Angebot an die Anwesenden dar, das individuell genutzt wird. Dieser Prozess der Nutzung bewirkt aber seinerseits neue kommunikative Angebote der Lernenden, die z.B. in Antworten, Rückfragen, Aufzeigen, dem Blättern in Schulbuch oder Heft, Bemerkungen an den Tischnachbarn oder einem verträumten Blick aus dem Fenster bestehen können. Angebote und Nutzung sind also nicht als zwei monolithische Blöcke zu verstehen, sondern als eine Struktur, die die unterrichtliche Kommunikation durchzieht. Aus dieser Perspektive präsentiert sich Unterricht somit als eine Folge von Angebots-Nutzungs-Ketten, durch die im Unterrichtsgeschehen Themenveränderungen, Schwerpunktsetzungen, Exkurse und Fokussierungen „emergieren". Das bedeutet, dass zum Beispiel ein Themenwechsel nicht unbedingt deshalb erfolgt, weil eine bestimmte Person dies beabsichtigt, sondern weil im Verlauf des Unterrichtsgesprächs über mehrere Angebots-Nutzungs-Folgen hinweg thematische Verschiebungen entstehen, ohne dass ein intentionaler Verursacher identifiziert werden könnte (vgl. Hollstein u.a. 2016, 43f.; Köster u.a. 2017).

Damit ist unterrichtliche Kommunikation – so wie Kommunikation überhaupt – kontingent, also offen, nicht festgelegt und nur bedingt vorhersehbar. Da niemals völlig klar ist, wie Angebote im Unterricht genutzt werden, ist ein Gesprächs- bzw. Stundenverlauf nicht determiniert. Das bedeutet in aller Regel jedoch nicht, dass Unterricht völliges Chaos wäre, dass alle durcheinander reden und dass für die Lehrperson zu Beginn der Stunde vollkommen unabsehbar wäre, wie sich diese entwickeln wird. Als institutionalisierte Form des Lehrens und Lernens hat Unterricht vielmehr bestimmte Formen herausgebildet, mithilfe derer das Kontingenzpotenzial eingeschränkt wird. Die Schulpflicht, der Stundenplan, das Curriculum, das Kompetenz- und

Autoritätsgefälle zwischen Lehrkraft und Schülerschaft sowie habitualisierte Rollenmuster und Verhaltensweisen führen dazu, dass bestimmte Nutzungen kommunikativer Angebote wahrscheinlicher werden als andere (ohne diese damit aber zu determinieren). Fragt die Lehrerin beispielsweise nach den Bestimmungen des Versailler Vertrags, so sind Schüler*innenantworten, die diese Bestimmungen zu nennen versuchen, eher zu erwarten als solche, die sich auf das gestrige Fußballspiel beziehen. Von der Lehrkraft vorbereitete und geplant in den Unterricht eingebrachte Aufgaben können als ein solches Instrument der Kontingenzeinschränkung aufgefasst werden, da über sie Themen, Materialien und erwartete Denkleistungen vorstrukturiert werden können. Nichtsdestotrotz kann (und soll) die Aufgabe die Lernenden natürlich nicht zur Aufgabenbearbeitung zwingen – es besteht weiterhin die Möglichkeit, dass Arbeitsblätter zu Papierflugzeugen werden oder Gruppenarbeitsphasen mit Privatgesprächen gefüllt werden. Und auch über eine derartige Vermeidung der Aufgabenbearbeitung hinaus ist nicht unbedingt garantiert, dass Aufgaben so bearbeitet werden, wie es die Lehrkraft in der Unterrichtsplanung antizipiert, da Lernende Aufgaben immer subjektiv mit Bedeutung versehen, die Aufgabe zu verstehen und zu lösen versuchen und dabei zu anderen Zuschreibungen kommen können als die Lehrperson (vgl. Hascher/Hofmann 2008, 48). Jede Kontingenz einschränkende Maßnahme birgt ihrerseits neues Kontingenzpotenzial.

Eine letzte für die Beschreibung der Rolle von Aufgaben im Geschichtsunterricht wichtige systemtheoretische Annahme besteht darin, dass soziale Systeme sich nicht einfach so herausbilden, sondern um eine spezifische gesellschaftliche Funktion zu erfüllen. Die Funktion des Systems Unterricht wurde mit dem Begriff der „Pädagogizität“ (Meseth u.a. 2012, 224) bezeichnet. Damit ist gemeint, dass Unterricht eine spezifische Form der Kommunikation darstellt, die so ausgerichtet ist, dass den Schüler*innen die Möglichkeit zum Lernen gegeben wird. Aufgaben können mit ihrem Auf- und Anforderungscharakter als Element der Pädagogizität von Unterricht aufgefasst werden. Eine ihrer Funktionen besteht darin, dass im Geschichtsunterricht nicht irgendwie, sondern zielgerichtet kommuniziert wird. Insofern sind im Prozess der Unterrichtsplanung vorbereitete Lernaufgaben Ausdruck der Normativität und Zielgerichtetheit von Geschichtsunterricht.

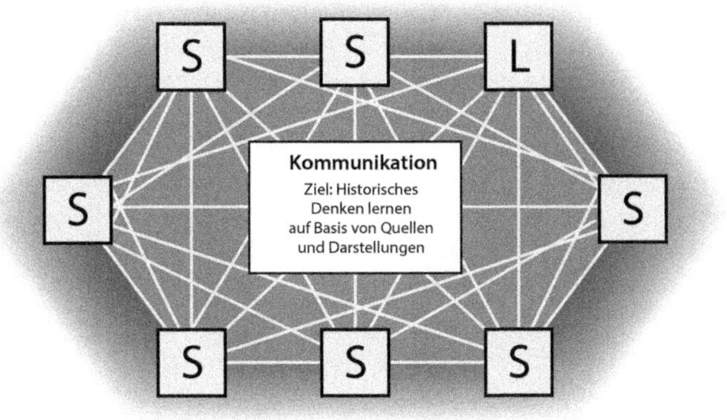

S = Schüler*innen
L = Lehrer*innen

Abb. 3: Geschichtsunterricht als soziales System (Bracke u. a. 2018, 63)

Betrachtet man die Angebots-Nutzungs-Logik von Unterricht somit auf die beschriebene Weise, situiert man sie also auf der Mikroebene unterrichtlicher Kommunikation, so ließe sich nach wie vor sagen, dass Aufgaben auch Teil eines (in der Regel) durch die Lehrkraft vorbereiteten Angebots sind oder zumindest sein können. Sie sind aber mehr als das, da nicht nur die Aufgabe selbst, sondern auch der Umgang mit der Aufgabe, also die Aufgabeneinführung, -bearbeitung, -besprechung und -reflexion, aus dieser Perspektive jeweils als individuell genutzte kommunikative Angebote aufzufassen sind.[3] Zumindest dieser Aufgaben*kontext* ist stark von der jeweiligen Kommunikationssituation abhängig.[4] Das ggf. von der Lehrkraft vorbereitete Angebot wird von den Lernenden ebenso wie von der Lehrperson auf individuelle Weise genutzt, indem die Aufgabe zu einem bestimmten Zeitpunkt auf eine bestimmte Weise in die Stunde eingebracht, dort auf Basis des jeweils individuell spezifischen Wissens- und Kompetenzstands bearbeitet und dann besprochen und reflektiert wird, wobei jeder dieser Schritte seinerseits ein neues Angebot an die Anwesenden darstellt, das von allen Beteiligten auf spezifische Weise genutzt wird. Die oben zitierte Aussage Heuers, Aufgaben entwickelten und entfalteten sich in der Interaktion der Beteiligten, spielt ebenfalls auf diese Zusammenhänge an. Auch dem hier umrissenen Unterrichtsbegriff folgend lässt sich also sagen, dass Aufgaben eine Gelenkstelle von Angebot und Nutzung darstellen. Diese Aussage gilt es jedoch dahingehend zu erweitern, dass dies nicht nur für den ausformulierten Aufgabentext gilt, sondern gleichermaßen für den Umgang mit der Aufgabe. Aufgaben können somit Teil eines vorbereiteten unterrichtlichen Angebots sein, der Umgang mit der Aufgabe ist jedoch ebenfalls als (situativ entworfenes und im Unterrichtsdiskurs emergierendes) Angebot aufzufassen. Mit anderen Worten: Sowohl die Aufgabe selbst als auch ihre Bearbeitung stellen ein Angebot dar, welches sich im Prozess seiner Nutzung fortwährend verändert.

Aus diesen Überlegungen ergibt sich die folgende Arbeitsdefinition von Aufgaben im Geschichtsunterricht:

*Aufgaben sind Anforderungen, die Lernenden im (Geschichts-)Unterricht begegnen. Mittels Aufgaben wird ein Problemhorizont eröffnet, der individuell oder gemeinsam bearbeitet werden soll. Sie können von der Lehrkraft an die Schüler*innen herangetragen oder von den Lernenden selbst entwickelt werden. Als Element unterrichtlicher Kommunikation sind Aufgaben in die Angebots-Nutzungs-Struktur von Unterricht integriert, d. h. sie stellen kommunikative Angebote dar, die von den Beteiligten individuell genutzt werden, wobei im Prozess der Nutzung stets neue Angebote entstehen. Gleichzeitig wird über Aufgaben die Kontingenz unterrichtlicher Kommunikation eingeschränkt, indem inhaltliche Fokussierungen, zu bearbeitende Medien und erwartete Denkakte vorstrukturiert werden. Der gedankliche und kommunikative Umgang mit Aufgaben im Zusammenhang der Aufgabenkultur eröffnet über die so erzeugten neuen Angebote seinerseits neues Kontingenzpotenzial. Als Element der Pädagogizität von Unterricht tragen Aufgaben dazu bei, unterrichtliche Kommunikation so auszurichten, dass den Schüler*innen die Möglichkeit zu lernen gegeben wird. Unterschiedliche Aufgabentypen leisten dazu unterschiedliche Beiträge.*

Anmerkungen

1 Einen ganz anderen Blick auf (Lern-)Aufgaben nimmt die Textlinguistik ein (vgl. Heer 2011), die Aufgaben vor allem als Mittel der Kohärenzstiftung zwischen unterschiedlichen Texten und Textsorten versteht. Hier steht also die Frage im Vordergrund, wie Aufgaben Beziehungen zwischen Texten herstellen, z.B. zwischen dem Verfassertext und dem Quellenmaterial in einem Schulbuch. Dieser Aspekt klingt bei Thünemann (2013, 143) an, wenn er Aufgaben als „Werkzeuge der Wissensverknüpfung" bezeichnet, wenngleich Thünemann hier wohl weniger an inter- und intratextuelle Kohärenz als vielmehr an z.B. die Verknüpfung deklarativen und

prozeduralen Wissens denkt. Die textlinguistische Perspektive wird in Kapitel 2.2 noch einmal aufgegriffen.

2 Zwar erwähnt Helmke (2015, 78), „das real existierende Unterrichtsangebot [müsse] keineswegs ausschließlich von der Lehrperson stammen", eine systematische Berücksichtigung finden schüler*innenseitige Angebote in seinem Modell jedoch nicht. Dass die Nutzung eines Angebotes neue Angebote erzeugt, findet zudem ebenso wenig Beachtung wie die Tatsache, dass auch die Lehrperson Angebote nutzt.

3 Die Bedeutung der einzelnen Phasen der Aufgabenbearbeitung wird in Kapitel 3 diskutiert.

4 In den Fällen, wo Aufgaben nicht als Teil der Unterrichtsplanung vorbereitet, sondern von der Lehrkraft oder den Lernenden im Unterrichtsdiskurs entwickelt werden, gilt dies nicht nur für den Aufgaben*kontext*, sondern ebenso für den Aufgaben*text*.

2. Aufgabentypen: Funktionen und Gütekriterien

Im fächerübergreifenden Diskurs werden im Wesentlichen drei Aufgabentypen unterschieden: Diagnoseaufgaben, Lernaufgaben und Prüfungs- bzw. Leistungsaufgaben. Diese Dreiteilung hat in den letzten Jahren zunehmend Einzug in den geschichtsdidaktischen Diskurs erhalten (vgl. z.B. Wenzel 2012b; Thünemann 2013), wenngleich es hier auch eigene, z.T. schon länger zurückreichende Aufgabentypologien gibt (vgl. z.B. von Borries 1974; Wenzel 2012a; Körber 2017a). Letztere lassen sich, wie sich zeigen wird, jedoch mehrheitlich auch in die heute gebräuchliche Dreiteilung einordnen bzw. stellen Untertypen dar. In diesem Kapitel werden die Funktionen, Bestandteile und Qualitätsmerkmale der unterschiedlichen Aufgabentypen in einem vorwiegend theoretischen Zugriff vorgestellt. Diese Überlegungen werden in Kapitel 6 anhand von Beispielaufgaben konkretisiert.

Die drei genannten Aufgabentypen haben unterschiedliche Funktionen. Diagnoseaufgaben dienen dazu, den Wissens- und/oder Könnensstand einzelner Lernender oder der Lerngruppe zu erheben – z.B. um zu Beginn einer neuen Reihe zu erfahren, welches inhaltliche Wissen und welche Schülervorstellungen, Alltagstheorien bzw. Präkonzepte die Basis des Lernprozesses bilden werden. Lernaufgaben dagegen begleiten den Lernprozess, indem sie die Schüler*innen herausfordern, sie in ihrem Lernprozess unterstützen und ihnen die Möglichkeit geben, ihr Wissen und ihre Kompetenzen zu erweitern. Lernaufgaben sollen den Lernprozess damit initiieren, unterstützen, ausdifferenzieren und reflexiv verfügbar machen. Prüfungsaufgaben schließlich stehen am Ende des Lernprozesses. Sie dienen dazu, den von den Schüler*innen erreichten Könnens- und Wissensstand mit einer vorher festgesetzten Zielnorm zu vergleichen.[1] Zwar können die Grenzen zwischen den drei Aufgabentypen verschwimmen, da z.B. auch Lernaufgaben in diagnostischer Absicht eingesetzt werden können – an der Art und Weise, wie Lernende eine Lernaufgabe bearbeiten, lässt sich erkennen, ob sie dies mehr oder weniger gut können –, die spezifische Funktion der drei Aufgabentypen bringt aber jeweils eigene Konstruktionsprinzipien und Gütekriterien mit sich, die zum Teil miteinander im Widerspruch stehen.

2.1 Diagnoseaufgaben

Im Folgenden wird der erste Aufgabentypus vorgestellt, die Diagnoseaufgaben. Diese werden zunächst auf Basis des Forschungsstands definiert und beschrieben, bevor im zweiten Schritt Gütekriterien für Diagnoseaufgaben sowie Prinzipien für die Aufgabengestaltung entwickelt werden. Die Teilkapitel zu Lernaufgaben (2.2) und Prüfungsaufgaben (2.3) sind analog aufgebaut.

2.1.1 Diskussions- und Forschungsstand

Diagnoseaufgaben gehören zum Instrumentarium pädagogischer Diagnostik. Dieser Begriff bezeichnet zusammenfassend diejenigen

„diagnostischen Tätigkeiten, durch die bei einzelnen Lernenden und den in einer Gruppe Lernenden Voraussetzungen und Bedingungen planmäßiger Lehr- und Lernprozesse ermittelt, Lernprozesse analysiert und Lernergebnisse festgestellt werden, um individuelles Lernen zu optimieren. Zur Pädagogischen Diagnostik gehören ferner die diagnostischen Tätigkeiten, die die Zuweisung zu Lerngruppen oder zu individuellen Förderprogrammen ermöglichen sowie die mehr gesellschaftlich verankerten Aufgaben der Steuerung des Bildungsnachwuchses oder der Erteilung von Qualifikationen zum Ziel haben" (Ingenkamp/Lissmann 2008, 13).

Hier wird auf zwei wichtige Funktionen pädagogischer Diagnostik verwiesen: die Förderungs- und die Selektionsfunktion (vgl. Wilhelm/Kunina-Habenicht 2015, 307). Aus fachdidaktischer Perspektive steht vor allem Erstere im Vordergrund (vgl. Langner 2007). Durch Diagnoseaufgaben soll der Wissens- und/oder Könnensstand der Schüler*innen erhoben werden, um auf Basis dieser Informationen den weiteren Lernprozess planen und Lernende gezielt und individuell fördern zu können. Darüber hinaus werden noch weitere Funktionen von Diagnoseaufgaben diskutiert (vgl. Adamski/Bernhardt 2012): Dazu gehört zum einen die mit der individuellen Förderung verwandte Entwicklungsprognose, bei der auf Basis des diagnostischen Urteils und empirisch ermittelter Konzepte zur typischen Entwicklung bestimmter Fähigkeiten, Konzepte oder Einstellungen eingeschätzt wird, welche Veränderungen künftig zu erwarten sind. Zum anderen können Diagnoseaufgaben auch zur Evaluation von Lernprozessen genutzt werden. Die Aufgaben würden hier also am Ende einer Unterrichtseinheit eingesetzt, um zu prüfen, ob diese zu den erwünschten Ergebnissen geführt hat, und um den Unterricht zu verbessern (vgl. Thünemann 2014; Zülsdorf-Kersting 2014, 221). Aufgrund der bereits erörterten Kontingenz unterrichtlicher Verläufe und der jeweils individuellen Nutzung unterrichtlicher Angebote sind sowohl bei der prognostischen als auch bei der evaluativen Funktion von Diagnoseaufgaben aber jeweils nur Näherungswerte anzunehmen. Mit anderen Worten: Weder lässt sich für einzelne Lernende präzise vorhersagen, wie sich Wissen, Kompetenzen und Einstellungen verändern werden, noch muss die Tatsache, dass Einzelne am Ende einer Unterrichtseinheit nicht vorgesehene und beabsichtigte Konzepte, Wissensbestände und Fähigkeiten aufweisen, zwingend ein Indikator für eine schlecht geplante Unterrichtsreihe sein.

Im Gegensatz zu den Lernaufgaben beschäftigt sich die Geschichtsdidaktik mit Fragen fachspezifischer Diagnostik noch nicht besonders lange. Zwar liegen erste Vorschläge für Diagnoseaufgaben vor (Ammerer/Windischbauer 2011; Adamski 2014), bei diesen ist aber teilweise zu fragen, ob es sich wirklich um Diagnoseaufgaben im engeren Sinne handelt. Teilweise zeigen sie sich auch überskeptisch gegenüber der Leistungsfähigkeit empirischer Forschung und der Relevanz ihrer Befunde und scheinen stattdessen einem diagnostischen Bauchgefühl zu vertrauen (vgl. Adamski 2014, 20, 24, 27, 50–54, 167). Vielfach wirken die vorgeschlagenen Aufgaben eher wie Lern- oder Übungsaufgaben, die zu diagnostischen Zwecken genutzt werden sollen, die aber nicht unbedingt den im Folgenden vorzustellenden Gütekriterien gerecht werden. Adamski (2014, 20) bezeichnet diese Verfahren als „*implizite* Diagnostik“ (kursiv im Original) und versteht diese als realistisch, im Gegensatz zu den als überzogen empfundenen Maßstäben der Wissenschaft. Eine systematische Auseinandersetzung mit Diagnoseaufgaben hat im deutschsprachigen Raum dagegen gerade erst begonnen (vgl. Conrad 2007; Adamski/Bernhard 2012; Kühberger 2014; 2016a; Nitsche/Waldis 2016; Bormuth u.a. 2020; vgl. allerdings bereits v. Borries 1974 für Vorschläge zur Diagnose methodischer Fähigkeiten), und dies obwohl Bodo von Borries schon vor mehr als zehn Jahren betont hat, „dass im Fach Geschichte eine differenzierte [...] Einzeldiagnose weit wichtiger [sei] als ein – einigermaßen mechanisches, weil notwendigerweise sparsames – ‚large-scale-assessment‘ zwecks Systemevaluation“ (v. Borries 2007, 654).

Angesichts der Bedeutung diagnostischer Tätigkeiten im Unterricht – gerade auch im Kontext einer zunehmend heterogenen Schülerschaft, die mit sehr unterschiedlichen Voraussetzungen in den Unterricht kommt –, wird die Bedeutung diagnostischer Lehrer*innenkompetenzen sowohl geschichtsdidaktisch als auch im überfachlichen Diskurs betont. Diese sind ein zentrales Element fachspezifischer (vgl. Pandel 2007, 46; Resch 2018) und fachübergreifender (vgl. Shulman 1986;

Kunter u.a. 2011; Helmke 2015) Lehrer*innenkompetenzmodelle. Analog zur Bedeutung diagnostischer Kompetenzen in akademischen Diskursen werden diese auch in bildungsadministrativen Kontexten zunehmend betont. So heißt es etwa in den von der KMK beschlossenen „Standards für die Lehrerbildung" unter Kompetenz 7: „Lehrerinnen und Lehrer diagnostizieren Lernvoraussetzungen und Lernprozesse von Schülerinnen und Schülern; sie fördern Schülerinnen und Schüler gezielt und beraten Lernende und deren Eltern" (Sekretariat der KMK 2004, 11; für das Fach Geschichte vgl. dies. 2008, 29). Entsprechend spielt die Kenntnis diagnostischer Verfahren auch in den Modul- bzw. Prüfungsordnungen der ersten und zweiten Phase der Lehramtsausbildung eine wichtige Rolle. Die Kenntnis diagnostischer Instrumente, zu denen Diagnoseaufgaben zählen, gilt damit heute als wichtiges Instrument der Lehrer*innenprofessionalisierung.

2.1.2 Gütekriterien für Diagnoseaufgaben

Worin unterscheiden sich nun Diagnose- und Prüfungsaufgaben, und wie lassen sich gelungene Diagnoseaufgaben von weniger gelungenen differenzieren? Zum einen sollte bei „echten" Diagnoseaufgaben das diagnostische Element im Mittelpunkt stehen. Diese müssen den Lernenden also ermöglichen, ihr vorhandenes Wissen, ihre Vorstellungen und Konzepte oder ihre Kompetenzen *anzuwenden*.[2] Darüber hinaus sollten sie spezifischen Gütekriterien genügen, die bereits andernorts vorgestellt wurden (Köster u.a. 2016), hier aber erneut aufgegriffen und weiter ausgearbeitet werden sollen. Dabei sollte jedoch stets im Hinterkopf behalten werden, dass es im Unterrichtsalltag oft weniger darauf ankommt, eine im psychometrischen Sinne „korrekt gemessene" Zustandsdiagnose zu erstellen, sondern vielmehr darauf, ein Bewusstsein für die Veränderungen im Wissens- und Könnensstand der Lerngruppe zu entwickeln. Die Psychologen Weinert und Schrader formulierten diesen Aspekt bereits in den 1980er Jahren: „Von pädagogischer Bedeutung ist also weniger die Zustands- als die Verlaufsdiagnostik mit besonderer Beachtung erwartungskonformer und erwartungswidriger Veränderungen und Nicht-Veränderungen der Schulleistungen" (Weinert/Schrader 1986, 18). Man könnte auch sagen: Statt einer Orientierung an einem Außenkriterium zur Beurteilung der Leistung (Sachnorm) oder dem klasseninternen oder landesweiten Vergleich (Sozialnorm) steht, wenn es um Diagnostik mit dem Ziel individueller Förderung geht, manchmal in erster Linie die Individualnorm im Vordergrund (vgl. Kühberger 2014, 10–14).

Diagnoseaufgaben und empirische Forschung verfolgen ein grundsätzlich ähnliches Ziel: Beiden geht es um eine möglichst treffende Beschreibung eines Ist-Zustands. Geht es um die Qualität pädagogischer oder didaktischer Diagnostik, wird daher regelmäßig auf die drei klassischen Gütekriterien quantitativer Empirie verwiesen: Objektivität, Reliabilität und Validität (z. B. auch bei Adamski/Bernhardt 2012, 403; Kühberger 2014, 10). Entgegen der Einschätzung Peter Adamskis (2014, 9, 167) lassen sich diese durchaus als Maßstab für die Diagnose historischer Denk- und Lernleistungen verwenden, sofern sie nicht einfach unverändert übernommen, sondern eher als Leitideen bei der Aufgabenkonstruktion und bei der Reflexion des Diagnoseergebnisses verwendet werden. Es geht hier also, anders als etwa bei psychologischen Testverfahren, nicht darum, anhand statistischer Verfahren zu berechnen, welchen Wert die Diagnoseaufgabe hinsichtlich ihrer Reliabilität und Validität erreicht, sondern vielmehr darum, die hinter den Kriterien stehenden Grundideen zu verstehen und fachspezifisch zu adaptieren. Einen Vorschlag dafür macht das hier abgebildete Modell:

Abb. 4: Gütekriterien von Diagnose- und Prüfungsaufgaben (Köster u. a. 2016, 4)

Das erste Kriterium, *Objektivität*, besagt, dass das diagnostische Urteil unabhängig von der diagnostizierenden Person erfolgen soll. Wie zahlreiche klassische Studien der Psychologie und der Bildungswissenschaften gezeigt haben, lassen wir uns bei unserer Einschätzung z.B. der Schüler*innenleistung häufig von Faktoren leiten, die eigentlich gar nicht Gegenstand der Einschätzung sein sollen. Im Kontext pädagogischer Diagnostik wird dabei immer wieder auf die damit zusammenhängenden sogenannten Beobachterfehler verwiesen, die ganz besonders dann eine große Rolle spielen können, wenn das diagnostische oder bewertende Urteil „nach Augenmaß" gefällt wird – z.B. wenn sich die Lehrperson am Ende der Stunde kurze Notizen in Form von Plus- oder Minuszeichen für die mündliche Mitarbeit macht.

Urteilsfehler	Auswirkung
Ersteindruck/Primacy-Effekt:	Die auf einem spontanen Ersteindruck beruhende Einschätzung einer Person wirkt sich auf spätere Beurteilungen aus.
Vorurteile/Rosenthal-Effekt:	Vorinformationen (auch außerschulische), spontane Zu- oder Abneigung beeinflussen die Beobachtung und das darauf beruhende Urteil.
Globaleindruck/Halo-Effekt	Ein als besonders prägnant wahrgenommenes Merkmal einer Person überstrahlt andere Bereiche.
Fehlzuweisungen, Ähnlichkeits- und Inferenzeffekt:	Neigung, eigene Eigenschaften oder deren Gegenteil auf andere Personen zu übertragen bzw. aus einer beobachteten Verhaltensweise in einer spezifischen Situation auf Charaktereigenschaften zu schließen.
Logische Fehler/ Logical-Error-Effekt:	Ein beobachtetes Verhalten, zum Beispiel Fleiß und Sauberkeit, wird mit einem anderen verknüpft, z.B. Interpretationsfähigkeit.

Beobachtungs- und Urteilsfehler (nach Adamski/Bernhardt 2012, 407)

Wenn die diagnostizierende Lehrkraft sich der Existenz derartiger Beobachterfehler (siehe auch Wunderer 2016 für weitere Beispiele aus der Praxis) bzw. kognitiver Verzerrungen bewusst ist und ihr didaktisches Urteil auf deren Wirkung hin reflektiert, orientiert sie sich am Gütekriterium der Objektivität.

Ein zweiter Faktor, der zur Unabhängigkeit der Diagnose von der Lehrperson beiträgt, ist ein expliziter Parameter der Niveauermittlung. Objektiv ist ein Urteil also dann, wenn die Frage, ob ein Schüler oder eine Schülerin über ein hohes bzw. niedriges Maß an Wissen oder

Kompetenzen verfügt, nicht allein anhand der individuellen Einschätzung der Lehrkraft erfolgt, sondern auf Basis eines theoretisch abgeleiteten oder empirisch ermittelten Maßstabs. Unabhängigkeit des Urteils vom Beobachter bedeutet hier also nicht in erster Linie, dass eine andere Person zu einem identischen Urteil kommen würde – das ist bei hoch inferenten, also stark voraussetzungsvollen und auf theoretischen Annahmen und Auslegungen basierenden Qualitätsurteilen nur selten möglich –, sondern vielmehr, dass ein expliziter und fachspezifischer Bewertungsmaßstab vorliegt. Von den vorliegenden historischen Kompetenzmodellen enthält lediglich das Modell der FUER-Gruppe (Körber u.a. 2007) explizite Hinweise zur Graduierung der Kompetenzbereiche, also zu der Frage, was ein „Mehr" an Kompetenz in den einzelnen Bereichen auszeichnet. Jedoch wird die unterrichtliche und empirische Umsetzbarkeit dieser Überlegungen häufig angezweifelt (vgl. Thünemann 2016, 40; darauf erwidernd Körber 2017b), obwohl die Projektgruppe ihren Graduierungsparameter des Verfügens über Konventionen auf mehrere Teilbereiche historischen Denkens angewandt hat (vgl. die Beiträge in Körber u.a. 2007). Insgesamt muss aber konstatiert werden, dass bislang kein konsensfähiger Vorschlag zur Graduierung historischer Kompetenzen vorliegt (vgl. Körber 2012; Thünemann/Jansen 2018).[3] Bei bestimmten Teilbereichen historischen Denkens gibt es dagegen recht zuverlässige empirische Hinweise zu der Frage, woran sich ein Niveauunterschied festmachen lässt und welche weiteren Entwicklungsschritte zu erwarten sind.[4] So haben etwa sowohl das britische CHATA-Projekt (Dickinson/Lee 1995; Lee u.a. 1998; Lee/Shemilt 2003; Ashby 2005) als auch der deutsche Geschichtsdidaktiker und Erziehungswissenschaftler Matthias Martens (2010) untersucht, welche Vorstellungen Schülerinnen und Schüler über die Funktion historischer Quellen sowie das Zustandekommen von Geschichte haben und wie sich diese Vorstellungen im Laufe der Schulkarriere verändern. In Rückgriff auf das CHATA-Projekt hat Peter Seixas (2011) Überlegungen zur Graduierung der Fähigkeit zur historischen Perspektivübernahme – man könnte auch von historischem Fremdverstehen sprechen – unternommen. Markus Bernhardt (2011) dagegen hat einen empirisch fundierten Vorschlag für die Graduierung einer Kompetenz des Umgangs mit Bildquellen vorgelegt, die Forschungsgruppe „narratio" (Hodel u.a. 2013; Waldis u.a. 2015) sowie Martin Nitsche und Monika Waldis (2016) haben Kriterien zur Stufung narrativer Kompetenz entwickelt, und im Rahmen eines laufenden Forschungsprojektes wird unter anderem untersucht, wie sich das Konzept von Kontinuität und Wandel im Jahrgangsstufenvergleich entwickelt (vgl. Pohl u.a. 2018). Derartige Befunde liegen jedoch nur für ausgewählte Bereiche historischen Denkens vor.[5] Sofern die diagnostische Einschätzung über einen klasseninternen Vergleich der Schüler*innenleistung hinausgehen soll, gilt es für die Lehrperson daher häufig, auf Basis theoretischer Überlegungen zunächst selbst zu definieren, anhand welchen Parameters die Qualität der zu überprüfenden Denkleistung graduiert werden soll – sofern denn überhaupt eine graduierbare Kompetenz erhoben und nicht z.B. das Tableau vorhandener Schüler*innenvorstellungen zu einem Thema abgesteckt werden soll. Anregungen für eigene Überlegungen zur Stufung können die Vorschläge für Kompetenzraster liefern, die auf den Bildungsservern der meisten Bundesländer zur Verfügung stehen.

Kriterium 1: Objektivität

Beobachtungsraster von Peter Adamski (2014, 54)

Lernvoraussetzungen	Leon	Isa	Micky	Sarah	Kevin
Zeigt Interesse am Fach Geschichte	xx	x	xx		
Hat Vorwissen über das Thema	x	x	xx		
Kann mit Fachbegriffen umgehen	xx	0	0		
Kann erworbenes mit neuem Wissen verknüpfen	xx	0	x		
Kann Verfassertexte verstehen	xx	x	x		
Kann schriftliche Quellen analysieren	x	0	0		

xx ohne Probleme, x meistens 0 eher schlecht – gar nicht

Dieses Raster ist nicht objektiv. Für die diagnostizierende Lehrkraft ist nicht klar, woran die Ausprägung der unterschiedlichen Fähigkeiten und Wissensstände festzumachen wäre. Auch die Graduierungslogik ist arbiträr (ohne Probleme, meistens, eher schlecht, gar nicht).

Auszug aus einem Selbstdiagnosebogen für narrative Kompetenz von Christian Heuer (2011, 456)

		A1	A2	A3	A4
1	**Intensität der Recherche und Qualität des Materials**	Zum Einordnen meiner Gegenstände habe ich keinerlei andere Quellen herangezogen.	Zum Einordnen meiner Gegenstände habe ich die Erzählungen meiner Eltern und Großeltern herangezogen.	Neben den Erzählungen meiner Eltern und Großeltern habe ich noch andere Quellen und Darstellungen (z. B. Lexika, Internet, Geschichtsbuch) herangezogen.	Ich habe für meine „Familiengeschichte" verschiedene Quellen und Darstellungen (Erzählungen der Eltern und Großeltern, Bücher, Lexika usw.) herangezogen und habe für die Recherche spezielle Orte (Stadtarchiv, Gemeindearchiv, Bibliotheken etc.) aufgesucht.
2	**Bezug der Gegenstände zur Familiengeschichte**	Ich habe einige persönliche Materialien zu meiner Familiengeschichte gesammelt. Ich kann aber nicht genau begründen, warum ich genau diese Materialien ausgesucht habe.	Ich kann begründen, warum ich die verwendeten Materialien ausgesucht habe.	Ich kann die einzelnen Materialien den Ereignissen der Familiengeschichte zuordnen und erklären, wie sie mit dem Leben der Familie in Beziehung stehen.	Ich kann die Auswahl meiner Materialien mit Bezug auf unsere Familiengeschichte begründen und in den Zusammenhang mit einzelnen Familienangehörigen bringen. Zu einigen Ereignissen, die mir aus Erzählungen bekannt sind, habe ich eigene Materialien hergestellt und diese sinnvoll integriert.
...	...	...	...	...	...

Dieser Selbstdiagnosebogen für die Hand der Lernenden wird dem Kriterium der Objektivität deutlich besser gerecht, da ausgewiesen wird, woran sich die Ausprägung der Teilkompetenzen auf je vier Stufen bemisst.

Das zweite klassische Gütekriterium, *Reliabilität*, bezeichnet die Zuverlässigkeit bzw. Genauigkeit eines Messinstrumentes (vgl. Krebs/Meold 2014). In der Testtheorie werden verschiedene Formen von Reliabilität diskutiert, die bekannteste ist die sogenannte Wiederholungs-Reliabilität. Unterzieht sich eine Person zum Beispiel einem Intelligenztest, so ist dieser (wiederholungs-)reliabel, wenn bei zwei unterschiedlichen Messungen das gleiche Ergebnis erzielt wird. Wie das Beispiel zeigt, sind derartige Auffassungen von Reliabilität als Kriterien für diagnostische Aufgaben allerdings nur bedingt anwendbar, da sie für die Feststellung von (zumindest zeitweise) konstanten Persönlichkeitsvariablen entwickelt wurden. Dies gilt für historische Denkleistungen, Vorstellungen und Wissensbestände, die es im Geschichtsunterricht zu diagnostizieren gilt, allerdings nicht. Schließlich wären unterschiedliche Befunde zu unterschiedlichen Messzeitpunkten bei der Diagnose des fachlichen Leistungsstandes nicht nur zu erwarten, sondern vielmehr auch erwünscht. Der dem Konzept der Reliabilität zugrundeliegende Gedanke – dass das Testergebnis nicht von zufälligen Faktoren beeinflusst sein sollte – ist aber auch hier von Bedeutung. Zufallsbefunde lassen sich zum Beispiel verringern, wenn durch die Gestaltung der Aufgaben verhindert wird, dass diese durch bloßes Raten gelöst werden können. Insofern sind offene Aufgabenformen, die von den Lernenden die Produktion eigener (schriftlicher oder mündlicher) Leistungen verlangen, hier häufig günstiger. Entscheidet man sich dagegen aus testökonomischen Gründen (siehe unten) für geschlossene Aufgaben, sollte auf jeden Fall sichergestellt sein, dass ein untersuchter Aspekt stets mit mehreren ähnlichen Items erhoben wird, um die Ratewahrscheinlichkeit zu verringern.

Kriterium 2: Reliabilität

Welche Aussage über historische Quellen stimmt nicht?
a) Quellen geben uns Auskunft über die Zeit, in der sie entstanden sind.
b) Während Darstellungen von den Interessen ihrer Verfasser geprägt sind, sind Quellen objektiv.
c) Nicht nur Texte, sondern auch Bilder und Objekte können Quellen sein.
d) Quellen sind für Historikerinnen und Historiker unverzichtbar.

Diese Diagnoseaufgabe zur Erhebung des Quellenkonzeptes der Lernenden ist nicht reliabel, weil sie nur aus einer einzelnen Frage besteht, die auch durch Raten beantwortet werden kann.

Im Gegensatz zu derartigen zufälligen Verzerrungen, denen mit möglichst reliablen Aufgaben vorgebeugt werden soll, geht es beim dritten und wichtigsten Gütekriterium, der *Validität*, um systematische Verzerrungen. Diagnoseaufgaben sind dann valide, wenn sie tatsächlich das messen, was gemessen werden soll. Diese vermeintliche Selbstverständlichkeit ist nicht immer leicht zu realisieren. Wenn etwa bei der Bearbeitung einer Aufgabe längere Textauszüge aus der Forschungsliteratur oder auch nur aus dem Schulbuch bearbeitet werden müssen, so kann es sein, dass Unterschiede in der Schüler*innenleistung nicht auf Unterschiede im historischen Denken, sondern in der Lesekompetenz der Lernenden zurückzuführen sind. Wichtig ist zudem, dass stets nur *ein* Konstrukt erhoben wird. Wenn also z.B. Kompetenzen historischen Denkens diagnostiziert werden sollen, darf die Lösung der Aufgabe nicht zusätzlich von historischem Inhaltswissen abhängen. Die Aufgabe muss also unabhängig von inhaltlichem Wissen zu lösen sein, oder das für die Bearbeitung notwendige Wissen muss in der Aufgabe mitgeliefert werden (vgl. Kühberger 2014, 22f.) – in dem Fall empfiehlt es sich, ein Thema zu wählen, bei dem davon ausgegangen werden kann, dass die Lernenden mit diesem noch nicht vertraut sind, um ähnliche Ausgangsbedingungen für alle zu schaffen (vgl. Nitsche/Waldis 2016, 23). Gerade bei geschlossenen Aufgaben besteht darüber hinaus die Möglichkeit, dass die Lernenden diese nicht auf der Basis ihres historischen Wissens oder ihrer fachlichen Kompetenzen bearbeiten, sondern mittels kombinatorischen Geschicks und „Testschläue“ *(test wiseness)*. Das ist vor allem dann der Fall, wenn die Distraktoren, also die „falschen“ Antwortmöglichkeiten bei Multiple-Choice-Aufgaben, ungünstig gewählt sind, sodass sich aus ihnen die erwartete Antwort ergibt. Die Wahrscheinlichkeit, Aufgaben allein mit „Testschläue“ bearbeiten zu können, sinkt nicht nur mit der geschickten Formulierung der Distraktoren, sondern auch durch das Erhöhen ihrer Anzahl sowie durch das Variieren der Anzahl korrekter Antworten (z.B. zwei aus fünf; vgl. Kubinger 2018).

Kriterium 3: Validität (1) – „Testschläue"

Die Thälmannpioniere waren
e) eine Jugendorganisation der Nationalsozialisten.
f) eine militärische Spezialeinheit der DDR.
g) eine Jugendorganisation der DDR.
h) ein DDR-Forschungsprogramm für die Raumfahrt.

Diese Diagnoseaufgabe zur Erhebung des Vorwissens hat ein Validitätsproblem. Sie diagnostiziert nicht unbedingt Sachwissen, sondern ist auch mittels „Testschläue" zu beantworten, weil sich die richtige Antwort aus der Kombination der Antwortmöglichkeiten ableiten lässt (und weil die Faustregel gilt: „Im Zweifel für Antwort c)").

Welche Aussagen sind korrekt?
a) Die Thälmannpioniere waren eine militärische Spezialeinheit der DDR.
b) Die Thälmannpioniere trugen ein spezielles Halstuch.
c) Die Thälmannpioniere waren eine Jugendorganisation der DDR.
d) Die Thälmannpioniere unterstanden dem Ministerium für Staatssicherheit.
e) Die Thälmannpioniere haben Parteitage der SED in der DDR organisiert.

In dieser Variante lässt sich die Aufgabe nicht allein per Testschläue lösen, weil es mehr als eine richtige Antwort gibt und sich die richtige Antwort nicht aus einer Kombination der Antwortmöglichkeiten ableiten lässt.

Mit dem Begriff der „Konstruktvalidität" bezeichnet man eine weitere Facette der Validität. Der Gedanke dahinter ist hier, dass das Diagnoseinstrument (also die Aufgabe) das gesamte zu erhebende Konstrukt abbildet, nicht nur einen Teil.[6] So betont etwa Bruce VanSledright, dass in amerikanischen Tests die Konstruktvalidität häufig zugunsten der Reliabilität geopfert werde, indem statt des komplexen und nur schwer standardisiert „messbaren" Konstrukts des historischen Denkens nur ein kleiner Ausschnitt dessen, nämlich deklaratives Faktenwissen, erhoben werde (VanSledright 2014, 8, 16). Das zentrale Validitätskriterium besteht somit in der Qualität der Operationalisierung, also der Überführung theoretischer Konstrukte in Aufgabenformate.

Kriterium 3: Validität (2) – Konstruktvalidität

Beobachtungsraster von Peter Adamski (2014, 54)

Lernvoraussetzungen	Leon	Isa	Micky	Sarah	Kevin
Zeigt Interesse am Fach Geschichte	xx	x	xx		
Hat Vorwissen über das Thema	x	x	xx		
Kann mit Fachbegriffen umgehen	xx	0	0		
Kann erworbenes mit neuem Wissen verknüpfen	xx	0	X		
Kann Verfassertexte verstehen	xx	x	x		
Kann schriftliche Quellen analysieren	x	0	0		

xx ohne Probleme, x meistens 0 eher schlecht – gar nicht

Auch bezüglich der Validität weist dieses Raster Probleme auf, weil es unterschiedlichste fachspezifische und fachübergreifende Aspekte (Interesse, Wissen, Fähigkeiten) ohne erkennbaren Zusammenhang kombiniert. Hier bleibt also unklar, welches dahinterstehende Konstrukt diagnostiziert werden soll. Wenn beispielsweise historische Denkleistungen diagnostiziert werden sollen, könnte man sich stattdessen an einem historischen Denkakt aus historischer Frage, Analyse, Sachurteil und Werturteil orientieren. Um konstruktvalide zu sein, müsste eine Diagnoseaufgabe zur Erhebung historischen Denkens also diese vier Operationen historischen Denkens erheben.

Die folgende Tabelle fasst zentrale fachspezifische Aspekte der Validität von Diagnose- und Prüfungsaufgaben noch einmal zusammen.

Fachspezifische Validitätskriterien: Wird das diagnostiziert, was diagnostiziert werden soll?	• Klarheit des zu erhebenden Konstrukts: Was (Wissen, Kompetenzen, Einstellungen, Vorstellungen) soll zu welchem Zweck (Diagnose von Lernvoraussetzungen, Evaluation von Lernprozessen, Entwicklungsprognose, Leistungsüberprüfung) erhoben werden? • Fachspezifik: Wird historisches Denken diagnostiziert oder erhebt die Aufgabe etwas Anderes (Lesekompetenz, „Testschläue")? • Trennschärfe: Ist die Aufgabe eindeutig auf ein (und nur ein) zu erhebendes Konstrukt zugeschnitten? • Passt die Aufgabe zu dem zu erhebenden Konstrukt? (z. B.: Stellen Aufgaben zur Kompetenzdiagnose die Lernenden vor Probleme, die diese lösen müssen, oder fragen sie Wissen ab?) • Fachspezifische Denkprozesse sichtbar machen: Soll historisches Denken diagnostiziert werden, müssen die Lernenden ihre Antworten begründen und den Prozess der Antwortfindung offenlegen. • Konstruktvalidität: Werden alle Facetten des zu erhebenden Konstrukts abgebildet oder nur ein Ausschnitt? • Ökologische Validität: Fordern die Aufgaben Denkleistungen ein, die den Lernenden aus dem Unterricht grundsätzlich vertraut sind?

Um im Unterrichtsalltag praktikabel zu sein, sollten Diagnoseaufgaben jedoch noch weitere Kriterien erfüllen. Dazu gehört vor allem das Kriterium der Testökonomie: Aufgaben sollten ohne allzu großen Aufwand geplant, durchgeführt und ausgewertet werden können. Dieses Kriterium steht in einem gewissen Spannungsverhältnis zu den drei klassischen Gütekriterien. Häufig gilt leider die Faustregel: Je mehr die Aufgabe den drei Gütekriterien gerecht wird, umso weniger ökonomisch ist sie – zumindest dann, wenn die Aufgabe von der Lehrperson von Grund auf neu entwickelt, eingesetzt und ausgewertet werden soll. Die Beispielaufgaben in diesem Buch (Kapitel 6) können dabei allerdings eine Orientierung bieten, um der Lehrperson Vorbereitungsaufwand abzunehmen.

Ferner sollte Klarheit hinsichtlich der Bezugsgrößen und -kriterien bestehen. Wie zuvor bereits erwähnt, sollte sich die diagnostizierende Lehrkraft also darüber im Klaren sein, was in welcher Absicht diagnostiziert werden soll. Sollen individuelle Schüler*innenleistungen erhoben oder verschiedene Schüler*innengruppen, Klassen, Schulformen miteinander verglichen werden? Sollen Schüler*innenleistungen zur Diagnose der Lernvoraussetzungen mit Außenkriterien, zur Diagnose der Entwicklung mit früheren Leistungen oder zur Diagnose des Leistungsspektrums innerhalb der Klasse mit den Ergebnissen anderer Lernender verglichen werden (vgl. Kühberger 2014, 10 ff.)? Wird die Diagnoseaufgabe in erster Linie eingesetzt, um Lernende zu fördern oder um Lernprozesse zu evaluieren?

2.1.3 Diagnoseaufgaben erstellen

Aus den bisherigen Überlegungen ergibt sich ein Fragenkatalog, der der Lehrkraft bei der Konzeption von Aufgaben mit dem primären Ziel der Förderdiagnostik Hilfestellung geben kann. Nicht immer lassen sich alle Ansprüche gleichermaßen umsetzen. Wie bei jeder Form der Unterrichtsplanung gilt es auch hier, die individuellen Voraussetzungen der Lerngruppe zu beachten und vor allem das Kriterium der Ökonomie im Auge zu behalten. Hinzu kommt, dass zahlreiche Fragen nicht in erster Linie als umzusetzende Ansprüche aufzufassen sind, sondern als Reflexionsbereiche, innerhalb derer sich die Lehrperson Klarheit verschaffen sollte.

1. *Welchem Zweck soll die Diagnose dienen?* Wie erwähnt, können Diagnoseaufgaben unterschiedliche Funktionen erfüllen. Die für den Unterrichtsalltag wichtigste diagnostische Funktion besteht in der Feststellung des Wissens- und Könnensstandes der Lernenden, um den folgenden Unterricht individualisiert und differenziert pla-

nen zu können. Das muss nicht immer bedeuten, dass im weiteren Verlauf der Reihe jede*r Lernende ihr bzw. sein eigenes individuelles Lernaufgabenangebot „auf den Leib geschneidert" bekommt. Dies würde dem Unterricht eine für die Lehrperson nicht mehr zu überblickende Komplexität verleihen (vgl. Heymann 2010, 8). Derartige Diagnostik kann vielmehr auch das alltagsnahe Ziel verfolgen, sich zunächst einmal einen Überblick über Alltagsvorstellungen zu verschaffen, die in der Lerngruppe vertreten sind. Von der Förderdiagnostik sind weitere Ziele wie die Entwicklungsprognose, die Lernprozessevaluation und die Platzierung der Lernenden (zum Beispiel im Rahmen einer Lehrer*innenempfehlung an die Eltern im Zuge des Schulwechsels) zu unterscheiden.

2. *Was genau soll erhoben werden?* Im Geschichtsunterricht können unterschiedliche Aspekte historischen Denkens und Lernens Gegenstand diagnostischer Verfahren sein. Es macht aber für die Gestaltung der Aufgabe einen großen Unterschied, was genau erhoben werden soll: deklaratives Inhaltswissen (bzgl. der Wissensformen vgl. Kühberger 2012; Thünemann/Jansen 2018) auf Ebene der Sachanalyse bzw. des Sachurteils; Einstellungen auf Ebene des historischen Werturteils (vgl. Jeismann 2000, 63–69) bzw. der Einstellung gegenüber dem Fach; Schülervorstellungen und Alltagstheorien zu inhaltlichen oder auf den historischen Erkenntnisprozess bezogenen Konzepten (vgl. Günther-Arndt 2006; Pohl u.a. 2018); prozedurales Wissen über methodische Verfahren; oder die (quer zu den genannten Aspekten liegende und diese verbindende) Ausprägung fachspezifischer Kompetenzen?
3. *An welchem theoretischen Modell orientiere ich mich?* Die Vorstellung, Lehrer*innen könnten bei der Diagnose historischen Denkens auf theoretische Annahmen und Modelle verzichten, trifft nicht zu. Wer auf die explizite Reflexion der theoretischen und normativen Grundlagen des eigenen diagnostischen Urteils verzichtet, handelt nicht „pragmatisch", sondern orientiert sich stattdessen an Alltagstheorien (vgl. Demantwosky 2013) bzw. subjektiven Lehrertheorien (vgl. Groeben/Scheele 2010; Reusser/Pauli 2014) und riskiert den Einfluss der genannten Beobachterfehler. Eine explizite Orientierung an einem theoretischen Modell ermöglicht dagegen zum einen eine Festlegung (Was soll erhoben werden?) und Abgrenzung (Was soll nicht erhoben werden, obwohl es Ähnliches oder Verwandtes beschreibt?) des zu diagnostizierenden Konstruktes und vereinfacht zum anderen anstehende Folgeentscheidungen.

4. *Worin besteht der Maßstab der Niveauermittlung?* Dieser Aspekt ist mit dem vorherigen eng verwandt. Wie erläutert, liegen bislang nur für Teilbereiche historischen Denkens theoretische Vorschläge oder empirische Befunde zu ihrer Graduierung vor. Zwar handelt es sich hier um einen aktuell beforschten Bereich, doch nicht für alle diagnostisch relevanten Gegenstände liegen schon Befunde vor (oder sind auch nur zu erwarten). Vielfach ist es daher Aufgabe der Lehrkraft, in Auseinandersetzung mit dem zu erhebenden Konstrukt Indikatoren für unterschiedliche Niveaus zu definieren. Mit anderen Worten: Nachdem man festgelegt hat, was man genau herausfinden möchte, gilt es zu überlegen, woran sich dies festmachen lässt und wie sich hier avancierte von einfacheren Leistungen unterscheiden lassen. Ein Erwartungshorizont konkretisiert diese Überlegungen für den Zusammenhang der gewählten Aufgabe. Im Idealfall sind zudem sogenannte „Ankerbeispiele" vorhanden, also exemplarische Schüler*innenantworten auf den verschiedenen Niveauausprägungen.
5. *Passt die Aufgabe zu dem zu erhebenden Konstrukt?* Aufgabe und zu erhebendes Konstrukt passen vor allem dann nicht zueinander, wenn die Aufgabe nicht valide ist, wenn also nicht das erhoben wird, was erhoben werden soll. Wie oben ausgeführt, wird die Validität eingeschränkt, wenn das gewünschte Konstrukt gar nicht erhoben wird (z.B. sinnentnehmendes Lesen statt Anwendung historischer Kompetenzen) oder wenn zur Lösung der Aufgaben neben dem fokussierten Diagnosegegenstand noch weitere Aspekte nötig sind (z.B. wenn die Bearbeitung einer Aufgabe nicht nur historische Methodenkompetenz im Sinne des FUER-Modells [vgl. Schreiber u.a. 2007] voraussetzt, sondern auch deklaratives Inhaltswissen). Aufgabe und zu erhebendes Konstrukt können aber auch aus anderen Gründen nicht zusammenpassen. So ist z.B. eine Aufgabe zur Kompetenzdiagnose darauf angewiesen, dass den Lernenden die Möglichkeit gegeben wird, ein fachspezifisches Problem zu lösen. Dies lässt sich nicht unbedingt immer mit geschlossenen Aufgabenformaten diagnostizieren (vgl. v. Borries 2007, 666 f.), auch wenn diese hinsichtlich der Auswertungsobjektivität und der Ökonomie unbestreitbare Vorteile aufweisen. Gerade dann, wenn es um die Diagnose der Fähigkeit der Lernenden zum Verfassen eigener historischer Erzählungen geht, wird man kaum umhinkommen, die Schüler*innen eigene Texte schreiben zu lassen. Offene Aufgabenstellungen bieten darüber hinaus den Vor-

teil, dass sie eher als geschlossene dazu geeignet sind, historische Denkprozesse sichtbar zu machen. Das gilt vor allem dann, wenn die Lernenden explizit dazu aufgefordert werden, ihre Antworten zu begründen und den Weg zur Antwortfindung offenzulegen.

6. *Ist sichergestellt, dass die Lösung der Aufgabe nicht durch zufällige Faktoren beeinflusst wird und die Aufgabe nicht durch Raten zu lösen ist?* Diese Konkretisierung des Kriteriums der Reliabilität unterliegt nicht völlig der Kontrolle der Lehrkraft. Während durch die Gestaltung der Aufgabe die Ratewahrscheinlichkeit verringert werden kann (siehe oben), lassen sich andere Einflussfaktoren nicht immer vorhersehen. Es gehört zur Kontingenz des Unterrichtsgeschehens, dass die Frage, wie Lernende das in einer Aufgabe eingelagerte Angebot annehmen, nicht vollständig planbar ist. Auch externe Faktoren (Sommerhitze im Klassenzimmer, anstehende Ferien, Streit in der vorangegangen Pause) können sich auf den Umgang mit einer Aufgabe auswirken. Letztlich dokumentieren Aufgaben immer nur eine situative Performanz, aus der wir auf eventuell dahinterstehende Kompetenz (oder auf Wissen, Vorstellungen, Konzepte) rückschließen. Dass dies ein interpretativer Akt ist, sollte aber nicht vergessen werden.

2.2 Lernaufgaben

In diesem Abschnitt werden geschichtsdidaktische und relevante fachübergreifende Überlegungen zu der Frage, was eine Lernaufgabe ausmacht und wie sich Lernaufgaben klassifizieren lassen, erörtert. In einem zweiten Schritt werden die vorliegenden Gütekriterienkataloge für Lernaufgaben im Geschichtsunterricht diskutiert, um darauf aufbauend ein eigenes Modell für die Bestimmung der Qualität einer Lernaufgabe sowie Prinzipien der Aufgabenkonstruktion zu entwickeln.

2.2.1 Diskussions- und Forschungsstand

Bestandteile einer Lernaufgabe

Lernaufgaben bilden den zentralen Fokus des aktuellen Forschungsdiskurses zu Aufgabenqualität und Aufgabenkultur. Das gilt sowohl für den Geschichtsunterricht als auch darüber hinaus, und zwar gleichermaßen hinsichtlich der theoretischen Erörterung wie hinsichtlich der empirischen Forschung. Gerade Lernaufgaben gelten als zentrales Element guten Unterrichts. So ist etwa im Titel eines einschlägigen Sammelbandes von „Aufgaben als Katalysatoren von Lernprozessen"

(Thonhauser 2008) die Rede, und Andreas Helmkes (2015, 74) einflussreiches Unterrichtsmodell betrachtet Aufgaben(-kultur) als „Schlüssel für guten Unterricht". Im ersten Kapitel wurde bereits dargelegt, warum Aufgaben, und insbesondere Lernaufgaben, auch aus Sicht einer fachspezifischen Theorie des Geschichtsunterrichts eine wichtige Rolle spielen. Auch in anderen geschichtsdidaktischen Zusammenhängen wird auf Aufgaben als zentrales Qualitätsmerkmal verwiesen, etwa bei Michele Barricelli, Peter Gautschi und Andreas Körber (2012, 231; analog Heuer 2012), die Aufgaben als das „Rückgrat" eines kompetenzorientierten Geschichtsunterrichts bezeichneten, oder bei Hilke Günther-Arndt (2015 [1. Aufl. 2007], 18), die bereits vor einigen Jahren feststellte: „Eine Methodik des Geschichtsunterrichts muss [...] besonders die Aufgaben, die eine Schlüsselfunktion im Lernprozess haben, systematisch berücksichtigen", denn die „Kunst des Lehrens besteht zu einem wesentlichen Teil darin, durch Anordnung von Inhalten und Medien spezifisch historische Fragen und Aufgaben zu evozieren". Diese theoretische Annahme fand Bestätigung in Peter Gautschis empirischer Studie zu der Frage, was guten Geschichtsunterricht ausmache. Hier wurde die Qualität der Lernaufgaben als ein zentraler Faktor guten Geschichtsunterrichts identifiziert (Gautschi 2015, 246–254).

Diese Schlüsselrolle wird Aufgaben vor allem deshalb zugeschrieben, weil sie als Mittel der Kontingenzbeschränkung dazu geeignet sind, die unterrichtliche Kommunikation anzuregen, aufrechtzuerhalten und fachlich zu fokussieren. Auch wenn, wie bereits erläutert wurde (siehe Kapitel 1), niemals ganz feststeht, wie Lernende und Lehrende Aufgaben in konkreten Unterrichtssituationen nutzen, so helfen sie doch dabei, Unterricht zu planen, Kontingenz zu beschränken und abzustecken, was im Geschichtsunterricht mit welcher Zielsetzung getan werden soll. Derartige Funktionen können allerdings mitunter auch durch andere Mittel erfüllt werden, von denen sich Lernaufgaben nicht immer leicht abgrenzen lassen. Dies gilt vor allem mündliche Arbeitsanweisungen, Aufforderungen und Fragen durch die Lehrperson (vgl. Heuer/Resch 2018, 11 f.), die bisweilen ebenfalls den Lernaufgaben zugerechnet werden. Aus empirischer Perspektive mag dies bisweilen eine Notwendigkeit darstellen, hier sollen derartige (häufig ja auch eher spontan und situativ entworfene als geplante) Fragen und Anweisungen allerdings nicht weiter berücksichtigt werden. Stattdessen soll es um Lernaufgaben als in der Regel schriftlich abgefasste (oder doch zumindest geplante), eigenständige und komplexe

Textsorte gehen. Wie unterschiedliche Autoren in z.T. leicht variierender Begrifflichkeit herausgestellt haben, lassen sich unterschiedliche funktionale Bestandteile einer Aufgabe beschreiben (vgl. Biber/Wittwer 1994; Gropengießer 2006; Heer 2011; Heuer/Resch 2018). Eine gängige, an Gropengießer (2006) angelehnte Aufgabenbeschreibung unterscheidet folgende Elemente, von denen allerdings nicht unbedingt immer alle gleichzeitig realisiert werden:

- Informationsteil: Dieser Teil umreißt den inhaltlichen Rahmen, innerhalb dessen die Aufgabe sich bewegt. Dies kann in Form eines Textes, aber prinzipiell auch anhand eines Bildes, einer Grafik, einer Tabelle o.Ä. geschehen. Zudem können die Lernenden aber auch zur eigenen Informationsbeschaffung aufgefordert werden. Der Informationsteil dient in erster Linie der Orientierung der Leserschaft.
- Aufforderungsteil: Der Aufforderungsteil umfasst den eigentlichen Arbeitsauftrag an die Lernenden. Die Aufforderung kann auf verschiedene Weise erfolgen. Weitgehend üblich ist heute die Verwendung von Operatoren, also standardisierten, handlungsinitiierenden Verben im Imperativ. Hierbei handelt es sich um explizite Aufforderungen. Ein Vorteil (trotz bestehender Einwände, die sich z.B. auf die Anzahl der Operatoren beziehen) der Verwendung von Operatoren besteht darin, dass sie, sofern ihre Bedeutung im Unterricht thematisiert wird und sie einheitlich verwendet werden,[7] für Transparenz der Anforderungen sorgen. Den Lernenden ist klar, welche Leistung von ihnen erwartet wird. Eine textlinguistische Analyse der Lernaufgaben in Schweizer Schulbüchern für unterschiedliche Fächer hat ergeben, dass dort die Verwendung von Imperativen (die allerdings nicht zwingend standardisierte Operatoren sein müssen) überwiegt (vgl. Heer 2011, 49f.). Immer noch weit verbreitet sind Aufforderungen per offener Frage, während andere Formen der Aufforderung nur selten anzutreffen waren. Dazu gehörten z.B. die impliziteste Form der Aufforderung, die bloße Feststellung, die es (zumindest sprachlogisch) den Lernenden überlässt, ob und wie sich sie zu ihr verhalten wollen („Franz will nun wissen, welchen Betrag sein Vater damals einbezahlt hat." Ebd., 50) und ähnlich indirekte Formen. Über den Arbeitsauftrag hinaus werden häufig zusätzliche Anweisungen gegeben, die sich z.B. auf die Sozialform beziehen können. In der genannten Schulbuchuntersuchung wurden sowohl Aufforderung wie Anweisung teilweise auch grafisch realisiert (z.B. durch ein Symbol für Gruppenabreiten; vgl. ebd.).

- Unterstützungsteil: Wie die Bezeichnung nahelegt, enthält dieser Teil Tipps und Hilfen für die Bearbeitung in Form inhaltlicher Hinweise („Beachte bei der Interpretation der Quelle, aus wessen Perspektive sie verfasst ist"), durch Verweise („Nutze die Methodenseite ‚Karikaturen interpretieren'") oder durch andere Mittel (bereits teilweise ausgefüllte Tabellen, sprachliches Scaffolding usw.).
- Lösungsteil: Der Lösungsteil schließlich kann Informationen dazu enthalten, welchem Zweck die Aufgabe dient, welche Ziele mit ihr verfolgt werden oder welche konkreten Erwartungen an die Lösung gestellt werden, zum Beispiel welche Präsentationsform gewählt werden soll.

Bestandteile einer Lernaufgabe

Die erste Teilaufgabe aus Kapitel 6.2.2 illustriert die Bestandteile einer Lernaufgabe. Eine andere, hier nicht umgesetzte Variante eines Lösungsteils könnte erwähnen, welche Form die Lösung annehmen soll (z. B. eine Mindmap).

	Das Mittelalter in der Geschichtskultur – ein Spiegel der Gegenwart?
Informationsteil	Das Mittelalter ist heute eine beliebte historische Epoche. Spielfilme, Videospiele, Mittelaltermärkte, Ausstellungen im Museum, die Werbung und der Tourismus widmen sich dem Mittelalter – jeweils auf ihre eigene Weise. In den folgenden Aufgaben werden die Fragen untersucht, warum das Mittelalter so beliebt ist, welche Vorstellungen vom Mittelalter verbreitet sind und was uns diese über uns heute sagen können.
Lösungsteil (kursiv)	*Indem ihr über diese Fragen nachdenkt, sollt ihr euch ein Urteil zum Umgang mit dem Mittelalter bilden.*
Aufforderungsteil	1 a) Fasse den Argumentationsgang des Artikels in drei bis fünf Sätzen zusammen. b) In dem Artikel werden verbreitete Fehlvorstellungen zum Mittelalter genannt. Weise auf Basis deines Vorwissens und
Unterstützungsteil (kursiv)	einer Internetrecherche *(z. B. unter dem Schlagwort „Finsteres Mittelalter" bei Wikipedia)* nach, warum es sich um falsche Vorstellungen handelt. Recherchiere weitere Beispiele für falsche Mittelalterbilder.
	Der Journalist Markus Verbeet schreibt bei Spiegel Online über die Ursachen der Mittelalterbegeisterung: […]

Jedoch stehen Aufgaben häufig nicht allein. Vielmehr sind sie oft Elemente einer multitextuellen Umgebung, auf die sie sich beziehen. Man kann daher Aufgaben mit Bezugstext, Aufgaben mit erweitertem Bezugstext und Aufgaben ohne Bezugstext unterscheiden (vgl. Heer 2011, 51; Heuer/Resch 2018, 13 f.). Diese Unterscheidung bezieht sich auf den Umstand, dass der Aufgabentext für sich alleine stehen oder auf ein oder mehrere (Letzteres wären Aufgaben mit erweitertem Bezugstext) weitere Materialien verweisen kann.

Typen von Lernaufgaben

Lernaufgaben treten in unterschiedlicher Form auf.[8] So kann ihr Fokus auf dem Erwerb von neuem Wissen und neuen Fähigkeiten oder auf der Festigung, Übung und Anwendung von Bekanntem liegen; sie können schwerpunktmäßig auf inhaltliche, konzeptuelle oder methodische Aspekte abheben; sie können historische Fragen, Analysen, Sach- und Werturteile evozieren; sie können leicht oder schwer sein … Lernaufgaben sind also nicht einfach nur verschieden, sie sind in verschiedenster Hinsicht verschieden. In der Geschichtsdidaktik wurden mehrere Vorschläge gemacht, um die Unterschiedlichkeit historischer Lernaufgaben zu beschreiben und zu systematisieren. Im Folgenden sollen mehrere derartige Vorschläge zur Klassifikation von Lernaufgaben im Geschichtsunterricht sowie zwei Modelle zur Bestimmung der Aufgabenschwierigkeit diskutiert werden.

Die Einheitlichen Prüfungsanforderungen für das Abitur im Fach Geschichte (kurz EPA; Kultusministerkonferenz 2005, 9–11) unterscheiden drei Arten von Aufgaben, die sich an den drei gestuften Anforderungsbereichen des Abiturs orientieren (Reproduktion, Reorganisation/Transfer, Reflexion/Problemlösen; für eine fachspezifische Konkretisierung siehe Kühberger 2011, 16), nämlich das Interpretieren von Quellen, das Erörtern von Erklärungen historischer Sachverhalte aus Darstellungen und das Darstellen historischer Sachverhalte in Form einer historischen Argumentation. Analog differenziert Heuer (2012, 107) in leicht veränderter Terminologie Aufgabenformate zur Quelleninterpretation, Aufgabenformate zur Erörterung bereits vorliegender narrativer Sinnbildungen und Aufgabenformate zur Darstellung historischer Sachverhalte in eigenen historischen Narrationen. Diese Typologie erscheint jedoch unbefriedigend, ist sie doch weder erschöpfend noch trennscharf. Weitere mögliche Aufgabenfunktionen, etwa die Suche nach Quellen (Heuristik) oder die schlichte Informationsentnahme aus Darstellungen, werden nicht berücksichtigt. Wollte man dagegen einwenden, diese seien Vorbedingung für die Produktion eigener Darstellungen, so müsste gefragt werden, ob dies nicht auch für die Quelleninterpretation gilt. Auch die Zuordnung zu den drei AFB ist nicht unbedingt schlüssig, schließlich ließe sich auch eine historische Narration völlig ohne reflexive oder problemlösende Denkoperationen verfassen.

Birgit Wenzel (2012a, 83) legte eine von ihr als „Typologie" bezeichnete Matrix vor, die „Kriterien" für die Aufgabenstellung kompiliert. Tatsächlich handelt es sich eher um ein System zur Beschreibung fachspezifischer und fachübergreifender Aufgabenmerkmale. Dieses umfasst die mit der Aufgabe zu fördernde Dimension des Geschichtsbewusstseins (nach dem Modell Pandels; Pandel 2007, 8–20), den dabei erforderlichen Arbeitsstil, den Umgang mit dem eigenen Lernweg, die als „Historisches Gegenstands- und Erkenntniswissen" bezeichnete erforderliche Denkleistung (Wissenserwerb; Kontextualisierung; Transfer und Problemlösen) sowie geförderte Kompetenzen (nicht aus einem spezifischen Modell abgeleitet). Das Modell ist insgesamt nicht sehr überzeugend[9]: Es vermengt fachspezifische und fachübergreifende Aspekte, es fehlt an einer systematischen Herleitung der (sich auf unterschiedlichen Ebenen befindenden) Kategorien, die zudem auch nicht trennscharf sind. Vor allem bleibt der heuristische Wert der Matrix unklar. Eine Typologie wird nicht angeboten, zur Aufgabenanalyse sind die Kategorien zu unscharf, und als Leitfaden für die Aufgabenkonstruktion ist die „Typologie" aufgrund fehlender Qualitätsaussagen ebenfalls ungeeignet.

Neben diesen Vorschlägen für eine Aufgabentypologie, die auf fachspezifischen Denkprozessen basieren, liegen auch geschichtsdidaktische Vorschläge zur Klassifizierung von Aufgaben vor, die sich stärker an fachübergreifenden Aufgabenmerkmalen orientieren. So unterscheidet Andreas Körber (2017a) Förder- bzw. Lernaufgaben von Beschäftigungs- sowie Übungsaufgaben (und den nicht in dieses Unterkapitel gehörenden Diagnose-, Prüfungs- und Testaufgaben) – eine angemessen differenzierte, aber nicht unnötig fein ziselierte Taxonomie. Diese grundlegende Unterscheidung verweist neben der didaktisch in der Regel wenig sinnvollen bloßen Beschäftigung der Lernenden auf die zwei zentralen Funktionen, die Lernaufgaben im alltäglichen Geschichtsunterricht erfüllen: Während Förderaufgaben „Lernprozesse in Gang bringen" (ebd., 2), also „den Neuerwerb und Ausbau von Wissen, Können und Fertigkeiten" voranbringen sollen, dienen Übungsaufgaben (vgl. Berger/Schmidtmann 2017 für einen

Überblick über unterschiedliche Niveaus des Wiederholens und Übens) der Festigung, sie sollen „in Wiederholung, Übertragung und Selbstkontrolle die Sicherheit und Flüssigkeit erhöhen“ (Körber 2017a, 2). Körber differenziert seine Typologie noch aus, indem er die Funktion der Aufgabentypen in unterschiedlichen Lehr-Lern-Konzepten (vgl. Kapitel 3.3) in Form einer Matrix der Aufgabenfunktionen herausstellt. Mit dieser Zuordnung wird die Typologie dann auch eindeutig auf historisches Lernen bezogen.

Teilaspekte der Zuordnung von Aufgabenformaten zu Lehr-Lern-Konzepten sind auch im jüngsten Vorschlag Birgit Wenzels (2012b, 27–29) wiederzufinden, der sich auf den Grad der Offenheit einer Aufgabe bezieht und „durchstrukturierte“, „anstrukturierte“ und „offene“ Aufgaben unterscheidet. Als „durchstrukturiert“ bezeichnet Wenzel kleinschrittige Lernaufgaben mit eindeutigem Lösungsweg und expliziten Vorgaben zum Zieltextformat, die in erster Linie zur Erarbeitung deklarativen Inhaltswissens und zum Einüben methodischer Fähigkeiten dienen. „Anstrukturierte“ Aufgaben dagegen sind offener formuliert und halten mehrere Lösungen und Lösungswege bereit. Methodenwissen soll hier nicht erworben werden, sondern wird zumindest in Teilen vorausgesetzt. Der Arbeitsprozess ist bei diesen Aufgaben nur vorskizziert. Das Ziel der Aufgabe besteht für Wenzel vor allem in der Kompilation von Informationen sowie der Verfertigung historischer Deutungen. „Offene“ Aufgaben machen den Lernenden noch weniger Vorgaben, vielmehr setzen sie häufig nur einen Impuls. Sie verlangen die selbständige und umfassende Bearbeitung eines historischen Problems.

Bei den genannten Modellen handelt es sich um Ansätze aus der Geschichtsdidaktik, die aber vor allem auf fachübergreifende Aufgabenmerkmale abheben. Derartige Merkmale wurden in der breit rezipierten Matrix einer Arbeitsgruppe von Tübinger Erziehungswissenschaftler*innen (Maier u.a. 2013) systematisiert. In Auseinandersetzung mit klassischen Lernzieltaxonomien (Bloom u.a. 1956; Anderson/Krathwohl 2001) erarbeiteten Uwe Maier und Kolleg*innen ein Koordinatensystem zur Bestimmung der Schwierigkeit einer Aufgabe. Die folgende Tabelle fasst die dort erfassten Aufgabenmerkmale zusammen.

<table>
<tr><th>Dimension</th><th colspan="5">Ausprägungen</th></tr>
<tr><td>1. Wissensart</td><td>Fakten</td><td>Prozeduren</td><td colspan="2">Konzepte</td><td>Metakognition</td></tr>
<tr><td>2. Kognitiver Prozess</td><td>Reproduktion</td><td>naher Transfer</td><td colspan="2">weiter Transfer</td><td>Problemlösen</td></tr>
<tr><td>3. Wissenseinheiten</td><td>eine WE</td><td colspan="2">bis zu 4 WE</td><td colspan="2">mehr als 4 WE</td></tr>
<tr><td>4. Offenheit</td><td>definiert/ konvergent</td><td colspan="2">definiert/ divergent</td><td colspan="2">ungenau/ divergent</td></tr>
<tr><td>5. Lebensweltbezug</td><td>kein</td><td>konstruiert</td><td colspan="2">authentisch</td><td>real</td></tr>
<tr><td>6. Sprachlogische Kompl.</td><td>niedrig</td><td colspan="2">mittel</td><td colspan="2">hoch</td></tr>
<tr><td>7. Repräsentationsformen</td><td>eine</td><td colspan="2">Integration</td><td colspan="2">Transformation</td></tr>
</table>

Das Kategoriensystem zur überfachlichen Aufgabenanalyse (nach Uwe Maier u. a., http://www.erziehungswissenschaft.uni-tuebingen.de/abteilungen/schulpaedagogik/aufgabenanalyse/beschreibung-des-kategoriensystems.html)

Der Anspruch der Autor*innen ist, dass sich anhand dieser Matrix die Schwierigkeit einer Aufgabe fachunabhängig bestimmen lässt. Dabei werden folgende Analysekategorien (vgl. Maier u.a. 2013, 27–40) kombiniert:

- Für die Lösung der Aufgabe notwendige *Wissensart:* Aufgaben können unterschiedliche Wissensformen einzeln oder in Kombination erfordern. Hier werden vier Wissensarten unterschieden, womit das Modell auf eine gängige Klassifikation aus kognitionspsychologischen Wissensmodellen zurückgreift: deklaratives Faktenwissen, prozedurales Methodenwissen (wobei es um die Fähigkeit zur routinierten Anwendung geht, nicht darum, z.B. die Schritte einer Quelleninterpretation *nennen* zu können), das Verfügen über Konzepte (z.B. Quelle/Darstellung, Kontinuität/Wandel, Ursache/Wirkung, etc.; vgl. Pohl u.a. 2018) sowie metakognitives Wissen, also Wissen über den eigenen Denkprozess sowie über Informationsverarbeitungs- und allgemeine Problemlösestrategien. In einer geschichtsdidaktischen Adaption dieses Modells unterscheidet Resch (2018, 94–97) inhaltliches, methodisches, sinnbildendes und über Sinnbildungen reflektierendes Wissen. Dieser Vorschlag überzeugt jedoch nicht vollauf, da es sich hier weniger um Wissensarten als vielmehr um (leicht umformulierte) Denkprozesse bzw. um Zielsetzungen von Aufgaben handelt. Wer z.B. historischen Sinn bilden will, benötigt dafür mindestens deklaratives und konzeptuelles, häufig auch prozedurales und metakognitives Wissen.

- Bei der Bearbeitung der Aufgabe anzuwendender *kognitiver Prozess:* Genau wie in den bekannten drei schulischen Anforderungsbereichen wird hier zwischen Reproduktion, Transfer und Problemlösen unterschieden. Die Autor*innen nehmen jedoch eine weitere Unterteilung von nahem (Aufgabensituation unterscheidet sich nur geringfügig von der Lernsituation, die Parallelen werden ggf. auch im Aufgabentext herausgestellt, etwa indem auf ein anzuwendendes Prinzip verwiesen wird) und weitem Transfer (anzuwendende Regeln, Prinzipien usw. müssen von den Lernenden selbst entdeckt werden) vor. Problemlöseaufgaben erfordern noch darüber hinausgehende kreative Leistungen, indem Lernende z.B. das für die Aufgabenbearbeitung nötige Wissen zunächst selbst erzeugen. Hier schlägt Resch (2018, 97f.) stattdessen die fachspezifischere Unterscheidung von Reproduktion, Re-Konstruktion und De-Konstruktion vor. Diese Unterscheidung ist insgesamt schlüssig, doppelt sich aber teilweise mit seinem Vorschlag für eine Adaption der Wissensformen.
- Unter den für die Aufgabenlösung notwendigen *Wissenseinheiten* verstehen die Autor*innen die nötigen Wissenselemente auf dem jeweils höchsten Abstraktionsgrad (ohne untergeordnetes Wissen, z.B. in Form deklarativen Wissens). Bisweilen sei die Anzahl der notwendigen Wissenseinheiten identisch mit der Anzahl der notwendigen Arbeitsschritte. Wie genau eine Wissenseinheit abzugrenzen ist, bleibt hier allerdings unklar. Auch der Hinweis, eine Wissenseinheit sei „verdichtetes Expertenwissen und [könne] als Objekt des Denkens bezeichnet werden“ (Maier u.a. 2013, 33), sorgt hier nicht für völlige Klarheit. Der Hinweis, bei einer Aufgabe mit mehreren Wissenseinheiten müssten z.B. deklaratives und konzeptuelles Wissen kombiniert werden (vgl. ebd., 34), deutet darauf hin, dass unter Wissenseinheiten hier nicht unbedingt Einzelinformationen verstanden werden, dass aber durchaus die Annahme vorherrscht, anzuwendendes Wissen ließe sich in distinkte „Portionen“ differenzieren, von denen bei verschiedenen Aufgaben unterschiedlich viele benötigt werden.

Die Autor*innen betrachten diese ersten drei Analysekategorien als zentral für die Bestimmung der Aufgabenschwierigkeit.

- Die *Offenheit der Aufgabenstellung* unterscheidet definierte und konvergente Aufgaben (klarer Anfangszustand und eine Lösung), definierte und divergente Aufgaben (klar definierter Anfangszustand aber mehrere Lösungen) und ungenau definierte sowie divergente Aufgaben (die hier nicht unbedingt wie bei Heuer als Möglichkeit der freien Gestaltung, sondern eher als problematisch unspezifische Arbeitsaufträge aufgefasst werden).
- Form des *Lebensweltbezugs:* Aufgaben können ohne jeden Bezug zur Lebenswelt der Lernenden auskommen. Häufig wird jedoch ein solcher hergestellt. Dies kann auf eine Weise geschehen, die stark konstruiert wirkt, kaum der Lebenswelt der Lernenden entspricht und damit aufgesetzt erscheint. Ein Bezug kann aber auch auf eine Weise hergestellt werden, die für die Lernenden sinnvoll wirkt. Zudem sind Aufgaben möglich, bei denen der Unterschied von Aufgabe und Lebenswelt insofern verschwimmt, als die Aufgabe direkt in die Lebenswelt der Lernenden eingreift – etwa wenn die Lernenden, wie Gerhard Schneider (2006, 133; analog auch von Reeken 2004, 240) vorschlägt, an der Vorbereitung eines historischen Stadtfestes beteiligt werden.
- Mit der *sprachlogischen Komplexität* wird nicht primär erfasst, ob auf lexikalischer Ebene z.B. Fachbegriffe und Fremdworte verwendet werden, sondern vor allem, ob die Reihenfolge der Sätze im Aufgabentext der Reihenfolge der für die Aufgabenbearbeitung notwendigen Arbeitsschritte entspricht und ob die logischen Bezüge innerhalb der Aufgabe durch den Aufgabentext offengelegt oder verdeckt werden.
- *Repräsentationsform des Wissens:* Bei dieser letzten Kategorie geht es um die Frage, wie das in der Aufgabe enthaltene Wissen und das von den Lernenden zu erstellende Produkt repräsentiert werden (als Text, Bild, Ton …). Die Autoren unterscheiden hier Aufgaben mit einer Repräsentationsform (z.B. Information in Aufgaben in Textform, Lernende sollen Text erzeugen), die Integration mehrerer Repräsentationsformen (entweder in der Form, dass die Lernenden z.B. Informationen aus Texten und Bildern entnehmen und diese integrieren müssen, oder in der Form, dass z.B. die Schüler schriftlich aufgefordert werden, eine Grafik zu vervollständigen) sowie die Integration und Transformation des Wissens (Lernende müssen für die Aufgabenlösung das vorliegende Wis-

sen in eine Repräsentationsform transformieren, die nicht durch die Aufgabe vorgegeben wird, z.B. durch Versprachlichen einer Karte).

Die Tübinger Matrix zur Bestimmung der Komplexität einer Lernaufgabe wird disziplinübergreifend breit rezipiert und hat auch den geschichtsdidaktischen Diskurs inspiriert. So fanden etwa die Überlegungen zur Stufung der Offenheit und zur sprachlogischen Komplexität einer Aufgabe Eingang in Christian Heuers (2011b) Gütekriterienkatalog für kompetenzorientierte Lernaufgaben, und Mario Resch (2018) hat die Matrix als Grundlage für eine Studie zur Lehrer*innenkompetenz, Aufgaben zu stellen, verwendet. Nicht immer lassen sich die Kategorien jedoch bruchlos auf Aufgaben für das historische Lernen übertragen. So hat z.B. Monika Waldis (2013) bei der exemplarischen Analyse zweier Aufgaben eines Schweizer Lehrbuchs auf Grenzen des Modells verwiesen. Sie kritisiert, dass es erstens im Geschichtsunterricht kaum möglich sei, die Anzahl der notwendigen Wissenseinheiten zu bestimmen, weil es sich bei Geschichte um eine narrative Konstruktion handelt und daher die Frage, wie viele distinkte Wissenseinheiten Verwendung finden, nicht zu beantworten sei. Darüber hinaus sei eine Bestimmung der notwendigen kognitiven Operation allein anhand des Aufgabentextes nicht zu leisten, da die Frage, ob es sich um Wissensreproduktion oder -transfer handelt, davon abhänge, ob die in der Aufgabe thematisierte historische Situation den Lernenden bereits vertraut ist. Die Beurteilung des Lebensweltbezuges schließlich hänge von der Frage ab, ob lebensweltliches oder fachspezifisches Wissen zur Lösung der Aufgabe notwendig sei. Diese Unterscheidung sei aber für die Domäne Geschichte kaum eindeutig zu ziehen (vgl. diesbezüglich Günther-Arndt 2006, 269–273). Mehr noch als mit ihrer direkten Kritik sensibilisiert Waldis mit ihrer Analyse jedoch unbewusst für ein zentrales Problem derartiger fachübergreifender Modelle. So fordert eine der beiden analysierten Aufgaben die Lernenden dazu auf, Informationen aus einer Tabelle in eine Grafik umzusetzen, die in der Tabelle beschriebene zunehmende Motorisierung der Schweiz mit Informationen aus dem Verfassertext zu begründen (eigentlich nicht einmal das; nähme man die Aufgabe wörtlich, müsste lediglich der „Zeitraum der größten Zunahme an Personenwagen" im Text identifiziert werden; Waldis 2013, 151) und schließlich über die zukünftige Entwicklung der PKW-Zahl zu spekulieren. Für keine dieser Teilaufgaben ist historisches Denken notwendig, sie sind allein durch informationsentnehmendes Lesen und eine Transformation der Repräsentationsform des Wissens zu lösen bzw. beruhen auf Gedankenexperimenten, die eher an wirtschaftliches oder sozialwissenschaftliches Denken anknüpfen. Dass Waldis diesen Umstand nicht erwähnt, ist möglicherweise darauf zurückzuführen, dass das Tübinger Raster keine Kategorie bereithält, anhand derer sich beantworten ließen, ob die zu analysierende Aufgabe fachlich geeignet und gelungen ist. Diese Frage wiederum lässt sich aus einer allgemeindidaktischen Perspektive, wie sie im Tübinger Modell gewählt wird, nicht beantworten. Vielmehr sind hier fachspezifische Gütekriterien notwendig.

Eine Arbeitsgruppe der Universität Hamburg hat jüngst ein stärker auf den Geschichtsunterricht bezogenes Raster zur Einschätzung der Aufgabenschwierigkeit vorgelegt (Bormuth u.a. 2020). Hier werden sechs fachspezifische und sieben überfachliche Dimensionen vorgeschlagen, die z.T. in sich noch weiter ausdifferenziert sind und über deren Kombination das Anforderungsprofil einer Aufgabe bestimmt werden kann. Dieses Raster mit seinen insgesamt 28 Kriterien eignet sich insbesondere als Reflexionsinstanz, um bei der Aufgabenkonstruktion darüber nachzudenken, vor welche unterschiedlichen Herausforderungen Lernende beim Bearbeiten einer Aufgabe gestellt werden. Eine exakte Bestimmung der Aufgabenschwierigkeit anhand des Rasters ist aber deshalb schwierig, weil die Kriterien nicht gestuft sind. Für die Lehrkraft ist daher – jenseits eines subjektiven individuellen Eindrucks – schwer zu bemessen, wie die jeweilige Anforderungen einer Aufgabe hinsichtlich sowohl abstrakter als auch heterogener Dimensionen wie „Unsicherheits-/Ambiguitätstoleranz“ oder „visuelle Wahrnehmung“ (ebd., 342) ausgeprägt sind und woran sich das bemessen ließe. Laut den Autoren soll dieses Anforderungsprofil der Aufgabe in einem zweiten Schritt mit einem Fähigkeitsprofil der Klasse abgeglichen werden. Damit werden jedoch überindividuelle Unterschiede eingeebnet und die Aufgabenschwierigkeit auf einen fiktiven „Normschüler“ zugeschnitten. Vor allem aber bleibt auch bei dem Fähigkeitsprofil unklar, anhand welcher Kriterien dieses erstellt werden soll, weshalb das Raster auch nicht, wie die Autor*innen vorschlagen, als Diagnoseinstrument verstanden werden kann. Es wird lediglich darauf verwiesen, dass hierzu „ausgeprägte Kenntnisse der Gruppe“ nötig seien, die aber „wohl lediglich in Intervallen neu ermittelt werden“ müssten (ebd., 348). Wie in Kapitel 2.1 dargelegt wurde, muss ein Diagnoseinstrument dieser Ermittlung dienen und sie nicht voraussetzen.

2.2.2 Gütekriterien für Lernaufgaben

Aufgrund der Schlüsselrolle, die Aufgaben für historische Lehr- und Lernprozesse zugeschrieben wird, existieren mehrere fachübergreifende und fachspezifische Kriterienkataloge zur Bestimmung der Qualität von Lernaufgaben. Diese sollen zunächst hinsichtlich ihrer Potenziale und Grenzen diskutiert werden, um darauf aufbauend ein eigenes Gütekriterienmodell zu entwickeln, das zentrale Elemente der Ansätze Heuers (2011) und Thünemanns (2013) aufgreift, modifiziert und um weitere Kriterien ergänzt. Eine knapp formulierte Liste von Gütekriterien für Arbeitsaufträge im Schulbuch legte Jörn Rüsen bereits 1992 (244) vor:

„Sie müssen klar und präzise sein, in sich stimmig, das Material erschöpfen, eine erkennbare didaktische und methodische Funktion haben, unterschiedliche Anforderungen und Lernzielebenen berücksichtigen, methodische und pragmatische Fähigkeiten einüben und Einsichten in Zusammenhänge und Ordnungskategorien anregen. Sie sollten Suggestivfragen und bloße Entscheidungsfragen vermeiden, da damit das entscheidende Lernelement der Selbständigkeit, des eigenen Denkens und Argumentierens, eingeklammert wird."

Rüsen bennent hier bereits mehrere Aspekte, die in späteren fachspezifischen und überfachlichen Diskursen eine wichtige Rolle spielen, bleibt in seiner Liste aber recht unsystematisch. Die einzelnen Kriterien werden nicht hergeleitet oder begründet, sondern schlicht als (scheinbar) selbstverständlich gesetzt. Darin könnte begründet sein, warum diese Liste für den späteren geschichtsdidaktischen Diskurs weitgehend folgenlos blieb.

Breit rezipiert wurde dagegen das allgemeindidaktische Modell von Sigrid Blömeke und Kolleg*innen (2006). Dieses Modell wurde am Beispiel von Aufgaben für den Mathematikunterricht entwickelt, versteht sich aber als fachübergreifend einsetzbar. Hier werden Merkmale und Perspektiven der tendenziell eher lehrer*innenzentrierten Instructional-Design-Forschung mit Aspekten der stärker schüler*innen- bzw. lernprozessorientierten Lehr- und Lernforschung verknüpft (vgl. Keller/Bender 2012, 10; siehe auch Kapitel 1). Christian Heuer (2011b) hat diese Überlegungen aufgegriffen, dabei Einzelaspekte zusammengefasst und das Modell auf den Geschichtsunterricht bezogen.[10] Bei der Lektüre dieses Kriterienkatalogs muss berücksichtigt werden, dass nicht alle Aufgaben allen Kriterien gleichzeitig genügen können.

Aufgaben sollen in diesem Modell …

- … *verständlich sein:* Heuer zielt hier vor allem auf sprachlogische Komplexität, wie sie auch im Tübinger Modell auftaucht, die hier aber um lexikalische Merkmale wie die Verwendung von Fachbegriffen erweitert wird. Eine vergleichende Analyse des fachlichen und des sprachlichen Anforderungsniveaus der Lernaufgaben in einem österreichischen Geschichtsschulbuch ergab den Befund, dass die Aufgaben zwar häufig nur geringe fachliche Anforderungen an die Lernenden stellten, diese aber sprachlich enorm herausforderten (vgl. Kühberger u.a. 2019). Ein ähnliches Missverhältnis dürfte auch in anderen Schulbüchern vorliegen.
- … *Operatoren aufweisen:* Anstatt geschlossener Fragen, die das Vorhandensein einer eindeutigen Antwort suggerieren, sollten Lernaufgaben standardisierte Operatoren verwenden, die zudem für Transparenz hinsichtlich der erwarteten Denkleistung sorgen. Heuer stellt die Bedeutung „der ‚doppelten Operationalisierung'" (ebd., 450) heraus. Das bedeutet, dass die Bedeutung des Operators im Aufgabentext aufgelöst wird, indem z.B. die einzelnen Arbeitsschritte benannt werden.
- … *Offenheit aufweisen:* Zur Recht verweist Heuer darauf, dass historisches Denken offene Aufgaben verlangt, die die Lernenden zur Produktion eigener historischer Narrationen auffordern. Einsicht in den Konstruktcharakter von Geschichte ist nicht möglich, wenn immer nur deklaratives „Faktenwissen" abgefragt wird. Dabei sind unterschiedliche Grade der Offenheit möglich. Analog zu Maier u.a. (2013) unterscheidet Heuer definierte und konvergente Aufgaben, definierte und divergente Aufgaben sowie ungenau definierte und divergente Aufgaben.
- … *die Lernenden herausfordern:* Bereits zu Beginn der geschichtsdidaktischen Kompetenzdebatte hat Hans-Jürgen Pandel (2007, 54) die Vermutung aufgestellt, dass ein zentrales Problem der Aufgaben im Geschichtsunterricht keineswegs darin bestehe, dass diese „zu schwer sind, sondern vielmehr zu leicht. Wir unterfordern und entmotivieren die Schülerinnen und Schüler oft durch reproduktive, faktenfixierte Aufgaben. Im Denken werden sie selten gefordert." Geschichtsdidaktische Aufgabenanalysen haben Pandels Annahme über Jahrzehnte hinweg immer wieder bestätigt, zielen doch vor allem die Lernaufgaben in Schulbüchern in erster Linie auf reproduktive Tätigkeiten der Lernenden und nur sehr selten auf problemlösende Fähigkeiten oder historische Werturteile (vgl. von

Borries 1980; Günther-Arndt 1988; Michler 2007; Schreiber 2008, 76; Bernhard 2016; Bramann 2018).[11] Holger Thünemann (2010) hat daher die zugespitzte Frage aufgeworfen, ob die Aufgaben in Schulbüchern nicht zu einem „Geschichtsunterricht ohne Geschichte" führten. Mit Blömeke u.a. (2006) fordert Heuer deshalb Aufgaben, die sich knapp über dem aktuellen Könnensstand der Lernenden bewegen, also in den Bereich fallen, den Vygotskij (1978) als „Zone der nächsten Entwicklung" („zone of proximal development") beschreibt. Genau wie zu leichte werden nämlich auch zu schwere Aufgaben nicht als motivierend empfunden. Zur Herausforderung der Lernenden gehört aber auch, dass sie in der Aufgabe einen Nutzen für sich erkennen, die Aufgabe also für sich als solche anerkennen – das zentrale Kriterium im bildungstheoretischen Zugriff Renate Girmes' (2003), das eine Aufgabe zur Aufgabe macht. Aufgaben werden nicht zuletzt dann angenommen, wenn sie einem menschlichen Grundbedürfnis entsprechen (vgl. Keller/Bender 2012, 12). Deci und Ryan (2000) unterscheiden in ihrem Modell drei derartige Grundbedürfnisse, nämlich die Bedürfnisse nach Kompetenzerleben, nach Autonomie und nach sozialer Eingebundenheit.

- … *differenziert sein:* Schüler*innen einer Klasse unterscheiden sich in vielerlei Hinsicht, etwa hinsichtlich ihrer Interessen und Vorlieben, ihres Wissens- und Könnensstandes, ihrer Identitätsbezüge, ihrer Muttersprache u.v.m. (vgl. Lücke 2012). Angesichts dieser in der Geschichtsdidaktik allgemein akzeptierten Tatsache verwundert es, dass Möglichkeiten der Differenzierung bzw. Individualisierung bislang nur wenig explizite Aufmerksamkeit erhalten haben (vgl. allerdings Wenzel 2012c; Adamski 2017 sowie zuletzt Barsch u.a. 2020). Eine Differenzierung über Lernaufgaben, die möglichst vielen Lernenden gerecht werden und diese in ihrem Lernprozess fördern, ist grundsätzlich auf unterschiedlichem Weg möglich. Aufgaben können inhaltlich (Auswahl der Quellen; Anzahl der Antworten; Graduierung der Lösungsmöglichkeiten; enger vs. weiter Transfer), methodisch (z.B. hinsichtlich des Zieltextformates), auf Ebene des Aufgabentextes oder durch optionale Unterstützungsmaßnahmen (etwa in Form von Hilfekärtchen oder sprachlichem Scaffolding) differenzieren.
- … *zur Kooperation anregen:* Dieses Kriterium beruht auf der Einsicht, dass Lernen ein zwar individueller, aber in soziale Situationen eingebundener Prozess ist, in dem Wissen verhandelt wird

(vgl. Greeno 1998). Heuer (2011b, 452 f.) betont in diesem Kontext, dass (historische) Erzählungen einerseits stets für ein spezifisches Publikum entworfen werden, dass andererseits aber auch stets Gegenerzählungen benötigt werden, um die eigene Narration zu prüfen, zu hinterfragen und zu revidieren (vgl. diesbezüglich Ankersmit 1994, 88 f. sowie aus erinnerungswissenschaftlicher Sicht Hirst/Echterhoff 2008). Damit wird der Austausch mit der Lerngruppe zur Vorbedingung der Reflexion des eigenen Lernprozesses (vgl. den nächsten Abschnitt): Um über das Zustandekommen unterschiedlicher historischer Narrationen in Antwort auf dieselbe historische Frage überhaupt nachdenken zu können, muss den Lernenden zunächst einmal bewusst sein, dass eine Vielzahl derartiger Narrationen besteht.

- *... zum historischen Erzählen anregen:* Mit diesem Kriterium nimmt Heuer eine fachspezifische Erweiterung des Modells von Blömeke und Kolleg*innen vor. Erzählen bildet den „Kern historischen Lernens" (Barricelli 2016a), die zentrale kognitive Operation, um die herum sich sämtliche weiteren fachspezifischen Tätigkeiten gruppieren. Heuer fasst das Kriterium in erster Linie erzähl*produktiv* auf: Lernende sollen durch Aufgaben dazu angeregt werden, materialbasierte historische Narrationen zu verfertigen, die dafür nötigen Auswahlentscheidungen reflektiert zu fällen und die fertige Geschichte zur Diskussion zu stellen. „Es geht in erster Linie um die Transformation von vorhandenen Wissensbeständen in neue Repräsentationsformen" (Heuer 2011b, 451).

Zwar bezieht Heuer seine Überlegungen immer wieder auf den Geschichtsunterricht, abgesehen vom historischen Erzählen bleiben seine Kriterien aber weitgehend fachunspezifisch.[12] Sie gelten *auch*, aber nicht *speziell* für historische Lernaufgaben.[13] Aus diesem Grund hat Holger Thünemann (2013) einen Vorschlag für drei fachspezifische Kriterien unterbreitet, die in seinen Augen den „fachspezifische[n] Kern" (ebd., 145) eines Gütekriterienkatalogs für historische Lernaufgaben bilden können. Die folgende Grafik visualisiert Thünemanns Modell.

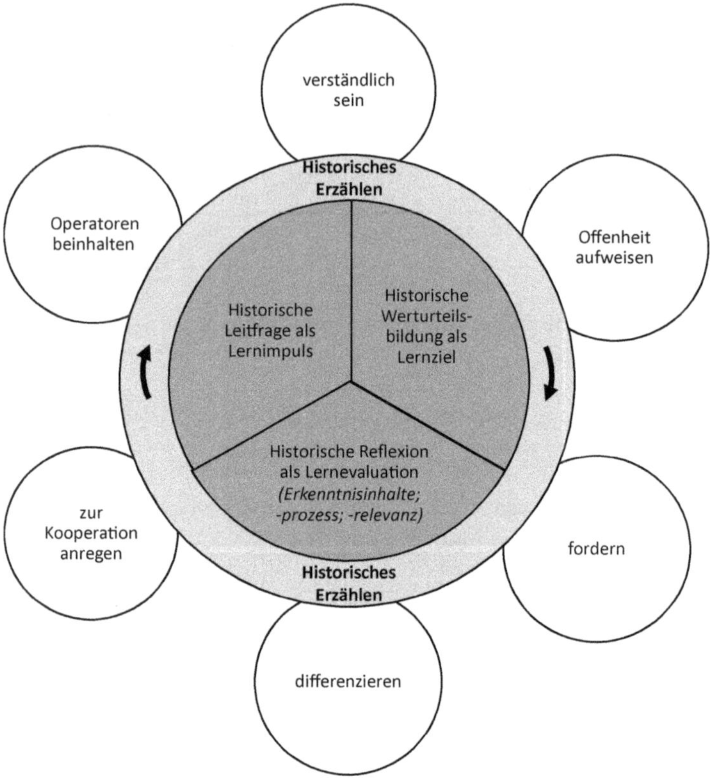

Abb. 5: Fachspezifische (innerer Kern) und fachübergreifende (äußerer Ring) Gütekriterien für historische Lernaufgaben (Thünemann 2018, 27, ursprüngliche Fassung aus dem Jahr 2013)

Folgende drei Kriterien schlägt Thünemann vor:

- *Historische Leitfragen als Lernimpulse:* Aufgaben treten im Geschichtsunterricht, zumal im Schulbuch, selten alleine auf. Vielmehr finden sich in der Regel mehrere Arbeitsaufträge zum selben Thema, häufig nach Schwierigkeit gestaffelt und dabei bisweilen auch an den drei Anforderungsbereichen ausgerichtet. Bei Thünemanns erstem fachspezifischem Kriterium geht es darum, dass mittels einer historischen Leitfrage ein roter Faden zur Verfügung gestellt wird, der die einzelnen Arbeitsaufträge in einer Aufgabe bzw. die unterschiedlichen (Teil-)Aufgaben sinnvoll aufeinander bezieht. Wie Thünemann (2013, 147) betont, handelt es sich dann um im eigentlichen Sinne historische Leitfragen, wenn sie nicht lediglich auf Einzelinformationen oder isolierte historische Sachverhalte abzielen, sondern ebenso die Ursachen und Folgen des Sachverhaltes in den Blick nehmen und seine gegenwärtige Relevanz erörtern. Man könnte auch sagen: Es sollte sich um problemorientierte Leitfragen handeln (vgl. Uffelmann 1999; Barricelli 2016b). Erst durch ihre Problemhaltigkeit tragen historische Leitfragen zum Kompetenzerwerb der Lernenden bei, indem sie die Schüler*innen zur selbstständigen, kreativen Problembearbeitung herausfordern. Problemorientierte Leitfragen verdeutlichen zudem, weshalb man sich überhaupt mit der Aufgabe beschäftigen sollte. Da Leitfragen den historischen Lernprozess nicht nur im Sinne eines Impulses anregen, sondern diesen vielmehr begleiten und den Zusammenhang der Teilaufgaben transparent machen sollen, erscheint diese Formulierung des Kriteriums treffender: *Historische Leitfragen als Kohärenzstifter*.

- *Historische Werturteilsbildung als Lernziel:* Dieses Kriterium steht mit dem ersten in unmittelbarem Zusammenhang. Historische Lernaufgaben sollten die Lernenden zu einem historischen Werturteil im Sinne Jeismanns auffordern, indem sie eine Positionierung der Lernenden zum Unterrichtsthema verlangen, „und zwar in der Weise, dass zwischen den Fakten selbst, ihrer Bedeutung im Horizont der Vergangenheit und ihrer gegenwärtigen Relevanz ein sinnvoller Zusammenhang hergestellt wird" (Thünemann 2013, 147). Es geht hier also darum, den Fokus der häufig sehr kleinschrittigen historischen Lernaufgaben von der reinen Sachverhaltsfeststellung („Was waren die Bedingungen des Versailler Vertrags?") und den in vielen Schulbüchern sehr intensiv thematisierten Sachurteilen („Welche Auswirkungen hatte der Vertrag auf die deutsche Wirtschaft?" oder „Warum wurde der Versailler Vertrag in der Weimarer Republik als ‚Schandfriede' bezeichnet?") zu rücken und die Lernenden dazu zu motivieren, sich selbst ins Verhältnis zu den diskutierten Zusammenhängen zu setzen („War die Bezeichnung gerechtfertigt?" oder „Ist Deutschland im 20. Jahrhundert wirklich, wie häufig behauptet wird, regelmäßig Opfer einer ‚Siegerjustiz' geworden?"). Natürlich ist damit nicht gemeint, dass die Lernenden ausschließlich intuitive Meinungen äußern sollen. Reflektierte und differenzierte historische Werturteile setzen historische Analysen und Sachurteile voraus. Teilaufgaben, die diese mentalen Operationen einzeln ansteuern, können den Lernenden dabei helfen, die Unterschiede zwischen diesen drei Denkakten zu verstehen. Zielen Aufgaben auf historische Werturteile, kann dies zudem dazu beitragen, die Relevanz des Themas sowie der Aufgaben zu verdeutlichen und die Lernenden so motivieren, die Aufgaben als Aufgabe anzunehmen (vgl. Girmes 2003).

- *Historische Reflexion als Lernprozessevaluation:* In Anlehnung an Hasberg (2005) betrachtet Thünemann historische Reflexion hier als ein Nachdenken über Geschichte, welches den gesamten Lernprozess begleitet. Dazu gehört einerseits, dass die Lernenden darüber nachdenken, wie sie selbst zu ihren historischen Deutungen und Urteilen gekommen sind, dass sie sich also ihres Lernwegs, ihrer vorausgesetzten Prämissen und angelegten Maßstäbe bewusst werden. Andererseits gehört zur historischen Reflexion aber auch, darüber zu diskutieren, inwiefern sich die Lernergebnisse der Schüler*innen voneinander unterscheiden und wie diese Unterschiede erklärt werden können. Über die Evaluation des Lern*prozesses* hinaus bedeutet dies daher ebenso eine *Evaluation der Lernergebnisse,* denn darüber nachzudenken, warum sich die Urteile der Mitschüler*innen von den eigenen unterscheiden, bedeutet immer auch, darüber nachzudenken, welche Triftigkeit diese konkurrierenden Deutungen (und natürlich auch die eigene) haben. Aus einer stärker kognitionspsychologischen Perspektive ließe sich auch sagen: Gute Lernaufgaben fördern nicht allein deklaratives Wissen („Was ist passiert und was bedeutet das für mich?"), sondern auch konzeptionelles („Was ist der Unterschied von Geschichte und Vergangenheit? Wieso unterscheiden sich historische Deutungen und Urteile zum selben Ereignis?"), prozedurales („Wie kann ich herausfinden, was passiert ist? Wie kann ich feststellen, ob eine historische Erzählung triftig ist?") und metakognitives Wissen („Was weiß ich bereits, was noch nicht? Was sind meine Bewertungsmaßstäbe? Wie bin ich zu meinem Urteil gelangt?"). Thünemann bezeichnet dieses Kriterium deshalb in jüngeren Publikationen (Thünemann 2018) zurecht als *Historische Reflexion als Lernevaluation*.

Gütekriterien für Lernaufgaben – Beispiel 1

Auf den Seiten des baden-württembergischen Bildungsservers findet sich diese Aufgabe zum Thema „Italien in der Stauferzeit". Unter Bezugnahme auf eine Quelle Ottos von Freising, in der dieser den Aufstieg Mailands beschreibt und mangelnden Respekt der Mailänder für den Kaiser beklagt, sollen die Lernenden folgende Aufgabe bearbeiten:

Aufgaben zum Bericht Ottos von Freising

1. Arbeite heraus, wie die Städte in Oberitalien regiert werden.
2. Stelle die Ursachen für Macht und Reichtum der Städte Oberitaliens dar.
3. Erläutere die Absicht Barbarossas gegenüber den Städten in Italien.
4. Gestaltet zu zweit ein Streitgespräch. Wählt aus zwischen:
   - Die Bürger Lodis diskutieren, ob sie zum Kaiser oder zu Mailand halten sollen.
   - Die Bürger Mailands diskutieren, ob sie sich dem Kaiser unterwerfen und seine Oberhoheit anerkennen sollen.

https://www.schule-bw.de/faecher-und-schularten/gesellschaftswissenschaftliche-und-philosophische-faecher/geschichte/unterrichtsmaterialien/sekundarstufe-I/mittelalter/italienotto

Diese Aufgabe erfüllt trotz einiger guter Ideen keines der drei bislang diskutierten fachspezifischen Gütekriterien.

1. *Es liegt keine für die Lernenden erkennbare Leitfrage vor, die die Teilaufgaben sinnvoll aufeinander bezieht. Diese könnte zum Beispiel lauten: Mailänder Bürger gegen Barbarossa – Anmaßung oder Selbstbestimmung?*
2. *Die Aufgabe zielt nicht auf ein historisches Werturteil. Eine entsprechende Teilaufgabe könnte lauten: Bewertet das Verhalten der Mailänder gegenüber ihren Nachbarstädten und gegenüber dem Kaiser.*
3. *Aufgabe 4 bietet erste Ansätze für historische Reflexion. Mittels einer abschließenden Aufgabe im Anschluss an die Aufgabe zur Werturteilsbildung könnten die Reflexion expliziert werden. Möglich wäre hier etwa: Vergleicht eure Bewertungen der Mailänder in Fünfergruppen. Diskutiert, wie ihr eure Bewertung begründet und auf welchen Informationen diese beruht. Berücksichtigt dabei auch die Frage, wie die Mailänder die Ereignisse darstellen würden, über die Otto von Freising berichtet.*

Exemplarische Analysen der Aufgaben in deutschen und österreichischen Schulbüchern ergaben, dass die von Thünemann geforderten Kriterien mehrheitlich nicht umgesetzt werden. Die Mehrzahl der untersuchten Schulbücher verzichtet auf Leitfragen, oder diese werden den Kapiteln lediglich als Motivationshilfe vorangestellt, in den Aufgaben jedoch nicht bearbeitet. Nur wenige Schulbücher setzen konsequent auf Leitfragen zur Kohärenzbildung (vgl. Thünemann 2010; Lankes/Thünemann 2017; siehe auch Bramann 2017, 194–196). Historische Reflexion spielte in den für diese Studie untersuchten Schulbüchern überhaupt keine Rolle (vgl. Lankes/Thünemann 2017). Wie bereits erwähnt, zielt nur ein sehr geringer Teil der Lernaufgaben in aktuellen Schulbüchern auf historische Werturteile ab (vgl. Thünemann 2010). Stattdessen zeichnen die Befunde geschichtsdidaktischer Schulbuchforschung seit den 1980er Jahren das konstante Bild überwiegend reproduktiv angelegter Lernaufgaben (vgl. von Borries 1980; Günther-Arndt 1988; Michler 2007; Schreiber 2008, 76; Bramann 2018).

Die drei von Thünemann vorgeschlagenen Gütekriterien konstituieren tatsächlich insofern einen fachspezifischen Kern, als sie, in Rückgriff auf die Überlegungen Jörn Rüsens (etwa Rüsen 2008) und Karl-Ernst Jeismanns (siehe Jeismann 2000), zentrale Operationen historischen Denkens in den Fokus der Überlegungen rücken. Diese sind allerdings in dreierlei Hinsicht zu ergänzen, wenn sie sich tatsächlich auf den gesamten historischen Denkprozess beziehen sollen.

Zum einen gehört zum historischen Denken unbedingt dazu, historische Fragen zu stellen. Fragen sind der Ausgangspunkt jeder Beschäftigung mit Geschichte. Sie bestimmen die Perspektive, aus der auf die Quellen und Darstellungen geblickt wird, womit gleichzeitig andere mögliche Perspektiven ausgeschlossen werden. Die Entscheidung für eine bestimmte historische Frage schränkt damit den Spielraum möglicher Antworten bereits ein. Unterschiedliche Fragen verlangen zudem nach unterschiedlichen Verfahren der Beantwortung, sowohl hinsichtlich der Quellen, anhand derer sie beantwortet werden können, als auch hinsichtlich der anzuwenden Methoden. Lernaufgaben sollten die Schüler*innen für den Zusammenhang von historischer Frage und darauf basierender Erzählung sensibilisieren, indem sie sie dazu auffordern, historische Fragen zu stellen und zu überlegen, wie sich diese beantworten lassen. Es geht also um den ersten Schritt jedes historischen Erkenntnisprozesses (vgl. Handro 2015), die Heuristik. Das muss nicht bedeuten, dass die Lernenden nun völlig sich selbst überlassen werden und die Aufgabe gewissermaßen darin besteht, sich zu überlegen, was die Aufgabe sein könnte. Vielmehr kann den Lernenden durch das Materialarrangement und durch den Aufgabentext ein plausibler Rahmen vorgegeben werden, innerhalb dessen sich die zu entwickelnden Fragen bewegen. Dies wiederum sollte nicht dazu führen, dass hier lediglich suggeriert wird, die Lernenden stellten eigene Fragen, während diese in Wirklichkeit doch durch die Aufgabe bereits vorgegeben sind. Lernende können mittels Aufgaben entweder dazu angeregt werden, selbst eine problemorientierte Leitfrage zu entwickeln, oder aber sie können vorhandene Leitfragen ergänzen, differenzieren und perspektivieren. In Anlehnung an die bei Thünemann gewählten Bezeichnungen ließe sich dieses Kriterium so formulieren: *Heuristik als Ausgangspunkt des Lernens.*

Gütekriterium Heuristik als Ausgangspunkt des Lernens

Beim Geschichtswettbewerb des Bundespräsidenten müssen die Lernenden alle Schritte des historischen Forschungsprozesses unternehmen. Diese Auszüge aus dem Projektheft verdeutlichen die dafür notwendigen Schritte, die mit der Heuristik beginnen. Lernaufgaben, die das Kriterium „Heuristik als Ausgangspunkt" berücksichtigen, bieten sich besonders im Kontext historischer Projektarbeit an, sind aber auch im regulären Klassenunterricht möglich (vgl. Kapitel 6.2.1).

1. Die Themensuche
Wozu wollen wir eigentlich forschen?
Ein gutes Thema ist die halbe Miete. In diesem Abschnitt erfahrt ihr, wie ihr ein interessantes Thema für den eigenen Beitrag findet. Seite 10

2. Die Recherche
Wen können wir fragen, wo sollen wir suchen?
Steht das Thema, beginnt der spannendste Teil der Arbeit: die Suche nach nützlichen, wichtigen, überraschenden Informationen dazu. Seite 14

3. Die Auswertung
Bergeweise Material – und nun?
Stundenlange Interviews, haushohe Bücherstapel. Wir zeigen euch, wie ihr die gesammelten Informationen am besten sortiert und auswertet. Seite 18

4. Das Literatur- und Quellenverzeichnis
Wer hat's gesagt?
Wie bei echten Wissenschaftlern: Damit euer Ergebnis nachprüfbar ist, müsst ihr die Quellen angeben. Klingt nach Fleißarbeit, ist mit diesen Tipps aber keine Hürde. Seite 21

5. Die Darstellungsform
Text, Film, Ausstellung? Die beste Art, euer Thema zu präsentieren
Das Ergebnis eurer Arbeit könnt ihr in den verschiedensten Formen einreichen. Aber nicht jede passt zu jedem Thema. Ein paar nützliche Hinweise und Anregungen. Seite 22

6. Der Arbeitsbericht
Ein spannender Einblick in eure Erfahrungen
Interessant für die Jury: Wie ist es bei euch gelaufen, was habt ihr gelernt, auf welche Überraschungen seid ihr gestoßen? Seite 24

7. Beitrag einreichen
Alles fertig? Dann auf zum letzten Schliff, hochladen und Daumen drücken
Tipps für die Schlusskorrektur – plus Checkliste: Was muss eigentlich alles eingereicht werden? Seite 26

Körber-Stiftung (Hg.): Der neue Wettbewerb: Bewegte Zeiten. Sport macht Geschichte. Projektheft. Hamburg 2020, 9

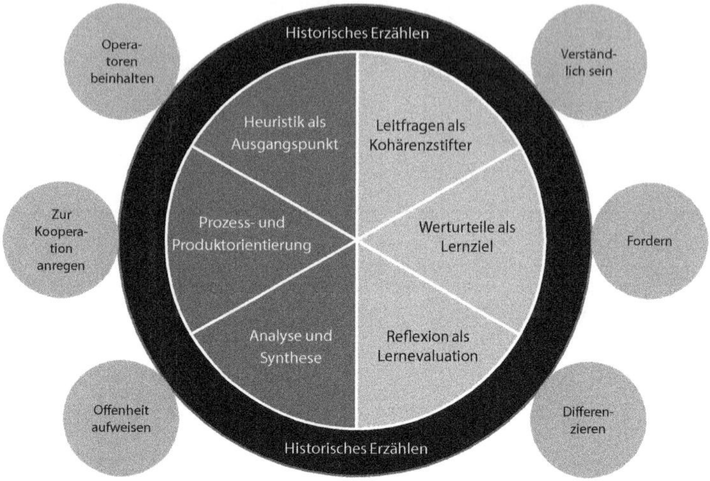

Abb. 6: Auf den historischen Erkenntnisprozess bezogene Gütekriterien für Lernaufgaben

Während das historische Erzählen mit einer historischen Frage beginnt, endet es, wenn auch immer nur vorläufig, mit dem Verfassen der Erzählung. Wie die geschichtsdidaktischen Diskurse um die narrative Verfasstheit des historischen Denkens (vgl. Rüsen 2008; Barricelli 2016a) und um sprachsensiblen Geschichtsunterricht (vgl. Hartung 2015; Handro 2016) gezeigt haben, bedeutet Geschichte zu erzählen mehr als nur die Versprachlichung eines bereits erfolgten Denkprozesses. Vielmehr entsteht historisches Wissen erst durch historisches Erzählen: Erst wenn aus Quellen oder Darstellungen interpretativ gewonnenes Wissen Teil einer Erzählung wird, wird erkennbar, ob dieses Wissen zur Beantwortung der Fragestellung relevant ist. Zudem ist gerade der Prozess des Schreibens auch ein Prozess des Neu-Durchdenkens, des Ordnens und des Systematisierens. Gute Lernaufgaben können diese Prozesse fördern, indem sie z.B. vorgeben, welche Form das Ergebnis ihrer Arbeit haben soll und wie die Lernenden dahin gelangen – womit nicht gemeint ist, dass offene Lösungs- und Arbeitswege vermieden werden sollten. Im Falle offener Aufgaben muss den Lernenden aber klar sein, welche Entscheidungen sie selbst zunächst fällen müssen, um die Aufgabe bearbeiten zu können (vgl. Hascher/Hofmann 2008, 58). Damit sind deutliche Schnittmengen zu Heuers Kriterium der doppelten Operationalisierung von Lernaufgaben zu erkennen, die aufgrund des komplexen Zusammenhangs von Geschichte und Sprache (siehe Kapitel 4) gerade kein allgemeines, sondern vielmehr ein fachspezifisches Gütekriterium darstellt. Dieses Kriterium ließe sich folgendermaßen formulieren: *Prozess- und Produktorientierung zur Lernstrukturierung*.

Gütekriterium Prozess- und Produktorientierung

Im Schulbuch „denkmal Geschichte 7/8" findet sich folgender Arbeitsauftrag zum Thema „Französische Revolution":

2 Versetze dich in einen Bauern aus Frankreich und verfasse einen Beschwerdebrief an den König.

Neben der Aufgabe befindet sich ein Hinweiskästchen mit folgendem Text:

Starthilfe: Denke an die Situation der Bauern in Frankreich. Blättere noch einmal zurück auf die Seite 46/47.

Trotz unbestreitbarer Defizite der Aufgabe (Wie hoch war der Alphabetisierungsgrad französischer Bauern im 18. Jahrhundert? Wie wahrscheinlich wäre es, dass sich ein Bauer direkt an den König wendet?) bietet sie Hinweise auf Umsetzungsmöglichkeiten des Kriteriums „Prozess- und Produktorientierung": Die Aufgabe ist produktorientiert, da angeben ist, welche Form das Lernprodukt haben soll. Die Aufgabe weist Ansätze von Prozessorientierung auf, weil das Hinweiskästchen angibt, wie der Arbeitsprozess strukturiert werden kann. Hier könnten noch weitere Hinweise ergänzt werden, etwa

1 *Überlege dir zunächst, was der Bauer mit seinem Brief an den König bewirken möchte.*
2 *Überlege dann, wie im Brief argumentiert werden muss, damit der König überzeugt werden kann.*
3 *Denke daran, dass ein Brief einen bestimmten Aufbau hat.*

denk|mal Geschichte 7/8. Differenzierende Ausgabe 2012 für Niedersachsen. Braunschweig 2013, 62

Ein letztes Gütekriterium liegt erneut quer zum historischen Denkprozess. Zum historischen Denken und Lernen gehört nicht nur, auf Basis von Quellen und Darstellungen historische Urteile zu fällen (zweites fachspezifisches Kriterium), sondern ebenso, die in vorhandenen historischen Erzählungen eingebetteten Sach- und Werturteile zu erkennen, Sach- und Werturteile voneinander zu unterscheiden und diese auf ihre Gültigkeit zu prüfen (vgl. Jeismann 2000). Historisches Denken hat damit stets eine synthetische und eine analytische Dimension. In Anlehnung an das Kompetenzmodell der Gruppe

FUER-Geschichtsbewusstsein (Körber u.a. 2007) ist diesbezüglich bisweilen auch von Re-Konstruktion und De-Konstruktion die Rede, wenngleich dies nicht zuletzt deshalb problematisch ist, weil der Begriff der De-Konstruktion wissenschaftlich bereits besetzt ist. Analytische Denkakte scheinen in der Unterrichtspraxis (vgl. Sauer 2013, 195) sowie in den Lernaufgaben der etablierten Schulbuchverlage (vgl. Michler 2007, 291) bislang eine allenfalls untergeordnete Rolle zu spielen, wenngleich geschichtsdidaktische Publikationen vorliegen, die Vorschläge für analytische Lernaufgaben machen (z.B. Körber/Baeck 2006; Schreiber/Wenzl 2006). Gute Lernaufgaben(pakete) berücksichtigen beide Denkrichtungen, woraus sich das letzte Gütekriterium ableitet: *Analyse und Synthese als komplementäre Denkbewegungen.*

Gütekriterium Analyse und Synthese als komplementäre Denkbewegungen

Eine Aufgabe von der Geschichtsplattform segu Geschichte, einer OER-Plattform (siehe Kapitel 5), illustriert das Kriterium „Analyse und Synthese". Die Website präsentiert die Geschichte des frühneuzeitlichen Kolonialismus in Form mehrerer aufeinander bezogener Module. In vier Modulen haben die Lernenden die Möglichkeit, sich mit europäischen und indigenen Perspektiven auf die europäische Expansion auseinanderzusetzen und eigene Geschichte(n) zu verfassen (synthetische Denkrichtung). Die Einheit schließt mit Modul 4, das den Lernenden ermöglicht, heutige kontroverse Beurteilungen des Kolonialismus im Allgemeinen und Kolumbus im Besonderen zu analysieren und sich in einer geschichtskulturellen Debatte zu positionieren. Die Lernenden prüfen in diesem Modul also die in unterschiedlichen Erzählungen eingelagerten historischen Sachverhaltsaussagen, Sachurteile und Werturteile (analytische Denkrichtung).

Der 12. Oktober ist heute der spanische Nationalfeiertag. Auch in vielen Ländern Nord- und Südamerikas wird der *Columbus Day* oder *Día de la Raza* (wörtlich: Tag der Rasse) als Feiertag begangen. In New York findet am Columbus Day jedes Jahr eine große Parade statt, zu der etwa eine Million Zuschauer kommen. Bereits im 19. Jahrhundert setzte in Amerika, Spanien und Italien (wo Kolumbus geboren wurde) ein regelrechter *Kult um den „Entdecker" Amerikas* ein. Aus dieser Zeit finden sich weltweit hunderte *Kolumbus-Denkmäler* wie das oben abgebildete in Barcelona.

Doch der Feiertag ist inzwischen umstritten. Die Nachfahren der indigenen Völker sind der Meinung, es gebe angesichts der *spanischen Eroberungen in Amerika* nichts zu feiern. Im November 2015 veröffentlichte der Youtube-Kanal von „Whatch-Cut" ein Video, in denen [sic] Angehörige der indigenen Völker zu Christoph Kolumbus befragt werden (der Link unten führt zu einem Video mit deutschen Untertiteln; im Original findest du das Video *hier*).

1. Schau dir das Video an und notiere mindestens *fünf Vorwürfe*, die die interviewten Personen an Christoph Kolumbus richten.
2. Lies dir anschließend auch den Zeitungsartikel *Ist Christoph Kolumbus „Amerikas erster Terrorist"?* auf der Seite von *News.at* durch. Beurteile anschließend, ob du die im Video geäußerten Vorwürfe gegen Kolumbus für gerechtfertigt hältst oder nicht.
3. Im Zeitungsartikel wird auch die Frage aufgeworfen, ob der Columbus Day *beibehalten, abgeschafft oder in einen Tag der indigenen Völker umbenannt* werden sollte. Du kannst dich zum Beispiel im *Wikipedia-Artikel über den Kolumbus Tag* noch ausführlicher informieren. Entscheide dich dann für eine der drei Möglichkeiten und begründe sie in mindestens zwei Sätzen

segu Geschichte: Streit um Kolumbus, https://segu-geschichte.de/kolumbus/

Diese sechs fachspezifischen Gütekriterien können als Operationalisierung und Konkretisierung des durch Heuer vorgeschlagenen Kriteriums „zum historischen Erzählen anregen" verstanden werden. Abbildung 7 visualisiert das „Gesamtpaket", das sich aus der gemeinsamen Betrachtung der hier diskutierten Kriterien ergibt.

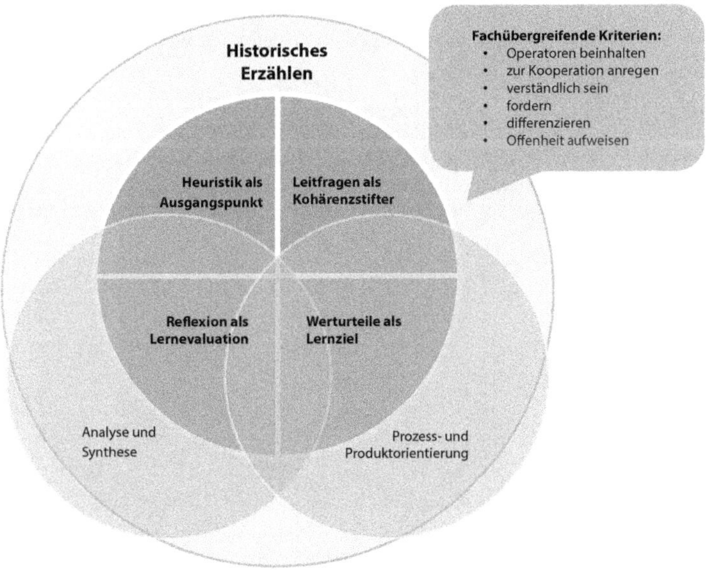

Abb. 7: Gütekriterien für Lernaufgaben

2.2.3 Lernaufgaben erstellen

Wie können diese Gütekriterien nun bei der Konzeption eigener Aufgaben umgesetzt werden? Ähnlich wie zuvor bei den Diagnoseaufgaben gilt auch hier: Nicht immer lassen sich alle Kriterien gleichzeitig erfüllen, weder in einer Aufgabe noch in einer Unterrichtsstunde. Das wäre auch gar nicht unbedingt immer sinnvoll. Nicht jede Aufgabe sollte die Lernenden z.B. dazu auffordern, eigene Fragestellungen zu entwickeln und zu überlegen, anhand welcher Quellen sich diese Fragen beantworten ließen. Vielmehr gehört es ja zur Unterrichtsvorbereitung der Lehrkraft dazu, derartige Aspekte zu klären und vorzubereiten. Hin und wieder aber sollten Aufgaben die Schüler*innen dazu anhalten, die Heuristik in die eigenen Hände zu nehmen, schon deshalb, um die den Erkenntnisprozess initiierende Funktion dieses Arbeitsschrittes zu verdeutlichen. Ähnliches ließe sich auch für andere der Gütekriterien sagen. Auch bei den Lernaufgaben sind die folgenden Fragen also nicht unbedingt als eine Checkliste zu verstehen, die man bei der Aufgabenkonstruktion immer abhaken sollte. Wohl aber stellen die Fragen Reflexionsanlässe dar, die dazu anregen sollen, über die Qualität der Lernaufgaben – sowohl der selbst entwickelten als auch der im Schulbuch vorgefundenen – nachzudenken. Die Liste ließe sich prinzipiell fortsetzen – hier werden zunächst einmal zentrale Aspekte, die sich aus dem Kriterienkatalog ergeben, umgesetzt.

1. *Wird durch die Aufgabe deutlich, dass Geschichte auf Fragestellungen und auf Quellen basiert?* Wie empirische Studien gezeigt haben (vgl. z.B. Wineburg 1991; v. Borries u.a. 2005, 71–75; Schönemann u.a. 2011, 36–38; Köster 2013, 94–96; Lee 2014), ist den Lernenden auch nach Jahren des Geschichtsunterrichts häufig nicht klar, woher unser Wissen über Geschichte eigentlich stammt, welche Rolle Quellen im historischen Erkenntnisprozess spielen und warum eine historische Fragestellung eine Voraussetzung von Geschichte ist. Lernaufgaben sollten den Schüler*innen deshalb hin und wieder Gelegenheit geben, den Schritt der *Heuristik* selbst zu gehen, eine eigene Fragestellung zu entwickeln sowie sich zu überlegen, anhand welcher Quellen sich die Frage beantworten ließe und wo sich die nötigen Quellen auffinden lassen. Der Zusammenhang von Fragestellung, Quellen und Geschichte lässt sich aber auch dann thematisieren, wenn den Lernenden eine Leitfrage durch die Aufgabe vorgegeben wird. Dies geschieht primär dadurch, dass quellenbasiert historisch gearbeitet wird – dazu müssen die Quellen ihrerseits eine gewisse Länge, Offenheit, Fremdheit

und Schwierigkeit aufweisen (siehe dazu z.B. Pandel 2012) – und dass mittels *historischer Reflexion* am Ende des Arbeitsprozesses resümiert wird, wie man zu den eigenen Befunden und Urteilen gelangt ist, worauf diese basieren und warum sie sich interindividuell unterscheiden.

2. *Werden die Lernenden durch die Aufgabe angeregt, (nicht nur Sach-, sondern auch) historische Werturteile zu fällen?* Lernaufgaben in Schulbüchern verlangen von den Schüler*innen häufig kaum mehr als informationsentnehmendes Lesen. Das führt einerseits dazu, dass den Lernenden nicht ersichtlich ist, warum sie sich überhaupt mit der Aufgabe, dem Thema oder gar mit Geschichte insgesamt beschäftigen sollen. Sie nehmen die Aufgabe dann also nicht als Aufgabe an. Indem sie aufgefordert werden, begründet Stellung zu beziehen, wird für die Lernenden mitunter klarer, warum sie sich mit dem Gegenstand auseinandersetzen sollen. Hinzu kommt aber auch, dass durch das wiederholte Fällen historischer Sach- und Werturteile für die Schüler*innen transparent wird, inwiefern sich diese Dimensionen historischen Denkens voneinander unterscheiden und auf welche Weise sie, nicht zuletzt in der außerschulischen Geschichtskultur, häufig unzulässig in eins gesetzt werden. Über die Operatoren „bewerten“ und „Stellung nehmen“ können die Lernenden dazu aufgefordert werden, historische Werturteile zu fällen oder bestehende Werturteile zu prüfen.
3. *Fordert die Aufgabe explizit zur historischen Reflexion auf?* Gute Lernaufgaben sollten die Schüler*innen dazu auffordern, in dreifacher Hinsicht reflexiv zu arbeiten. Sie sollten erstens den eigenen Lernweg („Wie bin zu meinem Ergebnis gekommen? Worauf beruhen meine Urteile?“), zweitens ihr Lernergebnis und das ihrer Mitschüler*innen („Inwiefern unterscheiden sich die Ergebnisse? Wie sind diese Unterschiede zu erklären? Wie triftig sind die jeweils entstandenen Narrationen?“) und drittens die Relevanz des diskutierten historischen Gegenstandes („Warum beschäftigen wir uns damit? Welche Auswirkungen hat das Thema auf unsere Gegenwart? Wo finden sich Spuren dieses Themas oder ähnliche Phänomene? Wie wird das Thema geschichtskulturell genutzt?“) reflektieren. Leider existiert kein Operator „reflektieren“, auch die übrigen Operatoren treffen den Kern des hier Gemeinten nicht (vgl. Ministerium für Schule und Weiterbildung NRW 2015). Teilaufgaben bzw. Arbeitsaufträge, die historische Reflexion einfordern, können daher nicht auf standardisierte Operatoren zugreifen.

4. *Wirken die Teilaufgaben bei der Bearbeitung eines historischen Problems zusammen?* Es sollte deutlich ersichtlich sein, in welchem Bezug die einzelnen in einer Unterrichtsstunde oder auf einer Schulbuchdoppelseite verwendeten (Teil-)Aufgaben zueinander stehen. Im besten Fall besteht dieser Zusammenhang darin, dass die Aufgaben unterschiedliche Aspekte oder Arbeitsschritte zur Beantwortung einer problemorientierten historischen Leitfrage beitragen. Eine derartige Leitfrage kann den Lernenden einen roten Faden an die Hand geben, der Kohärenz zwischen den Teilaufgaben bzw. Arbeitsaufträgen herstellt.
5. *Finden sowohl synthetisch als auch analytisch ausgerichtete (Teil-) Aufgaben Einsatz?* Schüler*innen sollen im Geschichtsunterricht nicht nur die historischen Erzählungen ihrer Mitschüler*innen auf ihre Gültigkeit, Reichweite und Überzeugungskraft hin prüfen, sondern auch andere historische Darstellungen, wie sie ihnen z.B. in der außerschulischen Geschichtskultur begegnen. Die Lernenden sollen durch ihre Aufgaben also dazu angeregt werden, historische Darstellungen nicht als Informationstext zu lesen, sondern als eine intentionale und perspektivische Konstruktion, die mit anderen Geschichten um Geltung und Aufmerksamkeit konkurriert (Operator „analysieren“). Natürlich sollen die Lernenden darüber hinaus auch durch Aufgaben dazu angeregt werden, eigene historische Narrationen zu erzeugen. Dabei sollen sie nicht nur auf die Befunde ihrer Quelleninterpretationen, sondern auch ihrer Darstellungsanalyse zurückgreifen (Operator „entwickeln“).
6. *Geben die Aufgaben Aufschluss über einen möglichen Arbeitsprozess und das anzufertigende Produkt?* Wie bereits erläutert wurde, erhöhen prozess- und produktorientierte Aufgaben die Transparenz der Anforderungen, geben eine Hilfestellung im Arbeitsprozess und tragen zum Prozess des epistemischen Schreibens bei. Eingelöst wird dieses Kriterium, indem im Sinne einer „doppelten Operationalisierung“ verdeutlicht wird, welche Arbeitsschritte die Lernenden unternehmen können, welche Form die von ihnen verfertigte historische Erzählung annehmen soll und wie die Erzählung präsentiert wird. Über dieses Kriterium ließe sich zudem eine mögliche Schnittstelle zu Prüfungsaufgaben in einem Geschichtsunterricht ohne Klassenarbeiten herstellen (vgl. Kapitel 2.3). Im Sinne einer gelungenen Aufgabenkultur (vgl. Kapitel 3) empfiehlt es sich, Wahlmöglichkeiten zwischen stärker entdeckenden, schüler*in-

nenorientierten und stärker instruierenden, lehrer*innenzentrierten Aufgaben zu schaffen (vgl. Hascher/Hofmann 2008, 52).

7. *Finden standardisierte Operatoren Verwendung?* Über die Verwendung von Operatoren können die erwarteten historischen Denkleistungen transparent gemacht werden. Voraussetzung dafür ist, dass die Bedeutung der Operatoren im Unterricht besprochen wird, damit den Lernenden klar ist, inwiefern sich z. B. „beurteilen" und „bewerten" unterscheiden. Ein weiterer Vorteil der Operatoren ist, dass sie, im Gegensatz zu geschlossenen W-Fragen, nicht das Vorliegen einer einzigen korrekten Antwort suggerieren (vgl. Heuer 2011b, 449).
8. *Ist die Aufgabe inhaltlich offen und nicht auf eine spezifische Lösung festgelegt?* Diese Offenheit lässt sich einerseits durch die Verwendung geeigneter Operatoren erreichen, vor allem aber auch, indem die Aufgabe nicht allein auf historische Sachanalysen, sondern auf Sach- und Werturteile abzielt. Die Frage, wie gut Lehrende und Lernende im Unterricht mit offenen Aufgaben zurechtkommen, ist auch von ihren jeweiligen „Orientierungsstil" abhängig (vgl. Hascher/Hofmann 2008, 56 f.), also der Frage, ob sie Ungewissheiten als Herausforderung wahrnehmen und eher prinzipienorientiert lernen bzw. lehren oder eher ein starkes Bedürfnis nach Klarheit, Steuerung, Expertenautorität und Bestätigung der eigenen Einstellungen aufweisen. In Bezug auf die Theorie des Geschichtsunterrichts lassen sich diese Orientierungsstile auch als Akzeptanz bzw. Vermeidung von Kontingenz interpretieren.
9. *Liegt das Anforderungsniveau in der „Zone der nächsten Entwicklung" der Lernenden?* Lernaufgaben sollen die Schüler*innen herausfordern, sie aber dabei nicht überfordern und frustrieren. Das ideale Anforderungsniveau einer *Lernaufgabe* liegt daher ein wenig über dem aktuellen Könnens- und Wissensstand. Dieser ist aber natürlich nicht für alle Lernenden gleich, weshalb *Diagnoseaufgaben* und Vorstellungen zur Lernprogression, anhand derer man die „Zone der nächsten Entwicklung" bestimmen kann, entscheidend sind. Bei *Übungsaufgaben* geht es dagegen nicht um neue Herausforderungen, sondern darum, erworbenes Wissen und einen erreichten Stand der Kompetenzausprägung zu festigen und Arbeitstechniken zu routinisieren. Wie bei allen unterrichtlichen Planungsmaßnahmen ist daher auch bei der Gestaltung eigener oder der Analyse vorliegender Aufgaben zuerst die Frage zu klären, welchem Ziel diese dienen sollen.
10. *Ist die Aufgabe verständlich?* Lernaufgaben können in verschiedener Hinsicht unverständlich sein. Eine fehlende Operationalisierung

kann dazu führen, dass den Lernenden nicht klar ist, welche Denkleistung von ihnen erwartet wird. Eine fehlende Prozess- und Produktorientierung kann dazu führen, dass unklar bleibt, wie die erwartete Denkleistung erbracht werden kann oder welche Form das Lernergebnis annehmen soll. Aufgaben können aber auch in sprachlicher Hinsicht unverständlich sein (siehe dazu auch Kapitel 4.3), wenn sie bildungs- oder fachsprachliche Begriffe verwenden („Analysieren Sie die empirische Plausibilität der vorliegenden Narration" wäre in der Sekundarstufe I eine Zumutung und ohne weitere Kontextualisierung auch in der Sekundarstufe II unangemessen). Zudem können Verständnisschwierigkeiten auftreten, wenn die Reihenfolge der Sätze oder Propositionen im Aufgabentext nicht der Reihenfolge der Arbeitsschritte entspricht („Diskutiert die mögliche Absicht des Quellenautors, nachdem ihr die Quelle analysiert und wesentliche Argumente notiert habt").

11. *Ermöglicht die Aufgabe kooperatives Arbeiten?* Wie oben bereits ausgeführt wurde, sprechen sowohl fachspezifische Gründe (Erzählungen müssen für ein Gegenüber entworfen werden, können nur diskursiv geprüft, kritisiert und weiterentwickelt werden) als auch fachübergreifende Gesichtspunkte (Lernen ist ein zwar individueller, aber sozial situierter und kommunikativer Prozess der Wissenskonstruktion) für Phasen der Partner- und Gruppenarbeit. Darüber hinaus lassen sich kooperative Aufgaben auch zur Binnendifferenzierung nutzen (vgl. Brüning/Saum 2010). Auch bei der Einschätzung kooperativer Aufgaben spielt erneut der Orientierungsstil der Lehrkraft und der Lernenden eine Rolle. Bei Gruppen- und Partnerarbeit sollte für die Schüler*innen der „‚Mehrwert der Gruppe' evident" (Hascher/Hofmann 2008, 58) sein. Es sollte also klar zu erkennen sein, warum die Aufgabe in der Gruppe und nicht alleine bearbeitet werden soll. Dies kann durch die Vergabe komplementärer Rollen, etwa in Form des bekannten Gruppenpuzzles, geschehen. Hascher und Hofmann verweisen darauf, dass nicht nur die Aufgabenqualität, „sondern auch die Qualität der *Anreiz*struktur [...] ausschlaggebend" sei (ebd., 59; kursiv im Original). Lernende müssen wissen, in welchem Verhältnis die Gruppenarbeit und ihre Ergebnisse zu einem größeren Ziel stehen.
12. *Wird die Aufgabe den Bedürfnissen einer heterogenen Schülerschaft gerecht?* Aufgaben können in unterschiedlicher Hinsicht differenziert sein (Lernweg; angestrebte historische Denkleistung; histo-

rischer Inhalt/Thema; über Zusatzmaterialien). Adamski (2017) schlägt, bezugnehmend auf von der Groeben, zwei gängige Möglichkeiten zur Umsetzung dieses Kriteriums vor: Während „Blütenaufgaben" nach Schwierigkeitsgrad gestaffelte Aufgaben darstellen, bei denen die Lernenden zunächst ein gemeinsames Basiselement und dann unterschiedlich anspruchsvolle (oder methodisch anders zugeschnittene) Zusatzelemente bearbeiten, präsentieren „Fächeraufgaben" eher verschiedene Aspekte eines Themas (etwa als historischer Querschnitt), aus denen die Lernenden entsprechend ihrer Interessen wählen können. Aktuelle empirische Arbeiten (Jonas u.a. 2017) legen zudem eine Wechselwirkung des generellen Interesses an Geschichte als Schulfach und an Lernaufgaben im Geschichtsunterricht nahe: Diejenigen Lernenden, die stark an Geschichte interessiert sind, nehmen auch die Aufgaben im Geschichtsunterricht als interessanter (und z.T. auch als individuell bedeutsamer) wahr, als es ihre weniger interessierten Mitschüler*innen tun. Bedeutsam ist aber, dass umgekehrt auch eine wiederholte Konfrontation mit als interessant wahrgenommenen Aufgaben zu einem erhöhten Fachinteresse beitragen kann. Nach Interessen differenzierende „Fächeraufgaben" könnten also unter Umständen dazu beitragen, das Fachinteresse in einer Klasse zu erhöhen. Bislang setzen Lehrkräfte allerdings kaum differenzierende Aufgaben ein, sondern arbeiten höchstens mit Zusatzaufgaben für besonders starke Lernende (vgl. Mägdefrau/Michler 2012).

Christoph Kühberger und Sebastian Barsch (2020) haben jüngst einen Vorschlag zur Differenzierung im Geschichtsunterricht unterbreitet, der sich sowohl an Georg Feusers entwicklungslogischer Didaktik als auch am *Universal Design for Learning* orientiert. Die von Feuser übernommene Grundidee besteht darin, dass Differenzierung bedeute, mittels differenzierter Zugänge an einem gemeinsamen Gegenstand zu lernen. Kühberger und Barsch schlagen vor, diesen gemeinsamen Gegenstand auf der Ebene fachspezifischer Basiskonzepte zu verorten. Derartige Basiskonzepte können inhaltlicher Natur sein (z.B. FRANZÖSISCHE REVOLUTION oder ZÜNFTE), sie können sich aber auch auf den historischen Erkenntnisprozess beziehen (z.B. QUELLE oder KONTINUITÄT UND WANDEL).

Bei der Frage, wie möglichst vielen Lernenden ein Zugang zum gemeinsamen Konzept eröffnet werden kann, orientieren sich Kühberger und Barsch am *Universal Design for Learning (UDL)*, welches seinerseits auf das ursprünglich aus dem Kontext der Architektur öffentlicher Gebäude stammende Barrierefreiheitskonzept des *Universal Design* zurückgeht. Das UDL folgt drei Hauptideen, die im Anschluss an die exemplarische Lernaufgabe in Kapitel 6.2.1 noch näher erläutert und illustriert werden:[14]

1. Multimodale Repräsentation des Lerngegenstandes („the ‚WHAT' of learning")
2. Multiple Lösungs- und Handlungswege („The ‚HOW' of learning")
3. Multiple Wege, zur Aufgabenbearbeitung zu motivieren („the ‚WHY' of learning").

Der aus dem Kontext des Sprachlernens bekannte Ansatz des Scaffolding kann ebenfalls für differenzierende Aufgaben fruchtbar gemacht werden (vgl. Körber u.a. 2020). Der Idee eines Gerüsts („scaffold") folgend, geht es hier darum, den Lernenden zusätzlich zum Aufgabentext unterstützende oder herausfordernde Materialien zur Verfügung zu stellen, diese aber im Laufe der Zeit sukzessive zurückzunehmen (das Gerüst also wieder abzubauen), wenn die Lernenden nicht länger auf diese angewiesen sind.

2.3 Prüfungsaufgaben

Wie in den beiden vorangegangenen Unterkapiteln zu Diagnose- bzw. Prüfungsaufgaben soll im Folgenden zunächst der wissenschaftliche Diskussionsstand zu Prüfungsaufgaben dargelegt werden, bevor Gütekriterien und Konstruktionsprinzipien für die Erstellung von Prüfungsaufgaben entwickelt werden. Da Diagnose- und Prüfungsaufgaben ähnliche Funktionen erfüllen, werden hier hinsichtlich der Kriterien und Prinzipien Bezüge zu Kapitel 2.1 hergestellt.

2.3.1 Diskussions- und Forschungsstand

Prüfungs- oder Leistungsaufgaben erfüllen eine ähnliche Funktion wie Diagnoseaufgaben, da es bei beiden Aufgabentypen darum geht, den Wissens- und Könnensstand der Lernenden möglichst genau zu bestimmen. Bei Prüfungsaufgaben geschieht dies jedoch mit einer anderen Zielsetzung, da hier nicht die individuelle Förderung der Lernenden, sondern vielmehr die Beurteilung der Schüler*innenleistungen den Zweck der Leistungsfeststellung bildet. Hier wird also eine dezidiert normative Perspektive eingenommen, indem die in der Aufgabe dokumentierten Fähigkeiten und Wissensbestände mit einem vorab definierten Standard verglichen werden. Das Maß der Entsprechung wird summativ, in Form von Schulnoten, ausgedrückt (vgl. Adamski/Bernhardt 2012, 404).

Wie Adamski und Bernhardt (2012, 403 f.) herausstellen, hat sich das Verständnis dessen, was im Geschichtsunterricht als zu bewertende Leistung gilt, in den letzten Jahren deutlich verschoben – nicht zuletzt auch in bildungspolitischer Perspektive. Die Autoren sprechen von einer „Differenzierung, Individualisierung und einem Öffentlichmachen von Leistungen" (ebd., 404), die sich in erster Linie darin ausdrücken, dass nicht länger allein das Produkt der Schüler*innenleistung, sondern auch der Prozess der Produkterstellung sowie dessen Reflexion Gegenstand der Bewertung sein können. Dies ist einerseits zu begrüßen, da Leistungsfeststellung so über bloße Momentaufnahmen hinausgeht, weniger kleinschrittig erfolgt und sich zudem auf wichtige Bereiche historischen Denkens bezieht, die sich mit klassischen Prüfungsformen, z. B. Klausuraufgaben, nur schwer dokumentieren lassen. Diese Entwicklung birgt aber auch Gefahrenpotenzial, kann sie doch der ebenfalls zentralen Forderung, Lern- und Prüfungsphasen im Unterricht deutlich zu trennen (vgl. Kühberger 2014, 14),[15] tendenziell im Weg stehen. Diese Trennung ist deshalb wichtig, um bei der Lerngruppe nicht den Eindruck entstehen zu lassen, einem ständigen Beurteilungsdruck zu unterliegen. Der Mut, produktive Irrwege in Kauf zu nehmen, Neues auszuprobieren und sich aktiv zu engagieren, würde unter einem derartigen Eindruck leiden. Hier sind daher neue Prüfungsformen gefragt (vgl. Wenzel 2012), die sich allerdings nicht immer gut mit den bereits im Kontext der Diagnoseaufgaben diskutierten Gütekriterien vereinbaren lassen. Mit diesen neuen Prüfungsformen geht der letzte von Adamski und Bernhardt genannte Aspekt, das Öffentlichmachen von Leistungen, einher. Leistungsbeurteilung wird zunehmend auch an die Fähigkeit der Lernenden gebunden, ihr Wissen und ihre Fähigkeiten kommunizieren, präsentieren und erklären zu können, z. B. in Form von Projekten und Präsentationen. Damit, so die Autoren, werde Leistung nicht nur für die Lehrkraft, sondern für die gesamte Lerngruppe erbracht (vgl. Adamski/Bernhardt 2012, 404). Insgesamt trügen die Veränderungen zu einer Demokratisierung der Leistungsbeurteilung bei, da die Lernenden nun mitentscheiden könnten, was als Leistung gelten solle.

Die genannte Entwicklung spiegelt sich in den Lehrplänen wider, zumal in der Sekundarstufe I traditionelle schriftliche Formen der Leistungsüberprüfung in Form von Klassenarbeiten häufig nicht mehr vorgesehen sind. So schlägt etwa der aktuelle nordrhein-westfälische

Kernlehrplan für das Gymnasium mündliche Beiträge zum Unterricht (z.B. Beiträge zum Unterrichtsgespräch, Beiträge zu Diskussionen und Streitgesprächen, […]), schriftliche Beiträge zum Unterricht (z.B. […] Hefte/Mappen, Portfolios, Lerntagebücher), kurze schriftliche Übungen sowie Beiträge im Rahmen eigenverantwortlichen, schüleraktiven sowie ggf. praktischen Handelns (z.B. Rollenspiel; […] Präsentationen ggf. auch in digitaler Form, Blogeinträge, Internetauftritte, Erklärvideos) vor (Ministerium für Schule und Weiterbildung NRW 2019, 37). Ähnliche Formulierungen finden sich auch in den Lehrplänen für die Haupt-, Real- und Gesamtschule.

Im jüngeren deutschsprachigen Aufgabendiskurs spielen Prüfungsaufgaben im Vergleich zu Lernaufgaben eine eher untergeordnete Rolle. Das gilt für die überfachliche (für einen Überblick zu den vorliegenden Ansätzen siehe Kühn 2016), vor allem aber für die fachspezifische Diskussion. Das Thema der Leistungsbewertung wird zwar, da es eine der klassischen Lehrkrafttätigkeiten bildet, in Handbüchern regelmäßig aufgegriffen, jedoch in der Regel unter der Prämisse, dass es keinen zentralen Gegenstand systematischer geschichtsdidaktischer Forschung bilde (vgl. z.B. v. Borries 1979a; 1979b; 1997a; 1997b; Rohlfes 2005, 354–364; Grosch 2009; Berger/Schmidtmann 2014, 92–102; Zülsdorf-Kersting 2014; Wunderer 2016). Aktuellere geschichtsdidaktische Publikationen, die sich aus einer theoretischen Perspektive *in erster Linie* mit Prüfungsaufgaben befassen, liegen bislang nicht vor.[16] Jedoch werden Prüfungsaufgaben, wie auch in diesem Band, bisweilen in Publikationen diskutiert, die sich im weiteren Sinne mit der Leistungsfeststellung befassen, die also auch Diagnoseaufgaben in den Blick nehmen, und auf die hier bereits mehrfach Bezug genommen wurde (v.a. Adamski/Bernhardt 2012; Wenzel 2012; Kühberger 2014; Köster u.a. 2016). Anregungen für die Gestaltung möglicher Prüfungsaufgaben liefert zudem das HiTCH-Projekt (Trautwein u.a. 2017; vgl. auch hier die Aufgaben in v. Borries 1974, auf die dort mehrfach als Inspiration verwiesen wird). Zwar wurden dort gerade keine Prüfungsaufgaben entwickelt, sondern Test-Items für ein Instrument zur Messung historischer Kompetenzen, jedoch sah sich auch diese Forschergruppe mit dem Problem konfrontiert, ein komplexes theoretisches Konstrukt, in diesem Fall das Kompetenzmodell der Gruppe FUER-Geschichtsbewusstsein (Körber u.a. 2007), in standardisierte Aufgabenformate zu überführen. Wenngleich die Validität einiger der publizierten Beispielaufgaben diskutabel ist (vgl. Köster 2018a), legt der Band doch eindrucksvoll dar, wie Aufgaben gestaltet sein können, die Kompetenzen weitgehend unabhängig von deklarativem Wissen erheben.

Anders ist die Situation dagegen in der englischsprachigen Forschung, vor allem in den USA, wo *large-scale assessments*, also standardisierte Abschlussarbeiten und Lernstandserhebungen für ganze Jahrgänge, den Regelfall bilden. Allerdings werden diese häufig scharf kritisiert, da sie nicht in der Lage seien, historisches Denken abzubilden, sondern in erster Linie die Fähigkeit der Lernenden im Bestehen von Multiple-Choice-Tests prüften und ausschließlich deklaratives Inhaltswissen abfragten (vgl. VanSledright 2014, 5–7; Wineburg/Reisman 2019). VanSledright plädiert für andere Formen der Lernstandserhebung, darunter neben unterschiedlichen offenen, materialbasierten Schreibaufträgen auch gewichtete, „umgekehrte" Multiple-Choice-Aufgaben (vgl. VanSledright 2014, 58–66). Diese behalten das klassische Format aus einer Frage und vier Antwortalternativen bei, verfahren jedoch insofern „umgekehrt" („upside-down"), als nur eine der vier Antworten eindeutig falsch ist, die anderen drei sich jedoch in ihrer Erklärungskraft unterscheiden. VanSledright ist der Ansicht, anhand der Auswahlentscheidung der Lernenden bei derartigen, noch immer schnell und effizient auszuwertenden Aufgaben näher an fachspezifische Denkprozesse zu gelangen als mittels der klassischen Wissensquizzes. Er fasst diese sowie die weiteren in seinem Buch erwähnten neueren Formen des *assessment* jedoch eher als formative Diagnose auf, wie sie bereits unter 2.1 beschrieben wird, die er gegenüber der summativen Prüfung und Bewertung, wie sie in diesem Abschnitt im Fokus steht, bevorzugt (vgl. ebd., 15 f.). Ihm geht es eher darum, den historischen Denkprozess zu diagnostizieren als darum, diesbezügliche Schüler*innenleistungen mit einem vorab definierten Standard zu vergleichen. Nichtsdestotrotz liefert der Band Anregungen für die Gestaltung und Auswertung von Prüfungsaufgaben, auf die später (Kapitel 6.3.1) noch einmal zurückgegriffen wird.

Beispiel für eine gewichtete, umgedrehte Multiple-Choice-Aufgabe nach Bruce VanSledright

Auf der Grundlage der Quellen, die wir gemeinsam untersucht haben, können wir argumentieren, dass sich Präsident Truman in erster Linie deshalb dafür entscheid, im Zweiten Weltkrieg Atombomben über Hiroshima und Nagasaki abwerfen zu lassen, um

a) eine teure und gefährliche Invasion Japans über Land zu vermeiden.
b) die Kamikaze-Moral und das Arsenal der japanischen Luftwaffe zu zerstören.
c) die sofortige Kapitulation der Achsenmächte gegenüber den Alliierten herbeizuführen.
d) angesichts der Ausbreitung des Kommunismus ein Signal amerikanischer Stärke zu senden.

a) 2 Punkte, b) 0 Punkte, c) 1 Punkt, d) 4 Punkte

Bruce A. VanSledright (2014): Assessing Historical Thinking and Understanding. Innovative Designs for New Standards. New York, 60 [Übersetzung MK]

Im nordamerikanischen Diskurs zu Prüfungsaufgaben werden vor allem zwei Fragen erörtert, die auch Kernpunkte der genannten Publikation VanSledrights darstellen: Zum einen geht es um die Frage, wie Aufgaben gestaltet werden müssen, um historisches Denken in seiner Komplexität sichtbar machen zu können und es nicht allein auf das Abfragen von Einzelinformationen zu reduzieren. Zum anderen steht die eng damit verbundene Frage im Vordergrund, wie aus den Antworten der Lernenden auf dahinterstehende Denkprozesse gefolgert werden kann. In einschlägigen Publikationen (VanSledright 2013; 2015; Seixas u.a. 2015) wird zur Beantwortung dieser Fragen regelmäßig auf das sogenannte *assessment triangle* der Bildungsforscher Pellegrino, Chudowsky und Glaser (2001) verwiesen. Die drei Seiten dieses „Beurteilungsdreiecks“ stehen in einem wechselseitigen Zusammenhang. Vereinfacht gesagt, benötigen Lehrpersonen (sowie die hier häufig im Fokus stehenden staatlich lizensierten Prüfungsagenturen) Zugriff auf drei theoretische Modelle (vgl. Ercikan/Seixas 2011, 251–253), um Diagnose- und vor allem Prüfungsaufgaben erstellen zu können. Erstens benötigen sie ein Modell historischen Denkens *(cognition and learning model)* inklusive einer normativen Vorstellung davon, was das Ziel historischen Lernens ist (vgl. Seixas 2011), um definieren zu können, was geprüft werden soll, und um eine Vorstellung davon zu gewinnen, wie sich historische Denkleistungen graduieren lassen, was also bessere von weniger guten Leistungen unterscheidet. Zweitens benötigen sie ein Aufgabenmodell *(task model)*, d.h. ein Konzept davon, wie sich Elemente des Denkmodells in Aufgaben abbilden lassen, also welche Materialien, welche Aufgabenform und Aufgabenformulierung geeignet sind, um diese Denkleistungen einzufordern. Drittens schließlich benötigen sie ein Modell, das Interpretationsregeln dafür bereithält, wie Schüler*innenantworten zu bewerten sind und wie die Bewertungen der Einzelaufgaben eine Gesamtnote bilden *(evidence model)*. Damit verweist das „Beurteilungsdreieck" auf Aspekte der schon im Kontext der Diagnoseaufgaben vorgestellten Gütekriterien der *Objektivität* (theoretisches Modell historischen Denkens; theoretisch oder empirisch ermittelte Niveaus; Ankerbeispiele und Interpretationsregeln), *Reliabilität* („Zufallstreffer" mittels Raten werden durch Bezug auf ein Modell historischen Denkens und durch die Aufgabengestaltung unwahrscheinlicher) und *Validität* (Operationalisierung des zu erhebenden Konstrukts; Trennschärfe; Passung von Aufgabengestaltung und zu ermittelndem Konstrukt) sowie die daraus abgeleiteten Konstruktionsprinzipien für Aufgaben, die auch für Prüfungsaufgaben uneingeschränkt gelten. Für die Erstellung von Prüfungsaufgaben müssen diese aber um einige weitere Überlegungen erweitert werden.

2.3.2 Gütekriterien für Prüfungsaufgaben

Prüfungsaufgaben, insbesondere die schriftlichen Aufgaben im Zentralabitur, können über die Vergabe von Qualifikationen und damit über Berufs- und Lebenswege mitentscheiden (vgl. Rohlfes 2005, 355). Das Kriterium der *Objektivität* ist hier deshalb von besonderer Bedeutung. Eine weitgehende Unabhängigkeit der Beurteilung vom Prüfenden sowie die Transparenz der Urteilsfindung und ihrer Kriterien sind absolut zentral. Eine Einschätzung der Leistung der Lernenden kann daher nur auf der Basis einer kriterialen Bezugsnorm erfolgen. Dies geschieht bei Prüfungsaufgaben häufig – gerade bei mündlichen Leistungen aber längst nicht immer – auf der Basis eines vorab definierten Erwartungshorizonts. Dieser Erwartungshorizont entspricht dem in der amerikanischen Forschung diskutierten *evidence model*, da er Auskunft darüber gibt, was eine gute von einer weniger guten Leistung unterscheidet, wie diese zu bewerten und wie unterschiedliche (Teil-)Bewertungen zu gewichten sind. VanSledright (2014, 76) empfiehlt zur Erhöhung der Validität einer Prüfung zudem „überlappende Prüfungen", also unterschiedliche Aufgabeformate, die auf dasselbe Konstrukt (also z.B. auf dieselbe Teilkompetenz) abzielen. Wenn sich die Leistungen der Lernenden zwischen den überlappenden Aufgaben stark voneinander unterscheiden, kann man dies als Hinweis darauf verstehen, dass eine oder mehrere der Aufgaben nicht das prüfen, was sie prüfen sollen.[17]

Eine zentrale Herausforderung bei der Gestaltung eines Erwartungshorizonts besteht darin, der Offenheit des historischen Denkens Rechnung zu tragen. Geschlossene Aufgabenformate sind dazu häufig weniger geeignet (vgl. v. Borries 2007, 666). Alle aktuell diskutierten Modelle historischen Denkens gehen, genau wie die auf ihnen beruhenden Curricula, davon aus, dass es auf die Qualität, Differenziertheit und Komplexität historischer Denkleistungen ankommt, nicht auf ihre konkrete Form. Werden Schüler*innen also etwa dazu aufgefordert, zu bewerten, ob Friedrich der Große seinen Beinamen zu Recht trägt, so darf der Erwartungshorizont nicht vorgeben, ob die Lernenden diese Frage bejahen oder verneinen sollen. Dies würde dem geschichtsdidaktischen Prinzip der Pluralität als Bestandteil der Multiperspektivität (Bergmann 2016a, 75) widersprechen. Die Aufgabe wäre damit nicht *valide*, weil der Erwartungshorizont nicht zum zu bewertenden Konstrukt (historisches Denken) passt. Gerade bei den höheren Anforderungsbereichen (vgl. Kultusministerkonferenz 2005, 6) dürfen Erwartungshorizonte also nicht festlegen, zu welchen historischen Denkleistungen und Urteilen die Lernenden kommen sollen, sondern müssen angeben, an welchen Merkmalen ein differenziertes und plausibles historisches Urteil festzumachen ist. Wie eine Auswertung der Prüfungsaufgaben des nordrhein-westfälischen Zentralabiturjahrgangs 2008 ergab, wiesen die bei deren Auswertung anzulegenden „Vorgaben für die Bewertung der Schülerleistungen" diesbezüglich zu wenig Offenheit auf.[18] Durch die mangelnde Passung von Aufgabenstellung und Lösungserwartung ergab sich darüber hinaus ein weiteres Validitätsproblem (vgl. Schönemann u.a. 2011, 32 f.).[19]

Eine für die Praxis der Leistungsbewertung zentrale Herausforderung ist die Frage, wie die sprachlichen Leistungen der Lernenden zu bewerten sind. Hier eröffnet sich ein didaktisches Dilemma: Einerseits kann ein Fokus auf die sprachliche Qualität der Schüler*innenprodukte als Indikator für mangelnde Objektivität und Validität bewertet werden, wenn die Lehrperson in ihrer Bewertung der Schülerleistung durch eine besonders ge- oder misslungene sprachliche Qualität der Arbeit die Qualität der historischen Denkleistung aus dem Blick verliert. Bisweilen ist man derartig mit der Korrektur sprachlicher Fehler beschäftigt, dass inhaltliche Argumente kaum ins Bewusstsein dringen. In derartigen Fällen ist ein zweiter Korrekturdurchgang häufig unvermeidlich. Andererseits aber hängen Sprache und historisches Denken so eng zusammen, dass sie sich nicht immer voneinander trennen lassen (vgl. Köster/Spieß 2018). Misslungene sprachliche Darstellungen können nämlich durchaus auch als Indikator für nicht optimale historische Denkleistungen aufgefasst werden, etwa wenn die Lernenden, wie Schönemann, Thünemann und Zülsdorf-Kersting (2011, 50) in ihrer Analyse der Zentralabiturklausuren beobachtet haben, eine Rede Hitlers im Indikativ wiedergeben und sprachlich nicht zwischen eigenen und fremden Positionen differenzieren. Nicht immer ist bei der Beurteilung allerdings eindeutig zu entscheiden, ob sprachliche Mängel Ausdruck historischer Verständnisprobleme sind oder ob den Lernenden die sprachlichen Mittel fehlen, ihre eigentlich vorhandenen differenzierten historischen Denkleistungen angemessen zu verbalisieren. Aufgabe eines sprachsensiblen Geschichtsunterrichts (vgl. Handro 2016) ist es, den Zusammenhang von Sprache und historischem Denken offenzulegen und den Lernenden die sprachlichen Anforderungen historischen Lernens zu verdeutlichen (vgl. Schleppegrell 2004; Coffin 2006a). Dabei helfen entsprechend gestaltete Lernaufgaben (siehe oben, 2.2.2, sowie Kapitel 4). Für Prüfungsaufgaben wiederum gilt, dass im Erwartungshorizont die sprachlichen Erwartungen ebenfalls offengelegt werden müssen.

Ein weiteres zentrales Gütekriterium von Prüfungsaufgaben besteht in ihrer *ökologischen Validität* (vgl. VanSledright 2015, 78): Prüfungsaufgaben sollten den Lernenden historische Denkleistungen abverlangen, die ihnen aus ihrer schulischen Praxis vertraut sind. Selbstverständlich bedeutet dies nicht, dass Prüfungsaufgaben keine neuen Probleme aufwerfen sollten. Die zu ihrer Bearbeitung benötigten historischen Denkleistungen müssen aber auf dem beruhen, was die Schülerinnen und Schüler im Unterricht lernen konnten. Sie sollten also insofern Transferleistungen verlangen, als sie die Lernenden dazu auffordern, Denkakte, Konzepte und Kompetenzen historischen Denkens, die sie im vorangegangenen Geschichtsunterricht erworben oder erweitert haben, auf neue Situationen anzuwenden.

2.3.3 Prüfungsaufgaben erstellen

Da für die Sekundarstufe I in vielen Bundesländern keine Klassenarbeiten vorgesehen sind und Leistungen nur in Form „sonstige[r] Leistungen im Geschichtsunterricht" (Ministerium für Schule und Weiterbildung NRW 2019, 37; vgl. Berger/Schmidtmann 2014, 96) erhoben werden dürfen, sind klassische Formen der Leistungsüberprüfung hier nicht immer leicht umzusetzen. Die Lernenden nur aufgrund ihrer mündlichen Beteiligung zu beurteilen, kann dagegen auch keine zufriedenstellende Vorgehensweise sein, da damit zum einen Lern- und Prüfungssituationen miteinander vermischt werden und da zum anderen die genannten Gütekriterien hier nicht umzusetzen sind. Völlig zu Recht plädieren Adamski und Bernhard (2012, 420) deshalb dafür, statt des üblichen Weges, sämtliche mündliche Mitarbeit (häufig nach Bauchgefühl und Augenmaß) zu bewerten, explizite mündliche Leistungssituationen zu schaffen, etwa in Form von Projektpräsentationen, Referaten, Kolloquien und ähnlichem. Darüber hinaus schlagen die beiden Autoren unterschiedliche schriftliche Aufgabenformate vor, darunter traditionellere Formen wie Tests, Ordnungs- und Zuordnungsaufgaben, Rätsel oder Ergänzungsaufgaben. Wie die beiden Geschichtsdidaktiker selbst betonen, bleibt der Nutzen derartiger Tests allerdings beschränkt, da sie „nur punktuelle Auskünfte über vorhandenes Wissen“ (ebd., 422) ermöglichen. Anspruchsvollere Denkleistungen, historische Urteile und die Anwendung bestimmter historischer Kompetenzen (vor allem derjenigen, die auf individuelle historische Orientierung zielen), lassen sich dagegen mit derartigen geschlossenen Aufgabenformaten nicht gut prüfen – ob und inwiefern historische Orientierung überhaupt Gegenstand von Prüfungen sein sollte, ist darüber hinaus ohnehin fraglich. Offene schriftliche Schülerarbeiten, die nicht wie Multiple-Choice-Aufgaben auf einem Richtigkeitsstandard beruhen, versprechen häufig bessere Einblicke in das Leistungsvermögen der Lernenden und sind darüber hinaus auch didaktisch sinnvoll (zu den didaktischen Potenzialen des epistemischen Schreibens vgl. z.B. Hartung 2015; Handro 2016). Auch hier gilt jedoch die Prämisse, dass transparent sein muss, wann eine Aufgaben oder ein Bestandteil einer Aufgabe als Prüfungsleistung aufgefasst wird.

Wie bereits erwähnt, hat sich das Spektrum möglicher Prüfungsformen in der letzten Zeit erweitert, womit auch eine Erweiterung des Prüfungsfokus von der ausschließlichen Produktbewertung hin zu einer Berücksichtigung des Prozesses einhergeht. Damit rücken Präsentationen, Projekte und Portfolios (vgl. Wenzel 2012b, 32–35) stärker als bislang in den Blick. Letztere bieten den besonderen Vorteil, dass die Lernenden ggf. selbst bestimmen können, welche Bestandteile des Portfolios Gegenstand der Bewertung sein sollen. Wenngleich die klassischen Gütekriterien bei derartigen Prüfungsformen nicht immer leicht umzusetzen sind, gilt auch hier, dass erstens klar sein muss, was

Gegenstand der Beurteilung sein soll (Produkt und/oder Prozess? Welche Arbeitsschritte, z.B. bei einem Projekt, sind Gegenstand der Prüfung, welche nicht?), dass Aufgabenform und zu überprüfende Leistung harmonieren müssen und dass ein vorab definierter Bewertungsmaßstab existiert, der offenzulegen oder ggf. auch mit der Lerngruppe auszuhandeln ist. Problematisch ist dagegen, dass es sich bei den hier diskutierten „neueren" Formen der Leistungserbringung häufig um Gruppenarbeiten handelt, die Leistungen der Lernenden aber individuell zu bewerten sind. Insgesamt muss konstatiert werden, dass noch kein wirklich schlüssiger Zugang zur Ermittlung einer Individualnote auf Basis einer Gruppenarbeit vorliegt. Adamski und Bernhardt (2012, 426) schlagen aber zwei überzeugende pragmatische Verfahren vor: Zum einen besteht die Möglichkeit, die Gruppenarbeit als solche ernst zu nehmen, mit einer gemeinsamen Note zu versehen und besondere Leistungen zusätzlich zu würdigen. In ähnlicher Weise ließe sich für die gemeinsame Gruppenarbeit ein Minimalstandard formulieren, der dann Gegenstand der Bewertung ist, wobei aber die individuelle Note durch Zusatzaufgaben modifiziert wird.

Alles in allem ist festzuhalten, dass die Leistungsbeurteilung mit dem Wegfall typischer Klassenarbeiten noch mehr als bislang eine unterrichtsbegleitende und konstante Aufgabe für die Lehrkraft darstellt. Formative Leistungsfeststellung (Diagnose) mit dem Ziel der individuellen Förderung sowie der Unterrichtsplanung und summative Leistungsfeststellung (Prüfung) mit dem Ziel der Beurteilung rücken damit in der Sekundarstufe I noch näher aneinander.

In der Sekundarstufe II und in der Abiturprüfung stellen dagegen Klausuren, neben dezidierten mündlichen Prüfungen, das zentrale Prüfungselement dar. Bei dieser materialgebundenen, offenen, schriftlichen Prüfungsform gelten dieselben Gütekriterien und Konstruktionsprinzipien, wie sie bereits im Kontext von Diagnoseaufgaben sowie hinsichtlich des „Beurteilungsdreiecks" nach Pellegrino u.a. erörtert wurden. Anders als bei einer Diagnoseaufgabe geht es im Rahmen einer Klausur allerdings zumeist nicht darum, nur eine Teilleistung oder Teilkompetenz historischen Denkens isoliert zu erheben. Vielmehr gilt hier ja in der Regel, dass mehrere historische Denkleistungen (historische Frage, Analyse/Sachverhaltsfeststellung, Sachurteil, Werturteil) miteinander und mit dem (deklarativen, prozeduralen und konzeptionellen) Vorwissen der Lernenden interagieren. Deswegen ist bei der Konstruktion von Prüfungsaufgaben vor allem die Frage von Bedeutung, welche Teilelemente eines Modells historischen Denkens auf welche Weise kombiniert werden sollen, wie diese Teilleistungen in Aufgaben umgesetzt werden und wie sie in ihrem Verhältnis zu gewichten sind.

Damit sind die Fragen an die Lehrkraft, die unter 2.1.3 diskutiert wurden, für den Kontext von Prüfungsaufgaben noch um folgende Aspekte zu ergänzen:

1. *Welche Teilleistungen historischen Denkens sind Gegenstand der Prüfung und wie werden diese gewichtet?* Über die gewählten Operatoren bei der Formulierung der Aufgabe lassen sich jeweils unterschiedliche fachliche Denkleistungen ansteuern (vgl. Kultusministerkonferenz 2005, 7 f.; Ministerium für Schule und Weiterbildung NRW 2015). Als Maßstab für die Einschätzung der Schülerleistung sind die drei Anforderungsbereiche dagegen nicht geeignet. Zwar ordnen sie unterschiedliche Denkleistungen auf formale Weise unterschiedlichen Anforderungsniveaus zu, sie sagen aber noch nichts darüber aus, woran etwa eine gute Erörterung festzumachen ist. Wie bei den Diagnoseaufgaben gilt auch hier, dass die Teilleistungen sowie die Bestimmung der Niveauunterschiede idealiter aus einem theoretischen Modell historischen Denkens abgeleitet werden sollten. Dies kann nicht zuletzt bei der Frage der Gewichtung der Teilleistungen für die Gesamtnote helfen, denn bei Prüfungsaufgaben geht es, anders als bei Diagnoseaufgaben, in aller Regel nicht darum, eine einzelne Teilleistung historischen Denkens zu isolieren. Stattdessen werden in aller Regel unterschiedliche Dimensionen historischen Denkens gemeinsam geprüft. Hier muss klar sein, in welchem Maße diese jeweils in die Beurteilung eingehen sollen.
2. *Lassen die Lösungserwartungen unterschiedliche Denk- und Urteilsleistungen der Lernenden zu?* Hiermit ist vor allem gemeint, dass die Lösungserwartungen definieren sollen, woran eine gute von einer weniger guten Leistung unterschieden werden kann, nicht aber, zu welchen konkreten Urteilen Lernende kommen sollen.
3. *Ist vorab definiert, wie unterschiedliche Leistungsniveaus zu unterschiedlichen Schulnoten führen?* Formale Hinweise zu den auf unterschiedlichen Notenstufen in Abiturklausuren zu erbringenden Leistungen bieten erneut die EPA (Kultusministerkonferenz 2005, 13 f.), allerdings auf eine frustrierend unspezifische Art und Weise, die der Präzisierung bedürfte, um wirklich als Leitlinie funktionieren zu können.[20] Gerade bei den weniger stark formalisierten Prüfungen in der Sekundarstufe I ist es darüber hinaus wichtig, den Prozess der No-

tenfindung offenzulegen und die angelegten Kriterien ggf. auch mit den Lernenden zu verhandeln. Hierbei empfiehlt es sich, inhaltliche, organisatorische und gestalterische Aspekte getrennt zu bewerten. „Wenn dies von Beginn an so ausgemacht war", so Michele Barricelli (2015, 113), „ist eine Notenbildung auf der Grundlage des präsentierten Produkts und auch des Projektportfolios einfacher möglich, als dies von Praktikern zuweilen erwartet wird."

4. *Ist die Aufgabe ökologisch valide?* Prüfungsaufgaben sollten die Lerngruppe zum Transfer erworbenen Wissens und vorhandener Fähigkeiten auf neue Situationen sowie zum historischen Problemlösen auffordern, ihnen aber keine bislang völlig unbekannten Denkleistungen abverlangen.

Anmerkungen

1 Von diesen zu unterscheiden sind psychometrische Testaufgaben (z.B. Trautwein u.a. 2017). Zwar soll auch anhand dieser der Fähigkeitsstand der Lernenden mit einem zuvor festgesetzten Standard verglichen werden, indem mit einem standardisierten wissenschaftlichen Instrument diese Fähigkeit auf einer Skala abgebildet wird (vgl. Körber 2017a, 2). Allerdings dient dies nicht unbedingt dazu, Rückmeldung über den zuvor abgelaufenen Lernprozess zu geben, sondern kann als Forschungsinstrument dazu genutzt werden, um Informationen über die Ausprägung dieser Fähigkeit in einer spezifischen Schüler*innenpopulation zu erheben. Werden Testaufgaben (als abhängige Variable) verwendet, um Aufschluss über einen zuvor erfolgten Lernprozess zu erhalten, so geht es in jedem Fall nicht darum, die Leistung der Lernenden zu bewerten, sondern darum, die Qualität oder Effektivität unterrichtlicher Maßnahmen einzuschätzen – z.B., wenn im Rahmen von Interventionsforschung verglichen wird, ob die Arbeit mit persönlich anwesenden Zeitzeugen, mit Zeitzeugenvideos oder mit transkribierten Zeitzeugeninterviews die besten Ergebnisse erbringt (Bertram 2017).

2 Für ein sehr inspirierendes Forschungsprogramm aus dem naturwissenschaftlichen Bereich, das Aufgaben zur Diagnose und Veränderung von Schüler*innenkonzepten mittels Anwendung dieser Konzepte entwickelt, vgl. Marohn 2008.

3 Das gilt auch für den sogenannten HiTCH-Test, mit dessen Hilfe Kompetenzen historischen Denkens gemessen werden sollen. Bei diesem handelt es sich jedoch um Testaufgaben, nicht um Diagnoseaufgaben. Zur Diagnose individueller Kompetenzausprägung sind diese Aufgaben nicht geeignet, da nicht alle Niveauausprägungen mit dem Test erfasst werden können, die Teilkompetenzen sich empirisch nicht trennen ließen und der Test zudem für Gruppenvergleiche, nicht zur individuellen Kompetenz-

diagnose konzipiert ist (vgl. Trautwein u.a. 2017, 121–123). Rohlfes (2005, 357) Urteil, dass man sich als Lehrkraft darauf verlassen könne, „daß es stets eine Richtig-Falsch-Skala gibt, auf die sich kognitive Leistungen hinreichend objektiv beziehen lassen", kann wohl mit Sicherheit als Fehleinschätzung aufgefasst werden.

4 Der Einschätzung Adamskis und Bernhardts (2012, 408), das von Peter Gautschi (2015) entwickelte Kompetenz- und Rahmenmodell des Geschichtsunterrichts eigne sich als Maßstab für die Diagnose historischen Lernens, da er die auf dieses Modell bezogenen Kriterien guten Geschichtsunterrichts „einer empirischen Untersuchung unterzogen und damit für diagnostische und Evaluationsverfahren präzisiert" habe, ist zu widersprechen. Bei diesem handelt es sich gerade nicht um ein Kompetenzentwicklungsmodell, sondern um ein Kompetenzstrukturmodell. Die Gütekriterien haben darüber hinaus nichts mit der Diagnose von Lernendenleistungen zu tun, sondern höchstens mit der Evaluation der Unterrichtsqualität.

5 Mehrere Teilbereiche umfasst dagegen der Vorschlag von Franziska Conrad (2007), bei dem zahlreiche als Kompetenzen bezeichnete Fähigkeiten und Wissensbestände zusammengestellt werden. Sowohl bezüglich des zugrunde gelegten Kompetenzbegriffs als auch hinsichtlich der Frage, wie die Autorin zu den Teilkompetenzen und ihrer jeweiligen Graduierung kommt, müsste der Vorschlag diskutiert werden – diese Probleme übernimmt Conrad aus dem Modell Sauers (2006), an dem sie ihre Überlegungen ausrichtet. Als dezidiert pragmatisch ausgerichteter Vorstoß in einer zum Veröffentlichungszeitpunkt vonseiten der Geschichtsdidaktik sträflich ignorierten Debatte ist der Vorschlag aber unbedingt zu würdigen.

6 Jüngere Definitionen von Validität verzichten auf die früher gebräuchliche Unterscheidung von Inhalts-, Übereinstimmungs- bzw. Vorhersage- und Konstruktvalidität. Diese werden heute als unterschiedliche Facetten von Validität aufgefasst (vgl. Wilhelm/Kunina-Habenicht 2015, 314).

7 Das ist leider häufig nicht einmal im Kontext bildungsadministrativer Vorgaben der Fall. So ergab etwa eine Analyse der Operatoren in Niedersachsen, dass sich die Definitionen der Operatoren in den Kerncurricula für die Sekundarstufen I und II des Gymnasiums hinsichtlich der geforderten Denkleistungen deutlich unterschieden. Noch größer waren die Unterschiede zwischen den niedersächsischen Richtlinien und den bundesweit gültigen Einheitlichen Prüfungsanforderungen für das Abitur im Fach Geschichte (kurz EPA; Kultusministerkonferenz 2005), und zwar sowohl hinsichtlich der Anzahl der aufgeführten Operatoren als auch bezüglich der geforderten Denkleistungen. Zudem fanden sich in Schulbüchern Operatorenlisten, die in der Anzahl und Definition der Operatoren von den Vorgaben abweichen und zum Teil eigene Operatoren definieren (vgl. Sieker 2019). So enthält etwa das Schulbuch „Forum Geschichte 6"

für Gymnasien in Niedersachsen und Schleswig-Holstein die vermeintlichen Operatoren „ein Rollenspiel durchführen“ und „ein Standbild entwerfen“.

8 Für einen fachübergreifenden Überblick aus einer primär mathematikdidaktischen Perspektive siehe Leuders 2014.

9 In der aktuellsten Auflage des Aufsatzes (Wenzel 2015) ist das Modell nicht mehr enthalten.

10 Ähnlich geht auch Peter Gautschi (2015, 251–254) vor, der sich ebenfalls an Blömeke u.a. orientiert, deren Kriterien aber auf Aspekte seines eigenen „Rahmenmodells für den Geschichtsunterricht“ bezieht.

11 Allerdings scheint sich im chronologischen Vergleich der Analysen ein leicht sinkender Anteil rein reproduktiver Aufgaben abzuzeichnen. Da es sich jedoch stets um exemplarische Untersuchungen einzelner Kapitel handelt, steht diese Einschätzung auf dünnem Fundament.

12 Er konzediert dies selbst, indem er sämtlichen vorliegenden Vorschlägen für Gütekriterien bescheinigt, diese würden „nur bedingt den Forderungen nach einer domänenspezifischen Ausrichtung entsprechen“ (Heuer/Resch 2018, 7).

13 Das gilt in ähnlicher Form auch für den etwas eklektisch wirkenden Kriterienkatalog Birgit Wenzels (2015), der hier aufgrund fehlender systematisch-theoretischer Bezüge ebenso wenig näher erörtert wird wie der Beitrag Nicola Brauchs (2014), der eher idiosynkratrische Interpretationen grundlegender geschichtsdidaktischer Kategorien und Prinzipien aufweist.

14 Für eine umfassendere Darstellung der Prinzipien sowie Vorschläge für ihre Umsetzung siehe http://udlguidelines.cast.org/

15 Anders sieht dies Grosch (2009, 214), der jeden „Redebeitrag, ob freiwillig oder abgefordert“, als Form mündlicher Prüfung interpretiert. Diese Einschätzung ist aus den oben genannten Gründen didaktisch wenig sinnvoll.

16 Ein angekündigtes schweizerisches Projekt zur theoretischen und empirischen Bestimmung der Qualität von Prüfungsaufgaben (vgl. Fuchs/Ritzer 2009) wurde offenbar nicht umgesetzt.

17 In der empirischen Forschung würde man hier eher von einem Reliabilitätsproblem sprechen, zumindest dann, wenn es sich um geschlossene Aufgaben handelt. Die interne Konsistenz einer Skala (mehrere Fragen, die auf dasselbe Konstrukt abzielen) wird dort als ein Anzeichen von Reliabilität aufgefasst (vgl. Wilhelm/Kunina-Habenicht 2015, 314).

18 Ein laufendes Projekt (Mathes/Kühn 2016) untersucht die Vorgaben zur Leistungsbewertung für standardisierte Prüfungen im Fach Deutsch am Ende der Sekundarstufe I. Erste Befunde verweisen hier vor allem auf das hohe Maß an Heterogenität, sowohl was die Länge (zwischen drei und 45 Seiten) betrifft als auch hinsichtlich der inhaltlichen Konkretion.

19 Dies gilt auch für andere Fächer, vor allem in den Naturwissenschaften (vgl. Kühn 2016, 79).

20 So setzt die Note „gut" etwa voraus, „dass das im Unterricht geübte Verfahren der Quelleninterpretation umfassend angewandt und die Prüflinge dabei der Spezifik der vorgelegten Quelle(n) vollauf gerecht werden" (Kultusministerkonferenz 2005, 13), ohne dass erläutert würde, was mit „umfassend" und „vollauf" gemeint ist.

3. Aufgabenkultur

3.1 Was bedeutet „Aufgabenkultur"?

Wie in Kapitel 1 bereits erläutert wurde, ist Geschichtsunterricht, so wie jeder Unterricht, ein nur begrenzt planbares Unterfangen. Unterricht ist Kommunikation und damit kontingent, also offen und nicht vorherbestimmt. Aufgaben gehören zu dem Teil des unterrichtlichen Angebots, der von der Lehrkraft vorbereitet und in den Unterricht eingebracht wird (was nicht bedeutet, dass Lernende nicht zusätzlich auch selbst Aufgaben entwickeln können und sollten). Wie aber im Geschichtsunterricht mit den Aufgaben umgegangen wird, wie das Angebot genutzt wird und wie dadurch wieder neue Angebote entstehen, lässt sich nicht vollständig vorhersehen. Der Begriff der Aufgabenkultur bezieht sich auf diesen Umgang mit Aufgaben. Dabei changiert die Begriffsverwendung, auch im geschichtsdidaktischen Diskurs (z. B. bei Heuer 2012), häufig zwischen einer eher deskriptiv-analytischen und einer normativen Verwendung. Ein stärker deskriptiver Begriffsgebrauch unterscheidet zum Beispiel mit Bohl und Kleinknecht (2009, 332) den Aufgabentext (die eigentliche vorbereitete Aufgabe) und den Aufgabenkontext (der Umgang mit der Aufgabe im Unterricht), wobei „Aufgabenkultur" einen Oberbegriff bildet. „Der Begriff ‚Aufgabenkultur' ist demnach einerseits als Art und Weise der Aufgabengestaltung und andererseits als Art und Weise des aufgabenbezogenen Lehrer- und Schülerhandelns zu definieren" (Bohl/Kleinknecht 2010, 363). Eine normative Lesart von „Aufgabenkultur" dagegen versteht den Begriff als die Kultivierung einer spezifischen, als gut oder „wirksa[m]" (Heuer/Resch 2018, 6) angenommenen Kombination aus Aufgabentext und Aufgabenkontext – z. B. in der Weise, dass „offene Lernangebote" für die Lernenden entstehen, „die Möglichkeiten zum eigenständigen historischen Erzählen eröffnen" (Heuer 2012, 103). Eine gute Aufgabenkultur würde sich, diesem Ansatz folgend, also darin niederschlagen, dass die Lehrkraft über Aufgaben und dazugehörige Materialien eine Lernumgebung schafft, innerhalb derer sich die Lernenden weitgehend selbständig bewegen können (Bohl/Kleinknecht 2010). Im geschichtsdidaktischen Diskurs wird diesbezüglich in der Regel vom aufgabenbasierten oder aufgabenzentrierten Geschichtsunterricht gesprochen (vgl. Günther-Arndt 2015c). Heuer (2011a, 57) beschreibt vier Merkmale einer derartigen, offenen Aufgabenkultur: Längerfristig angelegte Aufgabenformate, eine Kombination aus individuellem und kooperativem Lernen, Üben und Anwenden unter authentischen Bedingungen (diese sind wohl vor allem bei Aufgaben mit echtem, also nicht konstruiertem Lebensweltbezug gegeben) sowie Leistungsbewertung als partizipativer und transparenter Aushandlungsprozess (als produkt- und prozessbezogene Leistungsbewertung). Konzepte guter Aufgabenkultur und Gütekriterien für Lern- und Prüfungsaufgaben greifen also – naheliegender Weise – ineinander.

In diesem Kapitel soll zunächst in analytischer Perspektive vom Aufgabenkontext die Rede sein, womit also die Frage im Zentrum steht, wie im Geschichtsunterricht mit Aufgaben umgegangen wird. Dieser Aufgabenkontext lässt sich in unterschiedliche Phasen unterteilen (vgl. Bohl/Kleinknecht 2009, 331; Heuer 2012, 103). Die Phase der *Aufgabeneinführung* erfolgt in der Regel im Klassenplenum. Die Lehrkraft bringt die Aufgabe in den Unterricht ein (oder fordert die Lernenden auf, selbst eine Aufgabe zu formulieren[1]), wobei sie in der Regel Anknüpfungspunkte zum bisherigen Unterrichtsverlauf herstellt und die folgende Aufgabe anmoderiert. In der Phase der *Aufgabenbearbeitung* arbeiten die Lernenden weitgehend selbständig in Einzel-, Partner- oder Gruppenarbeit an den Aufgaben. Die Lehrkraft nimmt sich in dieser Phase normalerweise zurück, leistet Hilfestellung, greift aber nicht steuernd ein. Die Ergebnisse dieses Arbeitsprozesses werden anschließend in aller Regel in der Phase der *Ergebnispräsentation* dem Rest der Lerngruppe zugänglich gemacht, diskutiert und gesichert. Andere Autoren haben alternative Bezeichnungen für diese dritte Phase gefunden. So bezeichnen Bohl und Kleinknecht (2009, 331) diese aus allgemeindidaktischer Perspektive als „Besprechung der Aufgaben“, und Heuer (2012, 103) spricht aus geschichtsdidaktischer Sicht von „Aufgabenevaluation“. In diesen Bezeichnungen klingt ein optionaler vierter Schritt an, der jedoch sachlogisch von der Darstellung der Befunde, zu denen die Lernenden im Prozess der Aufgabenbearbeitung gekommen sind, zu trennen ist, nämlich der Schritt der *Aufgabenreflexion*. Dieser Schritt kann als historische Reflexion ein Teilelement der Lernaufgabe darstellen, wenn, wie im Kapitel zu Lernaufgaben beschrieben, über das Zustandekommen des eigenen Ergebnisses, die Relevanz des Themas und die Frage, wieso andere Lernende zu anderen Ergebnissen kommen, nachgedacht wird. Aufgabenreflexion kann aber auch auf einer Metaebene stattfinden, wenn über die Qualität der unmittelbar bearbeiteten Aufgabe gesprochen wird oder Rückbezüge zu in früheren Stunden bearbeiteten Aufgaben hergestellt werden. Gerade in den Fällen, wo Aufgaben in Partner-

oder Gruppenarbeit erledigt wurden, sollte hier auch die Erfahrung der Kooperation reflektiert werden. Neben der Frage, welchen Beitrag die einzelnen Mitglieder der Gruppe bei der Planung, Durchführung und Präsentation der Aufgabe geleistet haben, kann ebenfalls diskutiert werden, wie mit inhaltlichen Meinungsverschiedenheiten und sozialen Problemen umgegangen wurde (vgl. Hascher/Hofmann 2008, 61).

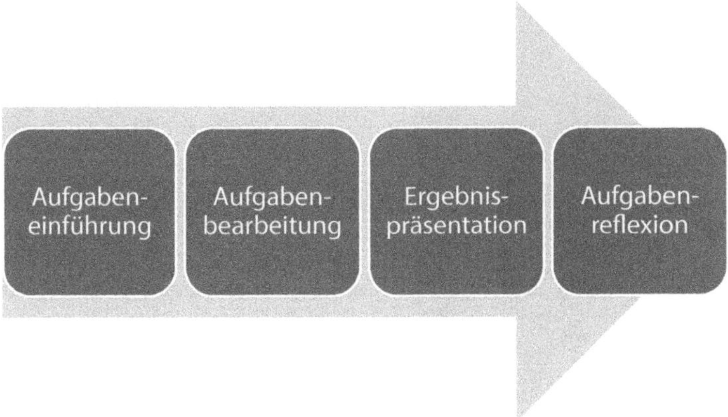

Abb. 8: Aufgabenkontext

Aus der Perspektive der im ersten Kapitel vorgestellten Theorie des Geschichtsunterrichts überrascht es nicht, dass die Qualität der Aufgabenkultur als Schlüsselfaktor guten Geschichtsunterrichts aufgefasst wird (vgl. Kapitel 1). Dies gilt einerseits aus den bereits besprochenen Gründen für den Aufgabentext: Gute Lernaufgaben schränken die Kontingenz unterrichtlicher Kommunikation bis zu einem gewissen Grad ein und erhöhen die Chancen, dass im Geschichtsunterricht historisch gelernt wird. Aber auch der Umgang mit Aufgaben, also der Aufgabenkontext, kann ein Faktor guten Geschichtsunterrichts sein. So kann in der Phase der *Aufgabeneinführung* sichergestellt werden, dass den Lernenden klar wird, welche Funktion die Aufgabe im Gesamtgefüge der Stunde einnimmt, warum sie sich also mit ihr beschäftigen sollen. Das trägt dazu bei, dass die anschließende Zeit der selbständigen Arbeit mit dem Bearbeiten der Aufgabe verbracht wird, nicht mit klärenden Nachfragen oder privaten Belangen.

Ebenso wichtig ist die Phase der *Aufgabenbearbeitung*. Gerade hier sind die Überlegungen Heuers zur Aufgabenkultur anschlussfähig.

Historische Lernaufgaben, die den in Kapitel 2.2 vorgestellten Gütekriterien entsprechen, brauchen Zeit. Den Schüler*innen muss daher im Geschichtsunterricht Gelegenheit gegeben werden, über einen längeren Zeitraum selbständig an den Aufgaben zu arbeiten, ohne die Lernenden dabei zu überfordern oder völlig alleine zu lassen. Unterschiedliche Lernende kommen unterschiedlich gut mit Phasen der Freiarbeit zurecht (vgl. Heimann 2010). Gerade stärkere und (bezüglich des Orientierungsstils) ungewissheitsorientierte Lernende profitieren vom selbständigen Arbeiten, während schwächere und gewissheitsorientierte Lernende hier von zusätzlicher Unterstützung profitieren, weshalb kooperatives Lernen und differenzierende Aufgaben wichtig sind. Empirische Befunde (vgl. Hascher/Hofmann 2008) zeigen, dass Lehrpersonen die Lernprozesse der Schüler*innen in Phasen der Aufgabenbearbeitung dann optimal unterstützen, wenn sie responsiv und situationsbezogen, nicht invasiv und allgemein tätig werden, wenn sie also auf konkrete Nachfragen reagieren und nicht ständig von sich aus eingreifen. Dazu gehört auch, dass es besser ist, die Lerngruppe aus einiger Distanz zu beobachten, als den Schüler*innen über die Schulter zu sehen. Wenn eingegriffen werden muss, gilt das „Prinzip der minimalen Lernhilfe" (ebd., 59): Die Lehrkraft sollte lösungs*weg*orientiert, nicht lösungsorientiert eingreifen, den Schüler*innen also dabei helfen, die Antwort selbst zu finden. Andernfalls kann die vermeintliche Hilfestellung zum Entstehen von Abhängigkeitshaltungen und einer ungünstigen Selbstwahrnehmung der Lernenden beitragen. In jedem Fall aber lassen sich Phasen der eigenständigen Aufgabenbearbeitung als Abwechslung vom insgesamt überwiegenden lehrer*innenzentrierten Kommunikationsmuster des Geschichtsunterrichts (vgl. Spieß 2014; Lankes/Wilfert 2018) auffassen. Während Lernende im klassenöffentlichen Unterricht zu einsilbigen Antworten neigen und historische Erzählungen von der Klasse gemeinsam verfertigt werden (vgl. Köster u.a. 2017), ermöglicht die Aufgabenbearbeitung den Schüler*innen, potenziell alle Schritte des historischen Erkenntnisprozesses zu vollziehen und eigenständige Produkte zu erstellen. Während historische Narrationen im Klassengespräch emergieren, also im Gesprächsverlauf situativ entworfen und verändert werden, entstehen diese in der Phase der Aufgabenbearbeitung als durchdachte und bewusste Konstruktion, als individuelle Produkte der Lernenden.

Diese müssen aber natürlich auch gewürdigt und ernst genommen werden. Die Phase der *Ergebnispräsentation* ist daher ebenfalls wichtig. Eine umfassende und diskursiv angelegte Phase der Ergebnispräsentation und Aufgabenbesprechung gibt den Lernenden die Möglichkeit, das im Zuge der Aufgabenbearbeitung entstandene Produkt – unabhängig davon, ob es sich um eine umfassende historische Narration oder lediglich um eine festgestellte Information handelt – mit der Klasse zu teilen. Dies zeigt zum einen, dass der Lernprozess und sein Ergebnis gewürdigt werden und dass nicht am Ende doch die Lehrkraft die eine, richtige Antwort bereitstellt. Zum anderen benötigt die Reflexion des Lernproduktes den Diskurs. Nur im Vergleich mit anderen historischen Erzählungen lassen sich die Stärken und Schwächen, die Schwerpunkte und Grenzen in der Reichweite der Schüler*innennarrationen erörtern. Die Einsicht, dass andere bei gleicher Fragestellung zu einem anderen Ergebnis oder Urteil gelangen, ist darauf angewiesen, dass die Erzählungen zur Diskussion gestellt werden, dass diese also als kommunikatives Angebot verfügbar gemacht werden.

Über eine optionale Phase der *Aufgabenreflexion* (im Unterschied zur historischen Reflexion) kann schließlich die Aufgabe selbst zum Gegenstand der Unterrichtskommunikation gemacht werden. Dazu kann auch gehören, darüber nachzudenken, ob wirklich das getan wurde, was die Aufgabe verlangt hat. Wie unter anderem Heuer (2011a, 54) betont, bilden sich in Klassengemeinschaften gewisse Handlungsroutinen aus. Das kann dazu führen, dass auch prinzipiell offen angelegte Aufgaben zu mehr oder minder standardisierten Ergebnissen führen. Geschichtsunterricht als „diskontinuierliches Kontinuum", also als eine Veranstaltung, die zwar immer wieder unterbrochen wird (durch den Wechsel von der Geschichts- zur Deutschstunde, durch die Ferien usw.), die aber über diese Unterbrechungen hinweg Bezüge herstellt („Erinnert euch doch mal, was wir zur Französischen Revolution gesagt haben"), führt zur Ausbildung eines sozialen Gedächtnisses auf Klassenebene (vgl. Zülsdorf-Kersting 2018, 32). Dieses kann dazu beitragen, die Ungewissheit unterrichtlicher Kommunikation (Kontingenz) einzuschränken, aber eben auch dazu, dass sich „Routinen ausbilden, die sich im Gedächtnis erhalten und hinter die kein Akteur mehr zurückkommt" (ebd.) und so über Konventionen der Aufgabenbearbeitung eine gewisse Standardisierung entsteht. Eine Reflexion des Lernprozesses und -produktes sowie der Aufgabe selbst kann unter Umständen ebenso dazu beitragen, derartigen Routinen entgegenzuwirken, wie ein variables Aufgaben- und Materialangebot.

Eine aus Sicht dieser Unterrichtstheorie gute Aufgabenkultur kann also das Potenzial für kontingente Ereignisse einhegen, die Kommunikation fachlich fokussieren und die gewohnten Muster der Unterrichtskommunikation wenn schon nicht völlig aufbrechen, so doch zumindest variieren.[2] Das setzt allerdings voraus, dass der Aufgabeneinführung, vor allem aber der Aufgabenbearbeitung und der Ergebnispräsentation ausreichend Zeit eingeräumt wird. Aus geschichtsdidaktischer Perspektive spricht demnach einiges dafür, in Geschichtsstunden lieber wenige Lernaufgaben einzusetzen, diesen dafür aber Zeit zur Bearbeitung und Diskussion einzuräumen, als viele kleine Aufgaben in enger Taktung zu präsentieren.

3.2 Empirische Befunde zur Aufgabenkultur im Geschichtsunterricht

Die bislang vorliegenden, insgesamt nicht sehr zahlreichen Befunde zum Umgang mit Lernaufgaben im Geschichtsunterricht legen den Schluss nahe, dass dies häufig eher nicht der Fall ist. So haben Monika Waldis und Jan Hodel (2007) Videomitschnitte von Schweizer Geschichtsstunden ausgewertet. Phasen der selbständigen Schülerarbeit machten dabei knapp 30 Prozent der Unterrichtszeit aus. Dabei lag die durchschnittliche Bearbeitungszeit einer Aufgabe jedoch bei unter acht Minuten, die Dauer der Ergebnispräsentation betrug im Schnitt knapp sechs Minuten. Bei annähernd der Hälfte der Arbeitsaufträge lag die Bearbeitungsdauer unter fünf, bei einem weiteren Viertel zwischen fünf und zehn Minuten. Auch in Doppelstunden nahm nicht die Bearbeitungs- und Besprechungsdauer, sondern lediglich die Anzahl der Aufgaben zu. Hier ist nicht nur ein Missverhältnis von Bearbeitungs- und Besprechungszeit zu beobachten, sondern es fällt vor allem auf, dass das Unterrichtsgeschehen offenbar sehr kleinschrittig abläuft. In einer späteren Re-Analyse (Waldis u.a. 2012) der in der Phase der Aufgabeneinführung erteilten Arbeitsaufträge identifizierten die Autor*innen „die Dominanz von Erschließungsaufgaben und damit einen stofforientierten Zugang“ (ebd., 154). Nicht eine der erfassten Aufgaben forderte die Lernenden zur eigenständigen Produktion einer zusammenhängenden historischen Narration auf. Stattdessen bezogen sich 80 Prozent der Arbeitsaufträge auf die Rezeption und Reproduktion von Wissen, jeweils 20 Prozent erforderten kontextualisierende und interpretative Leistungen.[3] Es wurde bereits festgestellt, dass Schulbuchanalysen häufig zu ähnlichen Befunden gelangen. Die

Tatsache, dass Schulbuch- und Unterrichtsforschung hier vergleichbare Ergebnisse erzielen, legt die Vermutung nahe, dass die Lehrkräfte im Unterricht regelmäßig auf die Lernaufgaben in ihren Lehrwerken zurückgreifen oder die Schulbücher doch zumindest eine stilbildende Wirkung haben.

Tatsächlich haben bayrische Realschullehrkräfte im Kontext einer Erhebung von Jutta Mägdefrau und Andreas Michler (2012; 2014) angegeben, mit ihren Schulbüchern und den dort präsentierten Aufgaben zufrieden zu sein. Dieses Urteil bezog sich allerdings stärker auf die Eignung der Aufgaben zur Sachanalyse als zur Urteilsbildung, weshalb eine Mehrzahl der Lehrpersonen entweder ausschließlich (34 Prozent der Befragten) oder zusätzlich auf selbst konstruierte Aufgaben setzte, während nur vier Prozent angaben, darauf gänzlich zu verzichten. Im Rahmen der Untersuchungen des Passauer Forschungsprojektes „Adaptive Lernaufgaben in Geschichte (ALGe)“ sollten die Lehrkräfte nicht nur einen Fragebogen beantworten, sondern auch eine selbst konstruierte Lernaufgabe zum Ersten Weltkrieg einreichen. Bei diesen selbst konzipierten Aufgaben kam es häufig zu einer mangelnden Passung von Aufgabenintention und Aufgabentext. Zwar gaben 70 Prozent der Befragten das Verstehen historischer Zusammenhänge und knapp 37 Prozent die Berücksichtigung der Prinzipien Multiperspektivität und Gegenwartsbezug als Ziel an, die von den Lehrpersonen eingereichten Beispielaufgaben zielten jedoch mehrheitlich auf den Erwerb und die Anwendung deklarativen Faktenwissens. In den Fällen, in denen die Lehrpersonen angaben, anspruchsvollere Lernziele zu verfolgen, konnten die Forscher „nur in ganz seltenen Fällen […] der Aufgabe das entsprechende Potenzial [zuordnen]“ (Mägdedefrau/Michler 2014, 113). Andererseits waren Aufgaben, die zur historischen Urteilsbildung aufforderten, häufig gar nicht als solche intendiert, sondern sollten dem Wissenserwerb dienen. Die von den bayrischen Lehrkräften erstellten Lernaufgaben forderten von den Lernenden also in erster Linie den Erwerb, die Reproduktion und die Anwendung von Wissen – analog zu den von den Schweizer Kolleg*innen formulierten Arbeitsaufträgen. Das muss nicht zwingend bedeuten, dass bei diesen Lehrkräften ausschließlich stofforientiert gelernt wird. Schließlich bilden sich in Klassen gewisse Handlungsroutinen im Klassengedächtnis aus, die unter Umständen dazu führen können, dass die Lernenden auch dann z.B. historische Sachurteile fällen, wenn der „objektive“ Gehalt einer Lernaufgabe lediglich eine Sachanalyse oder gar informationsentnehmendes Lesen verlangte (darauf deuten zumindest die empirischen Befunde bei Spieß 2014 hin, der in einigen Fällen beobachtete, dass Schüler*innen auch dann historische Kompetenzen einbrachten, wenn dies im Lehr-Lern-Arrangement nicht eingefordert wurde). Die mangelnde Passung der Lehrer*innenintention mit der eingereichten Aufgabe ist also vielleicht zumindest zum Teil darauf zurückzuführen, dass die Lernenden – bei aller Individualität der Aufgabenaneignung – häufig wissen, was die Lehrkraft erwartet – selbst dann, wenn sie es nicht eindeutig formuliert.[4]

Die Frage, ob Lehrkräfte Aufgaben selbst formulieren oder übernehmen, wurde auch in einer Studie Michael Sauers tangiert (2013). Dort wurde per Beobachtungsbogen im Geschichtsunterricht festgehalten, wie dort mit Quellen umgegangen wird. Sauer stellte fest, dass Lehrende bei Bildquellen häufiger dazu neigen, die Arbeitsaufträge selbst zu formulieren und mündlich zu präsentieren, als bei Textquellen, bei denen eher auf vorliegende, schriftlich ausformulierte Aufgaben (bei zwei Dritteln auch mit Operatoren) zurückgegriffen wird. Verbunden mit den Einschätzungen, die die Lehrkräfte in einer begleitenden Befragung äußerten, entsteht hier der Eindruck, dass die Textquellenarbeit als wichtiger wahrgenommen wird als die Bildquellenarbeit, die weniger stark vorbereitet zu werden scheint. Dennoch sind Arbeitsaufträge, die auf reflektierte Methodenkenntnisse zielen, offenbar rar. Bisweilen werden die Quellen lediglich als Informationstext eingesetzt. Übrigens beobachtete auch Sauer eine Neigung der Lehrpersonen, viele kleinschrittige Arbeitsaufträge in enger Taktung aneinander zu reihen, anstatt intensive Quellenarbeit zu betreiben.

Im Rahmen des bereits erwähnten Projektes „ALGe" wurde nicht nur in den Blick genommen, wie Lehrkräfte im Geschichtsunterricht mit Lernaufgaben umgehen, sondern auch, welche Strategien Schüler*innen bei der Aufgabenbearbeitung anwenden (Mägedefrau u.a. 2017). Hier ging es um fachübergreifende Lernstrategien bei der Aufgabenbearbeitung. Dazu gehört zum Beispiel das Markieren zentraler Begriffe (eine sog. Organisationsstrategie), das Auswendiglernen von Informationen (eine Memorierstrategie) oder die Verknüpfung der Aufgabe mit bereits Bekanntem (eine Elaborationsstrategie). Hier zeigte sich, dass die Lernenden vor allem auf die Strategie des Auswendiglernens setzten, und zwar unabhängig von der Frage, ob diese für die Bearbeitung der Aufgabe angemessen ist. Organisationsstrategien, die dabei helfen, das Material zu strukturieren und systematisch vorzugehen, waren den Lernenden offenbar weitgehend unbekannt, und auch solche Strategien, die sich auf die Vertiefung, den Transfer oder die Verknüpfung des Aufgabeninhalts bezogen, wurden seltener gebraucht als es die Aufgaben erfordert hätten. Angesichts der Tatsache, dass Aufgaben im Schulbuch, wie bereits erwähnt, häufig vor allem auf reproduktive Denkleistungen der Lernenden zielen, erscheint es naheliegend, dass dies zur Folge hat, dass die Lernenden sich weitgehend auf reproduktive Lernstrategien verlassen.[5] Eine Aufgabenkultur, die vor allem auf Wissenserwerb und Wissensreproduktion setzt, hat also womöglich auch den Effekt, dass den Lernenden tiefergehende Verarbeitungsstrategien gar nicht zur Verfügung stehen. Die Autoren nennen als weitere Ursache, dass den Lernenden möglicherweise auch anspruchsvollere Strategien zugänglich waren, sie diese aber vermieden, weil sie als anstrengend und wenig motivierend empfunden wurden oder die Aufgabe die Lernenden nicht ansprach. Wie bereits im Kapitel zu Lernaufgaben erwähnt, gibt es empirische Hinweise auf einen Zusammenhang von Fachinteresse (Wie sehr interessiere ich mich allgemein für das Fach Geschichte?) und der Motivation bei der Aufgabenbearbeitung (Wie motiviert bin ich, jetzt diese Aufgabe zu bearbeiten?), und zwar in der Weise, dass beide Faktoren einander verstärken können (vgl. Jonas 2017). Darüber hinaus wurden Aufgaben von den Lernenden vor allem dann als subjektiv bedeutsam eingeschätzt, wenn sie einen Lebensweltbezug aufwiesen (vgl. Mägdefrau/Michler 2018, 156).

3.3 Aufgaben in unterschiedlichen Lehr-Lernkonzepten

Lehr-Lernkonzepte sind ein Element des Methodensystems im Geschichtsunterricht. Wie die Bezeichnung als Konzept andeutet, handelt es sich um eher übergreifende und abstrakte Phänomene, nicht primär um die Frage nach Sozialformen (Klassenunterricht, Einzel-, Partner- oder Gruppenarbeit) oder konkretere Lehr- oder Lernformen (wie z.B. Stationenlernen, Gruppenpuzzle o.Ä.), auch wenn sie eine Auswirkung auf diese haben. Hilke Günther-Arndt (2015a, 20) bezeichnet sie als „methodische ‚Grundformen' […] oder Grundtypen des Unterrichtens mit einer zum Teil langen Tradition, deren jeweils typische Gestalt aus unterschiedlichen Zielen resultiert." Sie unterscheidet vier derartige Konzepte für den Geschichtsunterricht, nämlich den erarbeitenden, den aufgabenzentrierten, den projektförmigen und den erkundenden Geschichtsunterricht. Andere Autor*innen haben hier teilweise andere Bezeichnungen und Einteilungen gefunden, der Vorschlag Günther-Arndts erscheint aber nicht zulässt deshalb für den Zweck dieses Bandes geeignet, weil zumindest die ersten drei Konzepte sich „vor allem durch die Aufgaben" (ebd.) unterscheiden. Im Folgenden soll dargestellt werden, welche Rolle Diagnose-, Lern-, Übungs- und Prüfungsaufgaben in den vier Lehr-Lernkonzepten spielen. Dabei wird auch auf Überlegungen zurückgegriffen, die Christian Heuer (2012, 106) und Andreas Körber (2017) bezüglich einer jeweils anderen Systematik der Lehr-Lernkonzepte angestellt haben.

Günther-Arndt (2015b) charakterisiert den *erarbeitenden Geschichtsunterricht* als ein lehrer*innenzentriertes und durch die Lehrkraft strukturiertes Konzept. Der Unterricht ist eher kleinschrittig und zeichnet sich durch eine klare Phasierung aus. Die Stunden richten sich in der Regel an inhaltlichen Themen aus, auch wenn das Einüben historischer Erkenntnisverfahren im Sinne einer Routinisierung ebenfalls eine Rolle spielt. Erarbeitender Geschichtsunterricht findet nicht nur in Form von Klassen- oder Frontalunterricht statt, sondern beinhaltet in der Regel auch Phasen der Einzel-, Partner- oder Gruppenarbeit (Günther-Arndt spricht bezüglich Letzterem von Gruppen*unterricht*, da hier – anders als in der Gruppen*arbeit* des projektförmigen Geschichtsunterrichts – die Lehrperson entscheidet, welche Aufgabe die Gruppe jeweils bearbeitet). Trotz der Lehrer*innenzentrierung betrachtet Günther-Arndt den erarbeitenden Geschichtsunterricht nicht als autoritäres, sondern in erster Linie als ein strukturierendes Konzept. „Guter erarbeitender Geschichtsunterricht stellt die für Schülerinnen und Schüler oft undurchsichtige, weil nicht nach klaren Regeln geordnete ‚Geschichte' verständlich dar – das ist sein Zweck und daran misst sich auch sein Erfolg" (ebd., 89).

Welche Rolle spielen Aufgaben in einem derartigen Lehr-Lernkonzept? Die Antwort auf diese Frage hängt nicht zuletzt davon ab, wie die Lehrperson den erarbeitenden Geschichtsunterricht gestaltet. Die gerade umrissenen Charakteristika lassen sich nämlich in mindestens zweierlei Weise umsetzen. Peter Gautschi (2015, 73 f.) differenziert daher zwei stark lehrer*innenzentrierte Formen, nämlich den darbietenden und den erarbeitenden Geschichtsunterricht. In ähnlicher Weise unterscheidet Andreas Körber (2017) Reproduktionslernen und entdeckendes/erschließendes Lernen. Die bei beiden Autoren vorgenommene Unterscheidung soll hier übernommen werden, weist sie doch auf einen fundamentalen Unterschied in der Umsetzung stärker lehrer*innenzentrierter Konzepte hin: Beim darbietenden bzw. reproduktiven Geschichtsunterricht wird den Lernenden eine als feststehende Tatsache präsentierte historische Darstellung vermittelt, die sie kennen und bei Bedarf reproduzieren sollen. Beim (im eigentlichen Sinne) erarbeitenden Geschichtsunterricht dagegen sollen die Lernenden an der Lösung eines historischen Problems arbeiten. Die beiden Konzepte unterscheiden sich also nicht zuletzt hinsichtlich des zugrunde gelegten Geschichtsverständnisses. Darbietender Geschichtsunterricht beruht auf einem mindestens (erkenntnistheoretisch) realistischen, möglicherweise gar indoktrinären Geschichtsverständnis. Er nimmt an (oder suggeriert), die eine korrekte Darstellung der „Fakten" und der „Wahrheit" zu vermitteln. Er ist nicht selten Gesinnungsunterricht, der nicht der Schulung fachspezifischer Kompetenzen, sondern Zielen wie der Identitätsbildung (nicht der Identitätsreflexion), der Feindbildkonstruktion usw. dienen soll. Entsprechend geht es hier darum, das zu reproduzierende Wissen in den Aufgaben direkt zu thematisieren und vorzugeben, zu wiederholen und zu prüfen. Erarbeitender Geschichtsunterricht dagegen neigt konstruktivistischen Positionen zu[6] und erkennt an, dass im Geschichtsunterricht niemals mit „der Geschichte", sondern stets mit „den Geschichten", mit perspektivischen und interessegeleiteten sprachlichen Konstruktionen, gearbeitet wird. Deswegen sind die Lernaufgaben darauf angelegt, dass die Schüler*innen neues Wissen aktiv erarbeiten (anstatt es nur zu memorieren) und ihre fachlichen Fähigkeiten ausbauen. Der Weg der Aufgabenbearbeitung ist dabei in der Regel klar vorgegeben – wie gesagt handelt es sich um ein deutlich vorstrukturiertes Lehr-Lernkonzept –, die Lösung dagegen ist offen. In Übungsaufgaben geht es beim erarbeitenden Geschichtsunterricht darum, methodisches Wissen anzuwenden und so Übung im Umgang mit prinzipiell bekannten Verfahren zu gewinnen bzw. bereits erworbenes deklaratives und konzeptuelles Wissen auf vergleichbare Kontexte anzuwenden. Ähnlich problemorientiert wie der Wissenserwerb müssen hier auch die Diagnose- und Prüfungsaufgaben angelegt sein. Anstatt also Einzelinformationen abzufragen, geht es vielmehr darum, historische Probleme zu bearbeiten, um so Rückschlüsse auf den Wissens- und Könnensstand der Lernenden zu erhalten.

Aufgabenzentrierter Geschichtsunterricht (Günther-Arndt 2015b) lässt den Lernenden dagegen deutlich mehr Freiraum und Verantwortung für die Gestaltung ihres Lernprozesses. Er ist insofern lehrer*innengesteuert, als es in der Regel die Lehrperson ist, die unterschiedliche Aufgabensettings und die dazugehörigen Materialien vorbereitet.

Er ist aber insofern auch schüler*innengesteuert, als den Lernenden ein Maß an Entscheidungsfreiheit hinsichtlich der Frage, welche Aufgaben sie bearbeiten, zugestanden wird. Aufgabenzentrierter Geschichtsunterricht ist daher ein auf Differenzierung angelegtes Lehr-Lernkonzept, welches den Lernenden entweder völlig freie Entscheidung bei der Frage lässt, welche Aufgaben sie bearbeiten möchten, oder das Pflicht-, Wahlpflicht- und/oder Wahlaufgaben kombiniert. In aller Regel ist bei Geschichtsstunden, die diesem Konzept folgen, nicht nur der Freiheitsgrad höher, sondern auch der Anteil der selbständigen Schüler*innenarbeit. Das Spektrum methodischer Umsetzungsmöglichkeiten reicht von der Leitprogrammarbeit, die dem erarbeitenden Geschichtsunterricht in ihrer Kleinschrittigkeit und ihren eher begrenzten Wahlmöglichkeiten noch recht nahe steht, bis zum Stationenlernen und der Wochenplanarbeit. Lernaufgaben im aufgabenzentrierten Geschichtsunterricht unterscheiden sich von denen des erarbeitenden Geschichtsunterrichts in mehrerlei Hinsicht. Zunächst einmal stehen den Lernenden mehr Aufgaben zur Verfügung, die eine Auswahl nach thematischen Interessen, (fach-)methodischen Präferenzen, medialen Vorlieben oder Schwierigkeitsgrad ermöglichen. Zudem weisen die Aufgaben einen unterschiedlichen Grad an Verbindlichkeit auf. Darüber hinaus wird im aufgabenzentrierten Geschichtsunterricht häufig auch ein höheres Maß an Eigenständigkeit bei der Bearbeitung erwartet. Das heißt, dass der Weg der Aufgabenbearbeitung oft weniger klar vorgegeben ist als beim erarbeitenden Geschichtsunterricht (wenngleich natürlich Hinweise für die Aufgabenbearbeitung gegeben werden können) und den Lernenden mehr Raum zur Entwicklung eigener Lösungsstrategien gegeben wird. Aufgabenzentrierter Geschichtsunterricht kann aber neben Lern- auch Übungsaufgaben enthalten, in denen es stärker um die Festigung vorhandener Kenntnisse und Fähigkeiten geht. Ähnlich wie beim projektförmigen Unterricht müssen sich Diagnose- und Prüfungsaufgaben hier nicht allein auf das Lernprodukt, sondern auch auf den Lernprozess (bzw. dessen Reflexion) beziehen. Gerade dieses Lehr-Lernkonzept eröffnet über die inhärente Differenzierung auch Möglichkeiten für historische Reflexionsprozesse in der Bearbeitungsphase und vor allem in der Ergebnispräsentation.

Der *projektförmige Geschichtsunterricht* (vgl. Günther-Arndt 2015d; Barricelli 2015) schließlich ist sehr stark schüler*innengesteuert. In der Regel entwickeln die Lernenden hier eine eigene Fragestellung, die sie in Gruppen bearbeiten. Die Ergebnisse der Projektphase werden normalerweise in einem Produkt dokumentiert, das sich häufig nicht nur an die Klasse, sondern an eine breitere Öffentlichkeit wendet, z.B. in Form einer Wandzeitung in der Schulaula, einer Ausstellung, eines Films, aber auch eher künstlerischer Produkte wie einer Kurzgeschichte, eines Theaterstücks oder eines Hörspiels. Neben den über mehrere Tagen, Wochen oder (z.B. im Falle des Geschichtswettbewerbs des Bundespräsidenten) gar Monate umspannenden größeren Projektphasen sind auch Kurzprojekte möglich. Barricelli (2015, 114) weist darauf hin, dass bei derartigen Kurzprojekten nur Teilelemente des Projektgedankens umgesetzt werden können und die Gesamtanlage insgesamt lehrer*innenzentrierter ist. So kann z.B. eine begrenzte Anzahl an Themenvorschlägen vorbereitet oder die Problemfrage direkt vorgegeben werden. „Die Gedankenfreiheit, die sich in der Schwerpunktsetzung durch die Projektteams, der Gestaltung der Präsentation und der Projekterzählung äußert, sollte indessen so wenig wie möglich beschnitten werden“ (ebd.). Heuer (2011b, 451f.) spricht sich nachdrücklich für Kurzprojekte als Möglichkeit zur Gestaltung offener Lernaufgaben und Lernumgebungen aus, denen es, anders als größeren Geschichtsprojekten, weniger um das Neuentdecken (von bislang völlig unerzählten Geschichten) als vielmehr um das Nachentdecken (von historischen Zusammenhängen, die den Lernenden bislang unbekannt sind) und Neuarrangieren gehe. Empirisch ist eine höhere Effektivität projektförmigen historischen Lernens bislang allerdings nicht nachgewiesen (vgl. von Borries 2005; Zülsdorf-Kersting 2012, 67–70), und den schlüssigen theoretischen Argumenten für die Projektarbeit sowie zahlreichen positiven Erfahrungsberichten stehen in der Praxis oft Vorbehalte der Lehrpersonen gegenüber, die eine Überforderung ihrer Klasse befürchten. Der Diskurs bewegt sich deshalb auch 15 Jahre nach Bodo von Borries (2005) einschlägigem Aufsatz noch immer zwischen den Polen „Größenwahn oder Königsweg“.

Ähnlich offen wie das Gesamtkonzept sind auch die Aufgaben im projektförmigen Geschichtsunterricht. Das ermöglicht gerade hinsichtlich der Lernaufgaben Freiraum für die Umsetzung der zuvor diskutierten Gütekriterien. So müssen die Lernenden in Geschichtsprojekten häufig einen kompletten historischen Erkenntnisakt, von der Heuristik über Kritik und Interpretation bis zur Darstellung und Reflexion durchlaufen, womit auch dem Kriterium der Prozess- und Produktorientierung entsprochen wird. Vor allem im projektförmigen Geschichtsunterricht können die Schüler*innen zudem lernen, sich selbst

Aufgaben zu stellen, um so die „Aufgabenhaltigkeit“ (Girmes 2003, 11) von Welt und Geschichte zu erfahren. Hier können dementsprechend deklaratives, prozedurales, konzeptuelles und metakognitives Wissen gleichermaßen gefördert und ausdifferenziert werden. Übungsaufgaben spielen in diesem Konzept dagegen keine wichtige Rolle. Prüfungsaufgaben wiederum müssen, wie in Kapitel 2.3 dargelegt, Lern- und Prüfungselemente sowie prozess- und produktbezogene Aspekte differenzieren. Heuers Einschätzung, die Lernenden arbeiteten hier „ohne Bezug auf transparente Kriterien der Leistungsbewertung“ (2012, 106), ist dagegen zu widersprechen. Vielmehr stellt, wie bereits dargelegt, die Transparenz der Bewertungsmaßstäbe gerade bei Projektprüfungen ein Gütekriterium dar.

Vergleicht man die drei bislang diskutierten Lehr-Lernkonzepte, so lassen sich eine unterschiedliche Relevanz von und ein anderer Umgang mit (vor allem Lern-)Aufgaben erkennen. Im erarbeitenden Geschichtsunterricht dienen Lernaufgaben der Unterstützung, Begleitung und Ausdifferenzierung des stärker lehrerzentrierten Klassenunterrichts. Dem Gesamtanliegen des Konzeptes folgend, sind sie eher kleinschrittig gefasst, klar gegliedert und geben den Lernenden feste Strukturen zur Orientierung vor. Im aufgabenzentrierten Geschichtsunterricht dagegen steigt der Freiheitsgrad der Lernenden an, und zwar nicht nur hinsichtlich der Frage, welche Aufgabe sie bearbeiten, sondern häufig auch hinsichtlich der Frage, wie sie dabei vorgehen – die Aufgaben weisen normalerweise weniger klare Strukturvorgaben auf, setzen mehr methodische Kenntnisse voraus, bieten dafür aber auch mehr Zeit und Raum für die individuelle Aufgabenbearbeitung. Im projektförmigen Geschichtsunterricht schließlich steigen Freiheitsgrad und Bearbeitungsdauer noch einmal an. Die Aufgabe wird von den Lernenden (mit-)konstruiert und erstreckt sich häufig über mehrere Stunden. Dabei lässt sich nicht pauschal sagen, dass ein Lehr-Lernkonzept besser wäre als die anderen. Vielmehr gilt es, das Konzept auf das jeweilige Stundenziel und die Zusammensetzung der Lerngruppe abzustimmen, um damit sowohl eine Über- wie eine Unterforderung zu verhindern.

Der *erkundende Geschichtsunterricht* schließlich definiert sich nicht über seinen Umgang mit Aufgaben, sondern über den Lernort. Hier wird nicht im Klassenzimmer, sondern an außerschulischen Lernorten (Museen, Gedenkstätten und andere geschichtskulturelle Institutionen, historische Orte usw.) gelernt. Hans-Jürgen Pandel (2014, 61) hat darauf verwiesen, dass das Erkunden eine spezifisch historische

Tätigkeit ist, leitet sich doch der Begriff Historie vom griechischen *historein* ab, was Erkunden bedeutet. „Erkunden meint, in die Welt hinausgehen und Kunde sammeln von dem was einmal war" (ebd.). Erkundender Geschichtsunterricht geht damit insofern über die reine Exkursion hinaus, als es nicht um die bloße Besichtigung oder die eher passive Rezeption dargebotener Informationen geht, sondern um das aktive Arbeiten mit originalen Quellen (vgl. Günther-Arndt 2015a, 20) oder den analytisch-dekonstruierenden Umgang mit dem Lernort. Aufgaben spielen hier sowohl in der Vor- und Nachbereitung als auch bei der Begleitung des Besuchs eine Rolle, erkundender Geschichtsunterricht definiert sich aber nicht über einen spezifischen Aufgabengebrauch. So ist in allen drei Phasen (Vorbereitung, Arbeit vor Ort, Nachbereitung) sowohl eine Nähe zum erarbeitenden Geschichtsunterricht (kleinschrittiger, lehrer*innenzentrierter, z. B. über zu bearbeitende Arbeitsblätter und gemeinsame Lernphasen vor Ort, etwa im Rahmen einer Führung oder eines Museumsgesprächs) als auch zum aufgabenzentrierten Geschichtsunterricht (mehr Wahlfreiheit, höherer Grad an Differenzierung) möglich. Erkundender Geschichtsunterricht kann sich zudem mit projektförmigem Geschichtsunterricht überschneiden, z. B. wenn die Klasse gemeinsam das Stadtarchiv besucht, die Lernenden dort aber in ihren jeweiligen Gruppen am eigenen Projekt arbeiten. Die Funktion der Lernaufgaben variiert beim erkundenden Geschichtsunterricht also. Diagnoseaufgaben spielen dagegen vor allem in der Vorbereitung eine Rolle. Hier können nicht nur inhaltsbezogenes Wissen und Präkonzepte diagnostiziert werden, sondern auch die benötigten methodischen Kenntnisse und solche Vorstellungen, die sich auf die Institution, ihre Aufgaben und Funktionen beziehen (vgl. Kohler 2016). Übungsaufgaben spielen beim erkundenden Geschichtsunterricht dagegen in der Regel keine besondere Rolle, schließlich soll der verhältnismäßig hohe Aufwand, der bei diesem Lehr-Lernkonzept zu leisten ist, dazu führen, dass die Schüler*innen vor neue Herausforderungen gestellt werden. Prüfungsaufgaben schließlich sind höchstens in der Nachbereitung von Relevanz.

zunehmende Schüler*innenorientierung ↓ ↓ ↓		
	darbietend	• Aufgaben dienen in erster Linie der Vermittlung einer feststehenden Erzählung
	erarbeitend	• Lernaufgaben für die Unterstützung, Begleitung und Ausdifferenzierung des stärker lehrerzentrierten Klassenunterrichts • kleinschrittig und klar strukturiert • Übungsaufgaben zur Festigung methodischer Fähigkeiten • Problemorientierung als leitendes Prinzip, auch bei Diagnose- und Prüfungsaufgaben
	aufgaben-zentriert	• Wahlfreiheit; häufig Mischung aus Wahl-, Pflicht- und Wahlpflichtaufgaben • Hoher Grad an Freiheit und Eigenverantwortlichkeit; setzen mehr methodische Fähigkeiten voraus • Diagnose- und Prüfungsaufgaben müssen Produkt und Prozess berücksichtigen
	projekt-förmig	• Prozess- und Produktorientierung als leitende Prinzipien • Meist längerfristig angelegt • Besonders viele Freiräume für die Lernenden, sich selbst Aufgaben zu stellen • Prüfungsaufgaben müssen Lern- und Prüfungselemente sowie prozess- und produktbezogene Aspekte differenzieren
	erkundend	• Unterschiedlicher Umgang mit Aufgaben in der Vor- und Nachbereitung sowie der Durchführung der Erkundung möglich

Abb. 9: Aufgaben in unterschiedlichen Lehr-Lernkonzepten

Anmerkungen

1 Aus Gründen der Lesbarkeit konzentriert sich die Darstellung im weiteren Verlauf auf den empirisch bei Weitem überwiegenden Fall der Aufgabeneinführung durch die Lehrkraft. Dabei ist stets mitzudenken, dass die Aufgabeneinführung auch darin bestehen kann, die Lernenden zur eigenen Aufgabenkonstruktion aufzufordern. Unabhängig von der Frage, ob bestehende Aufgaben durch die Lehrkraft eingebracht werden oder ob diese die Schüler*innen zur Aufgabenfindung auffordert, ist Unterricht nämlich stets durch das dreischrittige Kommunikationsmuster aus Lehrerimpuls, Schülerreaktion und Lehrerevaluation (I-R-E: initiation, evalution, response; vgl. Lankes/Wilfert 2018) gekennzeichnet.

2 Kommunikationstheoretisch bleibt das Grundmuster aus I-R-E auch bei längeren Phasen der Aufgabenbearbeitung bestehen, weil diese als Variationen und Differenzierungen in der R-Phase gesehen werden, wobei die

Entscheidung, wann diese beendet wird und die Ergebnisse diskutiert werden (das wäre die E-Phase), letztlich der Lehrkraft überlassen bleibt.

3 Die Aufgaben waren z.T. mehreren Kategorien zugeordnet, weshalb es zu einer Gesamtsumme von über 100 Prozent kommt.

4 Wie im nächsten Kapitel gezeigt wird, bezieht sich das allerdings nur auf die erwarteten Denkleistungen. Die mit einer Aufgabe verbundenen formal-sprachlichen Erwartungen sind den Lernenden häufig vollkommen unklar.

5 Nicht auszuschließen ist allerdings auch ein gewisser Methodeneffekt. Erstens wurde nicht *beobachtet*, welche Strategien die Schüler*innen einsetzten, sondern diese wurden im Anschluss an die Aufgabenbearbeitung befragt, welche Strategien sie verwendet haben. Eventuell sind sich die Lernenden dessen aber nicht bewusst (oder sie können dies nicht verbalisieren). Zweitens wurde nach fachübergreifenden *Strategien* gefragt. Unter Umständen hätten die Lernenden fachspezifische *Methoden* der Aufgabenbearbeitung eher wiedererkannt.

6 Ein erarbeitender Geschichtsunterricht, der einem erkenntnistheoretischen Realismus zuneigt, ist allerdings nicht ausgeschlossen. Er müsste sich allerdings fragen lassen, ob die Tatsache, dass Lernende Geschichte selbst erarbeiten sollen, anstatt sie einfach „vermittelt" zu bekommen, einer Funktion über die (wissenschaftspropädeutische) Schulung historischer Verfahren hinaus dient.

4. Aufgaben und Sprache

Aufgaben im Geschichtsunterricht haben in mindestens dreierlei Hinsicht mit Sprache zu tun. Erstens kann die bereits im zweiten Kapitel angerissene Frage der sprachlichen Gestalt von Aufgaben in den Fokus gerückt werden. Es geht dann, wie bereits in den Überlegungen zu Gütekriterien von Lernaufgaben angedeutet, um die Frage, wie Aufgaben gestaltet sein müssen, um möglichst verständlich zu sein. Zweitens regen Aufgaben die Lernenden dazu an, selbst Sprache zu gebrauchen, indem sie Texte schreiben, sich in Gruppenarbeiten engagieren oder Beiträge zum Klassengespräch leisten. Wie ebenfalls bereits erwähnt, zeichnen sich gute Aufgaben dadurch aus, dass sie den Lernenden transparent machen, welche sprachlichen Leistungen, welche Zieltextformate usw. von ihnen erwartet werden. Beide Aspekte sollen in diesem Kapitel noch einmal aufgegriffen werden, um zu verdeutlichen, dass Aufgaben einerseits einen Beitrag zu einem sprachsensiblen bzw. sprachbildenden (Sieberkrob/Lücke 2020) Geschichtsunterricht leisten können, dass sie die Lernenden aber auch ihrerseits vor sprachliche Herausforderungen stellen, derer sich Lehrkräfte bei der Aufgabenkonstruktion bewusst sein sollten. Dazu ist es jedoch zunächst notwendig, die dritte Hinsicht zu erläutern, in der Sprache und Aufgaben miteinander zusammenhängen. Aufgaben vermitteln nämlich zwischen unterschiedlichen sprachlichen Ebenen und Dimensionen des Geschichtsunterrichts. Aus dieser Vermittlerrolle erwachsen die beiden eben genannten Sprachbezüge von Aufgaben.

4.1 Aufgaben als Vermittler zwischen den Sprachen des Geschichtsunterrichts

Dass Geschichte nicht das Gleiche ist wie vergangene Wirklichkeit, ist eine geschichtstheoretische Grundannahme. Den Überlegungen des Geschichtstheoretikers und -didaktikers Jörn Rüsen (2008) folgend, entsteht Geschichte, wenn sich Menschen aufgrund eines Orientierungsbedürfnisses der Vergangenheit zuwenden. Ausgehend von einer Fragestellung werden Quellen und Darstellungen darauf hin befragt, was sie zur Beantwortung dieser Frage beitragen können. Die Ergebnisse der Interpretation von Quellen und der Analyse von Darstellungen werden zu einer Narration als spezifisch historischer Form der Erklärung verknüpft. Auf diese Weise entsteht Geschichte als eine perspektivische, interessengeleitete und historischen Sinn stiftende Konstruktion. Diese Konstruktion ist in mehrfacher Hinsicht sprachgebunden (vgl. Günther-Arndt 2010; Handro 2013; Köster/Spieß 2018): Einerseits bezieht sie sich auf Quellen und Darstellungen, die mehrheitlich sprachlich verfasst sind. Andererseits bedarf diese Geschichte selbst der Sprache, wenn sie kommuniziert werden soll. Ähnliches gilt auch für das schulische sowie für das außerschulische historische Lernen: Michele Barricelli (2016a) hat „[h]istorisches Erzählen als Kern historischen Lernens" bezeichnet. Sowohl die Konstruktion eigener wie die Analyse bestehender historischer Narrationen stellen ein Nachdenken über Sprache dar. Quellen als Basis ebenso wie Darstellungen als Produkt historischer Denkprozesse sind zu wesentlichen Teilen sprachlich verfasst. Auch der Austausch über Geschichte im Unterricht und außerhalb findet sprachlich statt. Unabhängig von der Frage, ob sich historisches Denken im Medium der Sprache *voll*zieht – hinsichtlich dieser Frage unterscheiden sich verschiedene psychologische Positionen –, *be*zieht es sich also auf Sprache, ist narrativ (und damit zumindest implizit sprachlich) strukturiert und bedarf in aller Regel der Sprache, um kommuniziert zu werden.

Diese Sprachbezogenheit historischen Denkens und Lernens schlägt sich im Geschichtsunterricht auf unterschiedlichen Ebenen nieder. Saskia Handro hat 2013 einen ersten Vorschlag zur Systematisierung dieser Ebenen vorgelegt, den wir im Kontext der erwähnten Theorie des Geschichtsunterrichts aufgegriffen und weiterentwickelt haben (vgl. Köster/Spieß 2018; dort auch weitere geschichts- und sprachdidaktische Literaturhinweise zu der Frage, welche spezifischen Herausforderungen diese Ebenen beinhalten). Betrachtet man die verschiedenen Sprachbezüge des Geschichtsunterrichts, kann man zunächst die zwei grundsätzlichen Dimensionen der Sprachen der Unterrichtsgegenstände einerseits und des Unterrichtsdiskurses andererseits unterscheiden. Zu den Sprachen der Unterrichtsgegenstände gehört zum einen die Sprache der Quellen, zum anderen die Sprache der Darstellungen. Während die Sprache der Quellen vergangene Sprachwelten repräsentiert und sich durch ein mehr oder weniger stark ausgeprägtes Maß an Historizität auszeichnet, ist die Sprache der Darstellungen Ausdruck gegenwärtiger Diskurse. Sie findet sich im Geschichtsunterricht in den Verfassertexten im Schulbuch, aber auch in Auszügen aus Forschungs- und Unterhaltungsliteratur, aus Spiel- und Dokumentationsfilmen und vielem mehr. Die Sprachen des Unterrichtsdiskurses bestehen dagegen aus der Schüler*innensprache einerseits und der Lehrer*innensprache andererseits.

Wie sofort ersichtlich ist, handelt es sich hierbei um eine Unterscheidung, die nicht auf linguistischen Kriterien beruht. Ein BILD-Artikel zum Ausbruch des Ersten Weltkriegs unterscheidet sich sprachlich stark von einer wissenschaftlichen Monographie zum selben Thema, und eine Lehrerin drückt sich bei der Vorbereitung der Klassenfahrt anders aus als bei der Besprechung eines Schulbuchtextes. Linguisten würden in diesem Zusammenhang davon sprechen, dass die Texte (auch die Vorbereitung der Klassenfahrt oder die Diskussion des Schulbuches sind in diesem Verständnis ein Text) in einem jeweils unterschiedlichen Register verfasst sind. Der Begriff des Registers bezeichnet eine jeweils situationsabhängige sprachliche Varietät (vgl. ursprünglich Hymes 1979, 177). Der ursprünglich in der Soziolinguistik entwickelte Terminus wurde in der Systemisch-Funktionalen Grammatik Michael Hallidays (2014) aufgegriffen und in englischsprachigen Untersuchungen auch für die Analyse des Geschichtsunterrichts genutzt (vgl. Schleppegrell 2004; Coffin 2006a). In der jüngeren Vergangenheit haben sich mehrere deutschsprachige Geschichtsdidaktiker*innen dieses Ansatzes bedient (vgl. z.B. Schrader 2013; Schlutow 2015; Köster 2017; 2018b). Unseres Erachtens sind für den Geschichtsunterricht vor allem vier Register bedeutsam, wenngleich auch andere (etwa die Sprachen des Journalismus oder der Belletristik) eine Rolle spielen: Die Fachsprachen der Geschichtswissenschaft und der Geschichtsdidaktik, die Bildungssprache, die Alltagssprache und die Pädagogische Sprache. In diesem Buch können die jeweiligen Eigenschaften dieser Sprachen nicht umfassend dargestellt werden (vgl. dazu Köster/Spieß 2018), weshalb hier nur eine kurze Begriffserklärung erfolgen soll.[1] Fach- und Alltagssprache dürften hinsichtlich des Gemeinten verständlich sein. Das Register der Bildungssprache ermöglicht die Teilnahme an interdisziplinären und gesellschaftlichen Diskursen und wird daher gleichermaßen als Voraussetzung wie als Ergebnis individueller Bildungsprozesse betrachtet (vgl. Schmölzer-Eibinger 2013, 25); andererseits wird das Register auch als soziales Kapital „von denen verwendet […], die in der Gesellschaft Einfluss und Macht haben", und dient so „als Erkennungszeichen […], um Menschen in diese Gruppe aufzunehmen oder sie davon auszuschließen" (Vollmer/Thürmann 2013, 42 f.). Bildungssprache ist kein Register für die Kommunikation unter Expert*innen eines Gebietes (die erfolgt im fachsprachlichen Register), sondern findet dann Verwendung, wenn Expert*innen mit Laien oder mit Expert*innen anderer Fachgebiete sprechen. Bildungssprachliche Kommunikation ist damit auch für den interdisziplinären Diskurs sehr wichtig, sie dient in erster Linie der Vermittlung fachlicher Inhalte außerhalb des engen Fachkontextes. Bei der Pädagogischen Sprache handelt es sich dagegen um ein Register, das nicht ausschließlich, aber auch (und ganz besonders) in der Schule Verwendung findet und das sich in funktionaler Hinsicht vom Register der Bildungssprache unterscheiden lässt: Während Letzteres zur Teilhabe an spezialisierten Diskursen befähigen soll, dient das pädagogische Register der Organisation des Lehr- und Lernprozesses. Die folgende Grafik visualisiert die genannten Zusammenhänge noch einmal.

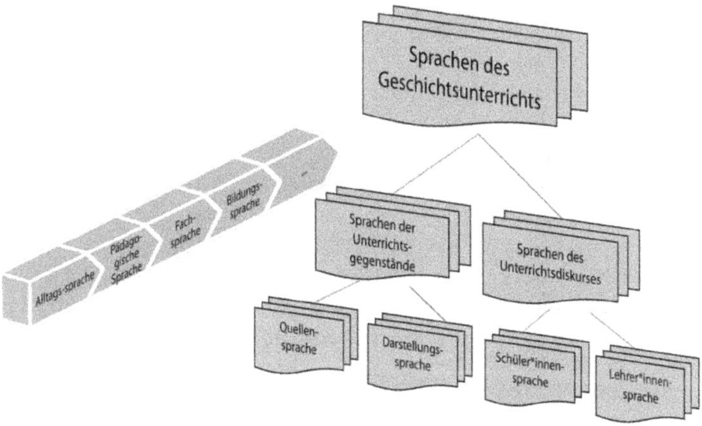

Abb. 10: Sprachliche Dimensionen des Geschichtsunterrichts

In welchem Verhältnis stehen nun Aufgaben zu den sprachlichen Dimensionen des Geschichtsunterrichts? Zunächst einmal sind Aufgaben natürlich selbst sprachlich verfasst. Pandel (2006, 26) bedient sich daher der Sprechakttheorie und bezeichnet sie als „illokutionäre Sprechakte, die sprachlich etwas erreichen oder durchsetzen wollen. […] Gleich wie sie formuliert sind, sie verlangen vom Adressaten, dass er bestimmte Handlungen ausführt." Bezüglich der Register lässt sich damit zunächst festhalten, dass Aufgaben im Register der Pädagogischen Sprache verfasst sind. Sie dienen (wie schriftliche Gutachten oder die mündliche Bitte, das Schulbuch zu öffnen) der Organisation des Lehr- und Lernprozesses. Aufgaben nutzen verschiedene Begriffe, die auch in Fachsprachen oder der Alltagssprache Verwendung finden, ohne aber selbst diesem Register anzugehören. Wenn in einer Lernaufgabe z.B. vom Begriff der „Volksgemeinschaft" die Rede ist, dann geschieht dies nicht, um eine propagandistische Wirkung zu erzielen (das wäre bei einer Rede Goebbels, die zum Register der Politischen Sprache und zur Ebene der Quellensprache gehört, der Fall) oder um die Bedeutung des Begriffes für die NS-Propaganda zu analysieren (wie in einem wissenschaftlichen Aufsatz als fachsprachlicher Vertreter der Darstellungssprache), sondern um die Lernenden zur Begriffsreflexion anzuregen.

Vor allem aber besteht insofern ein Zusammenhang zwischen Aufgaben und Sprache, als diese zwischen den Sprachen des Geschichtsunterrichts sowie zwischen unterschiedlichen Registern vermitteln. Sie fordern die Lernenden auf, sich mit Vertretern der Quellen- oder Darstellungssprache auseinanderzusetzen und dabei selbst Texte (in schriftlicher oder mündlicher Schüler*innensprache) zu produzieren. Gleichzeitig müssen bei der Bearbeitung von Aufgaben Texte unterschiedlicher Register rezipiert, bearbeitet und häufig auch miteinander in Beziehung gesetzt werden. So kommen die Lernenden mit Darstellungen in den Registern der Bildungssprache (Schulbuchtexte, Zeitungsartikel, Onlinebeiträge), der Fachsprache (Auszüge aus der Historiographie), der Alltagssprache (historische Beiträge in den sozialen Medien und anderen Produkten der „populären" Geschichtskultur) und anderer Register (z.B. belletristische Sprache bei der Arbeit mit Historienromanen) ebenso in Kontakt wie mit Quellen, die in unterschiedlichsten Registern verfasst sind (zusätzlich zu den genannten z.B. die Register der Rechts- und Verwaltungssprache, der Lyrischen bzw. Poetischen Sprache usw.). Bei der Arbeit mit Quellen und Darstellungen müssen deren Inhalte durch die Lernenden also zunächst in ihre eigene Sprache „übersetzt" werden – was abhängig vom Sprachwissen der Lernenden auch einen Registerwechsel in das alltagssprachliche Register beinhalten kann-, bevor eigene Texte produziert werden, die wiederum an die Erfordernisse spezifischer Register gebunden sind. Schließlich sind bei mündlichen Beiträgen zum Klassengespräch andere sprachliche Konventionen zu beachten als beim Verfassen eines Blogeintrags, und Abiturklausuren beinhalten andere sprachliche Anforderungen als das Fortschreiben eines Geschichtsromans. Aufgaben im Geschichtsunterricht haben hier also eine Scharnierfunktion: Sie beziehen die vergangene Sprachwelt der Quellen, die Sprachen fachwissenschaftlicher und geschichtskultureller Diskurse und die Sprachen der Lernenden aufeinander. Spätestens in den Phasen der Ergebnispräsentation und der Aufgabenreflexion beziehen sie diese zudem in aller Regel auch auf die Sprache der Lehrkräfte.

Die Sprachlichkeit des Geschichtsunterrichts birgt einiges Potenzial für misslingende Kommunikation, für Missverständnisse oder, in der systemtheoretischen Terminologie der Theorie des Geschichtsunterrichts, für kontingente Ereignisse. Das liegt zum einen daran, dass Lernende und Lehrkräfte es im Geschichtsunterricht mit unterschiedlichen „Sprachen" und verschiedensten Registern zu tun haben, zwischen denen permanente „Übersetzungen" stattfinden müssen. Es liegt zum anderen aber auch daran, dass darüber hinaus jede dieser Sprachen ihrerseits mehrdimensional[2] ist, weil durch sie nicht nur über Inhalte gesprochen wird, sondern auch Beziehungen zwischen den Sprechenden konstruiert, ausgehandelt und aufrechterhalten werden. Die Lehrerinnenaussage „Stefanie, erinnere dich doch mal gerade, wie war das noch mit den Bedingungen des Versailler Vertrages" kann einerseits dazu führen, dass Stefanie wesentliche Vertragsbedingungen nennt und so zum inhaltlichen Diskurs beiträgt. Sie kann aber auch dazu führen, dass Stefanie auf das in der Aufforderung zum Ausdruck gebrachte Hierarchiegefälle zwischen Lehrerin und Schülerin reagiert, indem sie z.B. fragt: „Wieso denn schon wieder ich? Ich habe mich gar nicht gemeldet." Dadurch, dass ein*e Gesprächspartner*in sowohl auf die inhaltliche als auch auf die soziale Dimension einer Äußerung reagieren kann, steigt das Potenzial für kontingente Gesprächsverläufe. Lern- und Übungsaufgaben im Geschichtsunterricht können dazu beitragen, das durch die Sprachlichkeit historischen Lernens entstehende Kontingenzpotenzial zu beschränken, indem sie deutlich machen, welche „Übersetzungen" von den Lernenden erwartet werden bzw., etwas weniger metaphorisch gesprochen, welche sprachlichen Anforderungen eine Aufgabe an die Schüler*innen stellt.

Aufgaben als „Scharnier" zwischen unterschiedlichen Sprachen

*Das Haus der Geschichte der Bundesrepublik Deutschland bietet museumspädagogische Materialien als Handreichung für Schüler*innen zur Begleitung seiner Dauerausstellung an. Die Materialien sind auf der Homepage des Museums erhältlich und dienen jeweils der Erarbeitung inhaltlicher Schwerpunkte. Das gewählte Beispiel stammt aus einem Aufgabenset, anhand dessen Lernende in Kleingruppen das Verhältnis von Medien und Politik erarbeiten können, in diesem Fall mit dem Themenschwerpunkt „Pressefreiheit und Zensur". Auf der Vorderseite des Handouts findet sich Artikel 5 des Grundgesetzes, der die Pressefreiheit garantiert. Auf der Rückseite findet sich diese Aufgabe.*

PRESSEFREIHEIT UND ZENSUR

Last der Vergangenheit und Teilung Deutschlands

1945 – 1949

1 Nach Ende des Zweiten Weltkriegs kontrollieren die alliierten Besatzungsmächte die Presselandschaft in Deutschland. Recherchiert: Welche Ziele verfolgen sie damit? Welche Regeln gelten?

2 Seht euch die Leseexemplare an. Wer wird dort als Herausgeber genannt? Berichten die Zeitungen auch über die Lizenzierung der Presse?

Kalter Krieg und Vertiefung der Teilung

1955 – 1963

3 Werft von der Pressetribüne einen Blick auf das Bundestagsgestühl. Beschreibt die Rolle der Medien im demokratischen System. Nennt Objekte und Gestaltungselemente, verbindet diese mit inhaltlichen Aussagen über das Verhältnis von Parlament und Presse. Bringt hier auch das Zitat auf der Vorderseite mit ein.

Wie setzt die Ausstellung die Medien als „Vierte Gewalt" hier in Szene?

4 Diskutiert den Begriff „Vierte Gewalt" und notiert eure Gedanken.

Lounge

5 Seht euch in der Lounge aktuelle Tageszeitungen an. Nennt jeweils drei Gemeinsamkeiten und Unterschiede zu den Exemplaren aus der unmittelbaren Nachkriegszeit.

6 Sammelt Pro- und Contra-Argumente für die Debatte zur Diskussionsfrage „Haben Medien zu viel Einfluss in unserer Gesellschaft?" Formuliert und begründet eure Meinung.

Stiftung Haus der Geschichte der Bundesrepublik Deutschland: Themenmappe Medien und Politik. Ein schwieriges Verhältnis. Bonn 2019, https://www.hdg.de/haus-der-geschichte/lernen/schueler-und-lehrer

Aufgabe 1: Hier müssen Museumstexte, also Vertreter der Darstellungssprache im bildungssprachlichen Register, ebenso wie die geltenden Regelungen als quellensprachliche Erlasse im Register der Rechtssprache von den Lernenden in ihre Sprache übertragen werden.

Aufgabe 2 und Aufgabe 5: Die Lernenden sollen quellensprachliche Materialien vergleichen, die demselben Register, aber unterschiedlichen Epochen entstammen.

Aufgabe 3: Diese Aufgabe verlangt die Versprachlichung eines räumlich inszenierten Verhältnisses und damit nicht zuletzt die Übertragung der Totalität des visuellen Eindrucks in die Linearität von Sprache.

Aufgabe 4: Die Lernenden müssen einen hochgradig voraussetzungsvollen, ursprünglich quellensprachlichen, aber auch zur Lexik heutiger Fachsprachen ge-

*hörenden Begriff in die Sprache der Schüler*innen und damit in das alltags- oder das bildungssprachliche Register übersetzen.*

*All diese Aufgaben verlangen von den Lernenden also schon bei der Rezeption der Materialien individuelle sprachliche Transformationsakte unterschiedlicher Natur. Berücksichtigt man nun zusätzlich, dass die Schüler*innen dabei stets auch produktive Sprachhandlungen erbringen, indem sie sich untereinander austauschen, Überlegungen notieren, Tabellen anlegen usw., wozu unter Umständen erneute „Übersetzungen" nötig sind, wird deutlich, inwiefern Aufgaben ein stetiges Changieren zwischen unterschiedlichen sprachlichen Dimensionen und Ebenen erfordern.*

4.2 Transparenz sprachlicher Anforderungen

Dass die „Mehrsprachigkeit" des Geschichtsunterrichts hochkomplexe Anforderungen an die Lernenden stellt, sollte damit ersichtlich sein. Für die Schüler*innen ist aber häufig vollkommen unklar, welche sprachlichen Erfordernisse mit fachlichem Lernen einhergehen. Vielmehr stellen diese Anforderungen ein „hidden curriculum" (Schleppegrell 2004, 2) dar, nicht zuletzt deshalb, weil das sprachbezogene Feedback der Lehrkräfte bisweilen unklar bleibt. Möglicherweise ist am Korrekturrand einer Klausur oder einer schriftlichen Lernendenleistung vermerkt, dass es sich bei einer Formulierung um einen Ausdrucksfehler handelt, oder es finden sich Kommentare wie „Begriff!" oder „Sprache" – wie sie es besser machen sollen, geht daraus für die Schüler*innen genauso wenig hervor wie aus mündlichen Rückmeldungen, man solle „seine eigenen Worte" verwenden oder man drücke sich „zu schwammig" aus. Das Konzept des sprachsensiblen (vgl. Handro 2016; 2020) bzw. sprachbildenden (vgl. Sieberkrob/Lücke 2020) Geschichtsunterrichts möchte Lernende und Lehrende für den engen Zusammenhang von sprachlichem und fachlichem Lernen sensibilisieren. Über Geschichte nachzudenken, bedeutet immer auch, über Sprache nachzudenken.

Aufgaben können einen Beitrag zu einem derartigen sprachsensiblen Geschichtsunterricht leisten, indem sie transparent machen, mit welchen sprachlichen Anforderungen die geforderten fachlichen Leistungen einhergehen, und so sprachliche Hürden bei der Rezeption ebenso wie bei der Produktion fachspezifischer Gattungen (vgl. Köster/Spieß 2018) abbauen. Dieser Gedanke klang bereits in der Prozess- und Produktorientierung von Lernaufgaben an, wenngleich dieses Gütekriterium nicht ausschließlich auf sprachliche Aspekte ausgerichtet ist. Transparenz hinsichtlich sprachlicher Anforderungen herzustellen ist zudem nicht nur eine Frage des Aufgabentextes, sondern ebenso des Aufgabenkontextes und damit ein Ausdruck guter Aufgabenkultur. Ein erster Schritt dazu ist die Klärung der Bedeutung von Operatoren für den jeweiligen fachlichen Kontext (vgl. Peters 2015). Bislang vorliegende empirische Arbeiten (Schönemann u.a. 2011; Oleschko 2016; Flink 2018) deuten allerdings darauf hin, dass dies häufig nicht der Fall ist. So stellt etwa Oleschko (2016, 277) fest, dass Lernende als Reaktion auf den Operator „beschreibe" „unterschiedliche Realisierungstypen einer Beschreibung anfertigten, welche in einem funktional-pragmatischen Kontinuum verortet werden können". Mit anderen Worten: Die zum Beschreiben aufgeforderten Lernenden produzierten Texte, die Unterschiedliches taten und nicht unbedingt im engeren Sinne beschrieben. Über eine doppelte Operationalisierung von Aufgaben, also über ein Auflösen des Operators im Aufgabentext, kann diesbezüglichen Problemen entgegengewirkt werden. Darüber hinaus sollte aber auch im Kontext der Aufgabenreflexion darüber diskutiert werden, inwiefern die Lernenden die im Aufgabentext geforderte Denk- und die damit verbundene Sprachleistung erbracht haben. Die im vorangegangenen Kapitel problematisierte Herausbildung eines Klassengedächtnisses sollte hier also produktiv gewendet werden, indem durch wiederholtes explizites Ansprechen der Operatorenbedeutung auf eine gewisse Routine und Selbstverständlichkeit im Umgang mit Operatoren hingearbeitet wird. Über die Nennung des Zieltextformates im Aufgabentext und eine Diskussion gattungsspezifischer Textmerkmale (vgl. Hallet 2013) im Geschichtsunterricht, wie sie Coffin (2006a) für den englischsprachigen Geschichtsunterricht herausgearbeitet hat, kann weiteren sprachlichen Herausforderungen bei der Textproduktion begegnet werden. Hier kann es sich auch anbieten, sich am von Coffin (2006b) entwickelten *„teaching learning cycle"* zu orientieren, der daraus besteht, den Lernenden zunächst Gattungsspezifika unterschiedlicher Textgattungen materialbasiert zu erläutern, dann gemeinsam einen Text in der Gattung zu produzieren und den Lernenden schließlich Aufgaben zu stellen, die zur eigenständigen Produktion eines Textes auffordern. In den Phasen der Ergebnispräsentation und Aufgabenreflexion kann auch hier über die Passung von Aufgabenanforderung und Lernendenleistung diskutiert werden.

Lernaufgaben sollten darüber hinaus nicht nur transparent hinsichtlich ihrer sprachlichen Anforderungen sein, sondern ebenso zum Ausbau bildungssprachlicher Fähigkeiten der Lernenden beitragen, also sprachbildend wirken. Eine erste Voraussetzung dafür ist, dass nicht nur in Prüfungssituationen auf sprachliche Aspekte geachtet wird, sondern Sprachsensibilität als bewusste Sprachreflexion ein durchgehendes Prinzip des Geschichtsunterrichts bildet, das über die Gestaltung von Lernaufgaben implementiert werden kann. Sprachsensibilität historischer Lernaufgaben bedeutet also nicht nur, über die Transparenz sprachlicher Anforderungen Verständnishürden abzubauen (und so die Kontingenz unterrichtlicher Kommunikation einzuschränken), sondern auch, die Lernenden zum Nachdenken über den Zusammenhang von Sprache und Geschichte, über die Bedeutung unterschiedlicher Begriffe, über Quellengattungen und geschichtskulturelle Textsorten etc. nachdenken zu lassen (Kriterien der Produkt- und Prozessorientierung sowie der historischen Reflexion). Wie bei den bisherigen Überlegungen gilt auch hier, dass dies nicht durch den Aufgabentext allein zu leisten ist, sondern ebenso Teil des Aufgabenkontextes (Ergebnispräsentation und Aufgabenreflexion) sein muss.

Sämtliche Aspekte der bislang angestellten Überlegungen zur sprachlichen Dimension von Aufgaben implizieren darüber hinaus, dass Schüler*innen zur eigenständigen Produktion zusammenhängender Texte aufgefordert werden müssen (vgl. Hartung 2015; Handro 2016). Der Ruf des Geschichtsunterrichts, ein mündliches Fach zu sein, wird durch den in vielen Bundesländern verbreiteten Wegfall schriftlicher Klassenarbeiten in der Sekundarstufe I noch befördert, er ist der Ausbildung fachlicher Kompetenzen aufgrund des genannten Sprachbezugs historischen Denkens aber eher abträglich. Nur wenn die Lernenden selbst Texte produzieren, können sie den Zusammenhang sprachlichen und fachlichen Lernens erfahren, komplexe und multikausale Erklärungen produzieren, zusammenhängende historische Narrationen konstruieren. Ein rein mündlicher Geschichtsunterricht dagegen läuft Gefahr, dass die spezifische unterrichtliche Kommunikationsstruktur die inhaltliche Auseinandersetzung und das fachliche Denken überwölbt. Aufgrund des Autoritäts- und Kompetenzgefälles zwischen Lehrkraft und Lernenden kann Geschichtsunterricht – insbesondere beim gängigen fragend-entwickelnden Unterrichtsgespräch im Kontext des erarbeitenden Geschichtsunterricht – zu einem Ratespiel werden, bei dem die Lernenden versuchen, die antizipierte Erwartungshaltung der Lehrkraft zu erfüllen (vgl. Handro 2016, 282–284). Wie Saskia Handro herausstellt, droht selbst ein eigentlich sprachreflexiv angelegter Unterricht unter den strukturellen Bedingungen unterrichtlicher Kommunikation zu einem „Sprachspiel" (ebd., 284) zu werden, bei dem die Lernenden monokausal argumentierende Bruchstücke einer historischen Narration präsentieren, stets auf der Suche nach der Antwort, die die Lehrkraft erwartet. „Narrative Abbreviaturen aus kurzen Sätzen oder Satzstücken dominieren. Seltener sind dagegen längere kohärente Aussagen. Ein epistemisches Verständnis von Sprachhandeln im Fach stößt folglich an die Grenzen einer vorrangig mündlichen Sprachpraxis im Geschichtsunterricht, in der historisches Wissen reproduziert statt aktiv konstruiert wird" (ebd.). Eine derartige aktive Wissenskonstruktion lässt sich mittels Lernaufgaben, die die Schüler*innen zur Produktion zusammenhängender Narrationen auffordern, erreichen. Michele Barricelli (2016a) hat Vorschläge für entsprechende Lernaufgaben unterbreitet, die darüber hinaus die Funktion haben, den Unterschied verschiedener Typen historischen Erzählens im Sinne Rüsens (traditionales, exemplarisches, genetisches, kritisches Erzählen) zu verdeutlichen. Wie in den jeweiligen Unterkapiteln bereits ausgeführt wurde, gibt es sowohl bei Lern- wie auch bei Diagnose- und Prüfungsaufgaben gute Argumente dafür, die Lernenden längere, zusammenhängende Texte produzieren zu lassen.

4.3 Aufgabenverständlichkeit

Unklarheiten bezügliche der Frage, welche fachlichen und sprachlichen Leistungen von den Lernenden erwartet werden, können dazu führen, dass die Aufgabe für diese unverständlich ist. Die Verständlichkeit eine Aufgabe bemisst sich allerdings nicht allein an der Transparenz der Anforderungen, sondern, wie in Kapitel 2.2 bereits erwähnt, auch an ihrer sprachlogischen Komplexität. Das Tübinger System zur Aufgabenklassifikation (Maier u.a. 2013) unterscheidet diesbezüglich drei Ebenen, die sich daran bemessen, (1) ob die Reihenfolge der Sätze im Aufgabentext der Reihenfolge der zu leistenden Arbeitsschritte entspricht, (2) ob der Aufgabentext für die Aufgabenbearbeitung irrelevante Informationen enthält, (3) wie komplex die Satzgefüge sind, (4) ob irritierende Formulierungen wie doppelte Verneinungen, Wenn-Dann-Verknüpfungen usw. verwendet werden.[3] Nicht immer müssen sprachlogisch einfache Aufgaben übrigens bessere Aufgaben sein. So kann z.B. bei Diagnose- oder Prüfungsaufgaben ein Erkenntnisinteresse auch darin bestehen, festzustellen, ob die Lernenden zur Unterscheidung relevanter und irrelevanter Informationen in der Lage sind.

Stärker textlinguistisch inspirierte Ansätze verweisen dagegen auf die Tatsache, dass Aufgaben sich in einem intertextuellen Bezugsystem befinden, wie es in der Geschichtsdidaktik bereits Hans-Jürgen

Pandel (2006) mit Bezug auf das Schulbuch herausgestellt hat und wie es auch in den obigen Überlegungen zu den Sprachen des Geschichtsunterrichts schon anklang. Aufgaben stehen nicht für sich allein, sondern sie stiften Beziehungen zwischen unterschiedlichen Texten (und damit, wie bereits erläutert, zwischen unterschiedlichen Sprachwelten). Zur Bearbeitung einer Aufgabe müssen sich die Lernenden auf Quellen und/oder Darstellungen beziehen und dabei bei der Schulbucharbeit regelmäßig auch Register, Glossar, Methodenseiten oder andere sogenannte Paratexte berücksichtigen. Schulbücher verfügen häufig über unterschiedliche Elemente, die den Leser*innen die Orientierung erleichtern und Kohärenz zwischen den unterschiedlichen Textsorten stiften sollen (vgl. Heer 2011, 53). Dazu gehören Elemente des Layouts wie z.B. unterschiedlich große Überschriften, die die Binnenstruktur eines Textes oder einer Doppelseite verdeutlichen, klassische Buchbestandteile wie das Inhaltsverzeichnis und schulbuchspezifische Elemente wie die sogenannten Orientierungsseiten zu Beginn eines Schulbuches, die Aufbau und Gestaltung des Lehrwerks erläutern und die Lernenden häufig direkt adressieren. Die Verständlichkeit einer Aufgabe hängt damit auch davon ab, wie sehr sie von derartigen externen Kohärenzstiftern profitiert und wie deutlich sie ihre eigenen intertextuellen Bezüge macht.

Intertextualität von Aufgaben

Diese Beispielaufgabe aus dem Schulbuch „Geschichte entdecken" illustriert, wie Aufgaben in Schulbüchern ihre intertextuellen Bezüge kenntlich machen. Durch unterschiedliche Symbole wird hier auf den Verfassertext sowie auf verschiedene Quellen, Darstellungen, Hilfestellungen sowie auf Zusatzmaterialien im Internet verwiesen.

1. Arbeite heraus, welches Bild in D2 welche Jahreszeit zeigt. Ordne zu: Aussaat, Ernte, Überschwemmung (VT, D2, D3).
2. Beschreibe das Bewässerungssystem am Nilufer. Schildere die Tätigkeiten, die die Ägypter zu den unterschiedlichen Jahreszeiten erledigen mussten (Q2, D2, D3). H
3. Versetze dich in die Lage eines Feldarbeiters im alten Ägypten. Erkläre, welche Arbeiten du während der Trockenzeit erledigen musst, um deine Felder zu bearbeiten (VT).
4. Begründe, warum das alte Ägypten als „Hochkultur" bezeichnet werden kann (VT).
5. „Die Gaben des Gottes steigen herab ..." Beurteile, warum die Ägypter den Nil feierlich wie eine Gottheit verehrten (VT, Q1, Q2). Inwiefern machte er ihnen Angst? Welche Hoffnungen verbanden sie mit ihm?
6. Recherchiere im Internet zum Nil in der heutigen Zeit. Zeige auf, in welchen Ländern die Nilquellen liegen, aus denen das Wasser entspringt. Weise nach, wie die Flut und die Wassermenge des Nils heutzutage geregelt sind. Sieh dir noch einmal die Karte auf S. 59 an. MK

Martin Bergmeister/Thomas Schulte (Hg.) (2019): Geschichte entdecken 1. Ausgabe Nordrhein-Westfalen. Bamberg, 61

Insgesamt muss trotz dieser Ansätze allerdings konstatiert werden, dass die Frage, woran sich die Aufgabenverständlichkeit im *Geschichts*unterricht bemisst, bislang noch nicht befriedigend beantwortet ist. Zwar liegen theoretische Ansätze und empirische Befunde aus benachbarten Fächern vor, jedoch lassen sich diese nicht unbedingt in jeder Hinsicht auf den Geschichtsunterricht übertragen. Die sprachlogische Komplexität, wie sie bei Maier und Kolleg*innen modelliert wird, orientiert sich an Lernaufgaben für den Mathematikunterricht, wo es, anders als beim historischen Lernen, häufig darum geht, *eine* korrekte Antwort zu finden und dabei nicht selten auch einem vorgegebenen Lösungsweg zu folgen. Im Geschichtsunterricht sind vielfach weder das Lernergebnis noch die Schritte auf dem Weg dorthin auf vergleichbar präzise Weise vorzugeben. Andere Ansätze dagegen liegen derartig nah an einem Aufgabenverständnis als lehrer*innenseitiges Steuerungsinstrument, dass fraglich ist, ob dieses noch mit einem konstruktivistischen Lern- und Geschichtsbegriff vereinbar ist. Dies gilt etwa für die Überlegungen Michael Strubs, der sich zwar auf den Geschichtsunterricht bezieht, im Rahmen einer sprachwissenschaftlichen Dissertation[4] aber der Frage nachgeht, wie Arbeitsaufträge aus linguistischer Sicht optimiert werden können, um die Lernenden bei der Rezeption von Informationen, die durch die Lehrkraft produziert werden, zu unterstützen (vgl. Strub 2009, 280), damit die Lernenden „diesen [den Arbeitsauftrag] im Sinne der Lehrperson ausführen" (ebd.). Die in diesem Projekt angelegten Kriterien für Aufgabenverständlichkeit – Transparenz des Aufgabenzwecks, Prägnanz der Formulierung, begriffliche Korrektheit, Motivation durch die Aufgabe, Struktur des Aufgabentexts, Simplizität, „Perzipierbarkeit (damit ist gemeint, dass der Arbeitsauftrag von den Schülerinnen und Schülern in effizientester Weise wahrgenommen werden soll. [...])" (ebd., 281) – gehen nicht nur über sprachliche Kriterien hinaus (z.B. Motivation), sie legen zudem ein Verständnis von Lernen nahe, das den Lernprozess als möglichst verlustfreien Informationstransfer modelliert. Historisches Lernen besteht allerdings nicht in der Rezeption, sondern in der Konstruktion, Ausdifferenzierung, Vernetzung und zunehmenden Reflexivität fachlichen Wissens (deklarativ, konzeptuell, prozedural, metakognitiv) (vgl. Thünemann/Jansen 2018, 102–104). Wenngleich es sich also lohnt, darüber nachzudenken, ob die im Schulbuch vorgefundenen oder durch die Lehrperson erstellten Aufgaben für die Klasse verständlich sind, so helfen die von Strub vorgeschlagenen Kriterien nicht unbedingt weiter. Neben den Aspekten der sprachlogischen Komplexität (Reihenfolge der Sätze, Komplexität der Sätze; ergänzen ließe sich die Begriffswahl), wie sie in der Tübinger Matrix modelliert wird, kann Verständlichkeit vor allem über Transparenz der sprachlichen Anforderungen hergestellt werden.

Anmerkungen

1 Wenngleich eine genauere Beschreibung über die Erfordernisse dieses Buches hinausgeht, sollte zumindest erwähnt werden, dass sich Register nicht nur hinsichtlich der Frage unterscheiden, welche Begriffe gebraucht werden, sondern in den drei Dimensionen *field*, *mode* und *tenor*, die mit unterschiedlichen Funktionen von Sprache korrespondieren. Letztere können mit Halliday (2014, 30–34) als *ideational metafunction* (Repräsentation und Modellierung von Welt), *textual metafunction* (Produktion kohärenter Texte) und *interpersonal metafunction* (zwischenmenschlicher Austausch) bezeichnet werden.

2 Siehe dazu die vorherige Anmerkung.

3 Diese Indikatoren sprachlicher Komplexität lassen erkennen, dass diese vor allem anhand von Mathematikaufgaben entwickelt wurden.

4 Recherchen zu weiteren projektbezogenen Veröffentlichungen jenseits des zitierten Zwischenberichts blieben erfolglos.

5. Aufgaben in der Netzwerkgesellschaft

5.1 Geschichtsunterricht für digital natives

Genau wie der Rest des Lebens findet auch der Geschichtsunterricht heute unter den Bedingungen einer Gesellschaft statt, in der der Zugang zum Internet und die scheinbar unmittelbare Zugänglichkeit sämtlicher Informationen als ubiquitär und selbstverständlich gelten. Sowohl die akademische Geschichtsdidaktik als auch die Praktiker*innen an Schulen zeigen sich dieser Entwicklung gegenüber allerdings häufig eher zurückhaltend (vgl. Friedburg 2014, 119) und sind noch unsicher, wie mit dieser Situation umzugehen ist. Dies zeigt sich schon an der (eher anekdotischen als systematischen) Beobachtung, dass kaum ein Gespräch zu diesem Thema ohne die beiden Schlagworte „Laptopklasse" und „Smartphone-Verbot" auszukommen scheint. In diesem Kapitel sollen bisherige geschichtsdidaktische Überlegungen zum Thema „Geschichte lernen im digitalen Wandel" (so der Titel bei Demantowsky/Pallaske 2015) sowie die wenigen vorliegenden empirischen Befunde zu diesem Zusammenhang daraufhin befragt werden, welche Konsequenzen sich daraus für die Aufgabenkultur im Geschichtsunterricht ergeben. Dabei kann es allerdings nicht darum gehen, sämtliche irgendwie digitalen Medien und Geräte in ihrer Bedeutung für den Geschichtsunterricht zu diskutieren,[1] und auch ein Überblick über die unterschiedlichen Diskursstränge zum historischen Lernen im digitalen Zeitalter sowie ihre Protagonist*innen würde über die Erfordernisse dieses Buches hinausführen. Einen guten Einstieg ermöglichen Demantowsky/Pallaske (2015) und Bernsen/Kerber (Hg.) (2017).

„Unbestreitbar m.E. ist die Tatsache, dass Kinder und Jugendliche mit ihren zunehmenden mobile devices heute in der Regel radikal anders aufwachsen, kommunizieren und sich bilden als noch die Generation vor ihnen" (Demantowsky 2015, 153, Anm. 15). So umreißt der Geschichtsdidaktiker Marko Demantowsky die Ausgangsbedingungen der heutigen Generation der *digital natives*, also derjenigen, die in das digitale Zeitalter hineingeboren wurden und kein Leben ohne Internet erfahren haben. Die bloße Tatsache, mit digitalen Endgeräten aufgewachsen zu sein, bedeutet jedoch nicht unbedingt, dass Schüler*innen deshalb kompetent, kritisch oder auch nur besonders effektiv mit diesen Geräten und den im Internet vorfindlichen Informationen umgehen würden, wie Sam Wineburg im Kontext eines Forschungsprojektes der Stanford University feststellte: „Let me suggest, then, that it is one thing to be a digital native and quite another to be digitally *intelligent*" (Wineburg 2016, 14, kursiv im Original). Aus diesem Spannungsverhältnis – der Allgegenwart digital codierter Informationen einerseits und der verbreiteten Hilflosigkeit der Lernenden im Umgang damit andererseits – erwachsen Herausforderungen (auch) für den Geschichtsunterricht. Zwar ist Marko Demantowsky und Hilke Günther-Arndt zuzustimmen, dass die Aufgaben der Geschichtsdidaktik damit keine kategoriale Veränderung erfahren und es keiner Subdisziplin „Digitale Geschichtsdidaktik"[2] bedarf, jedoch muss sie auf die gesellschaftlichen Veränderungen, die mit dem digitalen Wandel einhergehen, reagieren (vgl. Dematowsky 2015, 157f.; Günther-Arndt 2015e, 28).

Denn Marko Demantowsky hat natürlich Recht. Die Lebenswelt heutiger Lernender ist digital geprägt. Das macht die Rahmenbedingungen alltäglichen Handelns, Kommunizierens und auch Lernens tatsächlich „radikal anders" als zuvor. Für Schüler*innen des 21. Jahrhunderts ist das Internet kein „Neuland",[3] sondern eine Selbstverständlichkeit. Über mobile Endgeräte wie Smartphones und Tablets können die Lernenden jederzeit auf eine nicht zu überblickende Menge an Informationen zugreifen – wenngleich die Vorstellung, per Suchmaschine ließe sich schnell auf sämtliche der Menschheit bekannte Informationen zugreifen, ein Trugschluss ist (vgl. Haber 2013). Aber auch wenn (noch) nicht alle Bücher digitalisiert wurden, und auch wenn Suchmaschinen nur einen Teil des World Wide Web durchkämmen können und Bereich wie das Deep Web nicht berücksichtigen – Lernende sehen sich heutzutage kaum mit dem Problem konfrontiert, zu wenig Informationen zu einem Thema finden zu können. Vielmehr besteht das Problem, in einer Flut von Suchergebnissen zu ertrinken und entscheiden zu müssen, welchem Treffer man folgen möchte.

5.2 Digitalisierung als gesellschaftlicher Prozess

Digitalisierung bedeutet nicht nur, dass man bei Wikipedia statt im Brockhaus nachschlägt. Vielmehr handelt es sich um einen Prozess, der unsere Gesellschaft sowie die Art und Weise, wie wir leben, lernen und arbeiten, fundamental verändert. In diesem Abschnitt soll daher zunächst umrissen werden, warum und inwiefern Digitalisierung zu einem grundsätzlichen gesellschaftlichen Wandel beiträgt, weil aus diesem Wandel Herausforderungen auch für das historische Denken und Lernen entstehen. Diese werden dann in den folgenden Abschnitten erörtert.

„Es hat ganz den Anschein, als wenn der Begriff ‚Digitalisierung' sukzessive zu einem ‚Epochenbegriff' mutiert bzw. dabei ist, zu einem solchen zu werden. Ihm wird so viel Erklärungswert beigemessen, dass man von der Gegenwart und ihrer Vorgeschichte vom ‚Digitalen Zeitalter' sprechen kann" (Hohls 2018, A.1–1). Mit diesen Worten beschreibt der Berliner Historiker Rüdiger Hohls, u.a. Gründer des Fachinformationsdienstes H-Soz-Kult, unter Rückgriff auf Anselm Doering-Manteuffel und Lutz Raphael die gesellschaftstransformierende Wirkung der Digitalisierung. Ähnliche Worte findet sein Wiener Kollege Wolfgang Schmale: „Offenkundig hat sich das Gefühl, dass Digitalität epochemachende Veränderungen mit sich bringt, auf breiter Linie durchgesetzt" (Schmale 2017, [2]). Und selbst der Mainzer Historiker Andreas Rödder (2015, 15), zweifelsfrei ein eher konservativer Historiker, erkennt „empirische Anzeichen dafür, dass sie [die Digitalisierung] eine wirklich neue qualitative Dimension besitzt."

In einer Analyse der gesellschaftlichen Veränderungen, die mit dem digitalen Zeitalter einhergehen, beschreibt der Kulturwissenschaftler und Blogger Michael Seemann diese als eine Erfahrung des Kontrollverlustes, die dadurch entsteht, dass vertraute Handlungsroutinen in der digitalen Welt nicht mehr funktionieren, und zwar nicht zuletzt deshalb, weil die Zukunft selbst unberechenbar erscheint.[4] Seemann identifiziert drei Faktoren, die diesen Kontrollverlust vorantreiben. Der erste Faktor ist die „Verdatung der Welt" (ebd., 23). Unser Alltag ist durchzogen von einem Netz aus Sensoren und „Kontrollverlustapparaten", die unser Leben erleichtern, dabei aber auch permanent Daten über uns sammeln und weitergeben. Zu diesen Apparaten gehören nicht nur Smartphones, sondern zahlreiche weitere Geräte wie öffentliche Überwachungskameras, Spielkonsolen oder sogenannte Smart Speakers wie etwa „Amazon Echo" oder „Google Home". Über das „Internet der Dinge" werden Haushaltsgeräte, Autos und Kleidung zu vernetzten Datensammlern. Der zweite Faktor besteht in der Tatsache, dass es sich beim Internet um „eine riesige Kopiermaschine" (ebd., 26) handelt. Damit wird einerseits die Tatsache beschrieben, dass im Digitalen Original und Kopie identisch sind. Eine Kopie eines digitalen Fotos unterscheidet sich in keiner Hinsicht vom „Original". Im Gegensatz zur Fotokopie findet durch die digitale Kopie keine Veränderung statt, das Bild wird weder dunkler noch unschärfer oder ähnliches. Zum anderen verweist der Begriff der „Kopiermaschine" darauf, dass der Datenaustausch im Internet im Wesentlichen auf Kopieroperationen beruht. Emails z.B. werden, dem Sprachgebrauch zum Trotz, nicht eigentlich „verschickt“, sondern kopiert. „Das Internet ist ein Verbund aus universellen Turing-Maschinen, die alles digital Darstellbare verlustfrei und ohne größeren Aufwand, dezentral und mit exponentiell steigender Geschwindigkeit durch die Gegend kopieren“ (ebd. 55). Je mehr Kopien aber angefertigt werden, umso undurchsichtiger wird, wo diese hingelangen. Der dritte Faktor besteht in der mit steigender Rechnerleistung einhergehenden wachsenden Möglichkeit der intelligenten Verknüpfung unterschiedlicher Daten bis zur automatisierten Erstellung individueller Profile.

„Wir haben die Kontrolle über die Daten also auf dreifache Weise verloren: Wir wissen nicht mehr, welche Daten zu welcher Zeit erhoben werden können, weil die ganze Welt durch die allgegenwärtige Verbreitung von Sensoren digitalisiert wird. Wir bestimmen nicht selbst, was mit diesen Daten geschieht, wo sie gespeichert werden, wo sie hinkopiert werden, wer darauf Zugriff hat. Und wir können nicht ermessen, welche Dinge diese Daten potenziell aussagen. Kurz: Daten, von denen wir nicht wussten, dass es sie gibt, finden Wege, die nicht vorgesehen waren, und offenbaren Dinge, auf die wir nie gekommen wären.“ (ebd., 38)

Heutigen Lernenden erscheinen diese Zustände in aller Regel nicht als problematisch, sondern als eine Selbstverständlichkeit. Die digitale Transformation des Alltags ist so weit vorangeschritten, dass ein Geschichtsunterricht, der sich bezüglich seiner Inhalte beinahe ausschließlich auf analoge Zeiten bezieht, auch in dieser Hinsicht profunde Alteritätserfahrungen bei den Lernenden hervorruft – oder zumindest hervorrufen kann, sofern die Unterschiede von digitalem und analogem Zeitalter denn zum expliziten Gegenstand historischer Reflexion gemacht werden. Die Digitalisierung der Gesellschaft betrifft den Geschichtsunterricht aber nicht nur in der Weise, dass dieser eine analoge und damit radikal andere, für heutige Lernenden bisweilen nur schwer vorstellbare Zeit thematisiert, sondern auch bezüglich der im Geschichtsunterricht nötigen Arbeitsweisen und der darauf bezogenen Aufgabenkultur.

Seemann beschreibt die Veränderungen des digitalen Zeitalters primär aus gesellschaftspolitischer Perspektive. Es geht ihm um die Frage, wie sich Möglichkeiten der Partizipation verändern, wie staatliche Institutionen an Macht und Bedeutung verlieren, wie sich Geheimdienste sukzessive vom Staat entkoppeln, wie Privatsphäre Stück um Stück abgebaut wird. Die vorgeschlagenen „Regeln für das Neue Spiel“

(vgl. ebd. 153 ff.) überzeugen weniger, laufen sie doch im Wesentlichen darauf hinaus, sich im Sinne einer „Post-Privacy" (ebd., 175) mit dem völligen Verlust der Privatheit nicht nur abzufinden, sondern diesen sogar offensiv zu betreiben. Die Problembeschreibung ist aber ausgesprochen instruktiv und birgt Anregungspotenzial für den zweiten gerade genannten Bezug zum Geschichtsunterricht. Das liegt unter anderem daran, dass Seemann als medientheoretische Konsequenz aus den drei beschriebenen „Treiber[n] des Kontrollverlustes" (ebd., 15) eine weitere Kontrollverschiebung identifiziert, die sich auf Mechanismen der Informationsbeschaffung und damit auf Lernen bezieht. Die Strukturierung der Daten im Internet, so Seemann, erfolgt nicht auf hierarchische Weise wie in Bibliothekskatalogen, sondern in Tabellen. Diese werden mittels einer speziellen Sprache, der SQL („Structured Query Language"), durchsucht. Diese liegt auch heutigen Suchmaschinen wie Google zugrunde. In der Abfrage der Informationen im Internet, der sogenannten Query, sieht Seemann nun einen Paradigmenwechsel. Im analogen Zeitalter sei die Struktur der Informationen durch diejenigen vorgegeben gewesen, die sie aufschrieben und organisierten. Um Informationen zu finden, habe man sich mit einer vorgegebenen Struktur vertraut machen müssen – etwa, indem man die Signatursystematik einer Bibliothek studierte. Dies sei im digitalen Zeitalter nun anders:

„Mit SQL löste sich der Prozess des Abfragens ein großes Stück weit vom Prozess des Speicherns, das machte das Prinzip revolutionär. Was seither mit einer Datenbank möglich ist, wird immer weniger bestimmt von der Ordnung derjenigen, die die Datenbank installieren, strukturieren und befüllen, sondern vor allem von denen, die sie abfragen. Und genau hier – im Moment der Abfrage – findet sich der Urgrund des Kontrollverlustes. Hier kippt die Kontrolle der Ordnung aus den Händen der Schreiberinnen, Sender, Archivarinnen und Gatekeeper in die Hände der Abfragerinnen. Das bedeutet: Wir haben es nicht mit einem neuen Aufschreibesystem zu tun, sondern mit dem Ende der Aufschreibesysteme. Es heißt nicht, dass die Aufschreibesysteme weg sind oder nichts mehr aufgeschrieben wird. Im Gegenteil. Alles wird aufgeschrieben. Aber das bestimmende Moment der Informationsstrukturierung findet nicht mehr beim Aufschreiben statt, sondern bei der Abfrage." (Ebd., 59)

Das bedeutet nicht, dass sich deshalb Utopien des Internets als informationeller Demokratisierungsmotor verwirklichen müssen, welcher Zugangsbarrieren zu Wissen gewissermaßen von selbst abbaut (kritisch dazu z.B. Groebner 2013). Es bedeutet aber sehr wohl, dass die Fähigkeit, bewusste und zielführende Suchanfragen zu stellen, eine Schlüsselfähigkeit des digitalen Zeitalters darstellt. Da das Suchen einen entscheidenden Aspekt der Heuristik als Ausgangspunkt des historischen Erkenntnisprozesses darstellt, ist diese Fähigkeit von hoher Bedeutung für das historische Lernen und für die Teilhabe an der Geschichtskultur (vgl. Hodel 2016, 155).

5.3 Reflektiertes Suchen als Teil der Heuristik

Jan Hodel (2016) hat untersucht, welche Suchstrategien Lernende anwenden, wenn sie im Internet nach Informationen für einen schulischen Rechercheauftrag suchen. Dabei konnte er beobachten, dass Spezifika der Kommunikationssituation Unterricht sich der Recherchepraxis der Lernenden überstülpen. Den Schüler*innen in Hodels Sample ging es in erster Linie darum, ihren „Schülerjob" (Breidenstein 2006) möglichst schnell und effizient zu erledigen. Das Ergebnis ihrer Recherchen präsentierten sie häufig in Form einer „narrativen Bricolage", einer in der Regel ohne explizite inhaltliche oder formale Auswahlkriterien zusammengestellten Kompilation kopierter Textfragmente (vgl. Hodel 2015). Um zu diesen Textcollagen zu gelangen, waren die Lernenden auf der Suche nach Informationen, die bekannte Vorstellungen und Konzepte bestätigten oder um Einzelinformationen vervollständigten, nicht nach solchen, die diese infrage stellten (vgl. Hodel 2016, 162; für einen ähnlichen Befund für das Textverstehen siehe Köster 2013). Bei diesen Strategien handelte es sich darüber hinaus in beinahe allen Fällen um implizite Strategien, also nicht um bewusst angewandte Verfahren (vgl. Hodel 2016, 161). Hodel deutet seine Befunde als ein Ergebnis unterrichtlicher Praxis. Im Geschichtsunterricht lernten Schüler*innen, „Unterrichtsmaterialien zur Zusammenfügung narrativer Fragmente zu einem Unterrichtsnarrativ zu verwenden" (ebd., 166). Die Lernenden nutzen „die digitalen Netzmedien wie ein großes Schulbuch, das ihnen die fertigen Deutungen gebrauchsfertig liefert", und zwar nicht zuletzt deshalb, weil es ihnen „schlicht an den Voraussetzungen [fehlt], zu erkennen, warum ‚andere' als die nahe liegenden Ergebnisse interessant sein könnten, und wie man diese finden, erkennen oder in andere Kontexte stellen kann" (ebd.).

Hodels Befunde verweisen auf mehrere miteinander zusammenhängende Problemkreise historischen Lernens, die nicht auf den Bereich des Digitalen beschränkt sind, dort aber in besonderer Weise offensichtlich werden. Zunächst einmal bestätigen Hodels Befunde die der bereits mehrfach erwähnten Theorie des Geschichtsunterrichts zugrunde liegende Prämisse, dass es sich beim Geschichtsunterricht um eine spezielle Kommunikationsform handelt, bei der Spezifika historischen Denkens mit Spezifika institutionalisierten Lernens interagieren. Wie Hodel zeigt, geht es Lernenden bei der Recherche im Internet häufig nicht primär darum, die Weiten des Netzes zu erkunden, kontroverse Positionen vergleichend abzuwägen und sich an geschichtskulturellen Diskursen zu beteiligen, sondern in erster Linie darum, den an sie gerichteten Auftrag möglichst effizient zu erfüllen. In ganz ähnlicher Weise beobachtete Bettina Alavi (2015, 13) bei Lernenden, die mit pädagogischer Lernsoftware arbeiteten, dass diese „nur genau das machen, was von ihnen explizit gefordert wird und was minimal zur Lösung ausreicht." Auch und möglicherweise gerade bei Rechercheaufträgen im Internet ist es daher wichtig, bei der Aufgabenkonstruktion die Anforderungen an die Lernenden explizit und transparent zu machen. In den Kapiteln zu Lernaufgabenqualität, zu Aufgabenkultur und zum Zusammenhang von Sprache und Aufgaben wurden bereits Überlegungen zu diesem Aspekt angestellt, sodass diese hier nicht wiederholt werden müssen.[5]

Dass Lernende versuchen, „die Komplexität bei der Informationssuche zu vermindern" (Hodel 2016, 161), ist also einerseits darauf zurückzuführen, dass diese Informationssuche in einen schulischen Kontext eingebettet ist. Sie ergibt sich aber auch daraus, dass Schüler*innen häufig keine expliziten Suchstrategien zur Verfügung haben. Hier greifen seinerseits unterschiedliche Aspekte ineinander. Lernende wissen nicht, *wie* sie suchen sollen, weil sie nicht wissen, *was* und *wo* sie suchen sollen. Das kann gleichermaßen ein Ergebnis unklar formulierter Aufgaben wie fehlender Einsicht in die Perspektivität historischer Darstellungen sein. Beides führt dazu, dass Suchbegriffe oder -phrasen in eine Suchmaschine (in aller Regel Google) eingegeben werden, direkt bei Wikipedia nach einem Begriff gesucht (vgl. Hodel 2016) oder YouTube als Informationsmedium genutzt wird.[6] Arbeitsaufträge wie „Schaut mal, was ihr im Internet zur Französischen Revolution findet und macht mal zu zweit daraus eine Powerpoint-Präsentation" (Demantowsky 2015, 154) sind so formuliert, dass eine „narrative Bricolage" (Hodel 2016) aus den ersten Treffern der Google-Abfrage ein beinahe unvermeidliches Ergebnis ist. Lernende sehen aber mitunter nicht nur deshalb keine Veranlassung, darüber hinausgehende Suchstrategien anzuwenden, weil sie auch mit diesen einfachen Mitteln dem an sie gestellten Auftrag gerecht werden, sondern auch deshalb, weil ihnen entweder nicht klar ist, dass Geschichte eine narrative Konstruktion ist und unterschiedliche historische Darstellungen daher unterschiedlich triftig sind, oder weil sie nicht wissen, wie sie diese Triftigkeit beurteilen sollen. Alle drei Gründe – unklarer Arbeitsauftrag, fehlendes Bewusstsein für den Konstruktcharakter von Geschichte, fehlende Kompetenz zur Triftigkeitsprüfung und zur digitalen Quellenkritik – führen dazu, dass die ersten Treffer der Ergebnisliste als plausibelstes Angebot erscheinen müssen. Oft wissen die Lernenden nach Bearbeitung einer Aufgabe gar nicht, welche Seiten sie überhaupt verwendet haben (vgl. Bernsen 2016).

Hodel (2016, 166) verweist in diesem Zusammenhang auf den von Eli Pariser (2011) etablierten Begriff der *Filter Bubble*. Die Suchergebnisse, die ein Internetuser angezeigt bekommt, sind personalisiert und hängen unter anderem von der Such-Historie, dem geographischen Standort und weiteren, mehrheitlich unbekannten Faktoren ab. Mit dem Begriff der Filterblase verweist Pariser auf die von ihm wahrgenommene Gefahr, dass über personalisierte Suchen, aber auch über die algorithmusgesteuerte Anzeigereihenfolge von Posts bei sozialen Netzwerken wie Facebook eine Tendenz zur Bestätigung der eigenen Meinung bei gleichzeitiger Zensur von Gegenpositionen eintrete. Aber selbst ohne diese eher skeptische Perspektive auf das Internet als Echokammer, die lediglich die eigenen Überzeugungen verstärkt,[7] muss festgehalten werden, dass eine Suche per Google zuallererst diejenigen Treffer anzeigt, die von anderen Menschen bereits als nützlich empfunden wurden. Das liegt unter anderem am PageRank, einem Algorithmus, der die Bedeutung einer Website einschätzt. Wie der PageRank genau funktioniert, ist unbekannt. Ein wichtiger Faktor ist aber die Frage, wie viele andere Seiten auf diese Seite verlinken. Damit entscheidet nicht die inhaltliche Qualität einer Seite über ihre Positionierung in den Suchergebnissen, sondern Faktoren wie ihre Bekanntheit, die finanziellen Möglichkeiten der Website – Backlinks können auch gekauft werden – und statistische Eigenschaften der Seite.[8] Aus diesem Grund tendieren Suchanfragen im Internet „zur Verstärkung bereits etablierter Erkenntnisse und von vielen Menschen bevorzugter Informationen" (Hodel 2016, 167). Geht man davon aus, dass diese bevorzugten Informationen verbreiteten historischen Alltagstheorien und Schüler*innenvorstellungen entsprechen, dann verstärken die technischen Voraussetzungen einer Suche mit Google (oder seinen Konkurrenten[9]) die von der geschichtsdidaktischen Empirie belegte Tendenz Lernender, vor allem diejenigen Informationen anzunehmen, die mit ihren vorhandenen Vorstellungen passfähig sind (vgl. Zülsdorf-Kersting 2007; Köster 2013). In Kombination mit der Tatsache, dass aufgrund der Aufgabenformulierung oder der fehlenden Einsicht in die Perspektivität historischer Darstellungen die Notwendigkeit des Vergleiches unterschiedlicher Angebote von den Lernenden nicht empfunden wird, kann die alltägliche Praxis des schnellen Googlens also womöglich zur Verfestigung historischer Klischees und Alltagstheorien beitragen.

Google-Suchen als Verstärker problematischer Alltagstheorien

Bei meiner Google-Suche unter dem Suchbegriff „Hexenverfolgung" erscheint als vierter Treffer diese an Kinder gerichtete Website, die die Hexenverfolgung nicht als frühneuzeitliches Phänomen darstellt, sondern Klischees vom „finsteren Mittelalter" bestätigt. Zwar wird auf der verlinkten Website erwähnt, dass der Höhepunkt der Hexenverfolgung am Ende des 16. Jahrhunderts gewesen sei, ohne entsprechendes Hintergrundwissen entsteht aber der Eindruck, dieses sei Teil des Mittelalters.

www.geo.de › Geolino › Wissen ▾

Hexenverfolgung im Mittelalter - [GEOLINO]

Das Mittelalter war die Zeit der **Hexenverfolgung**. Jeder konnte in Verdacht geraten eine Hexe zu sein. Zehntausende wurden wegen Hexerei zum Tode ...

Hier können historische Lernaufgaben ansetzen, indem sie einerseits genau definieren, welche Art von Rechercheleistung von den Schüler*innen erwartet wird. Andererseits sollten sie zum expliziten Vergleich unterschiedlicher Angebote und Seiten im Internet auffordern (siehe Kapitel 5.4) und so eine Einsicht in die Perspektivität und Standortgebundenheit historischer Darstellungen ebenso befördern wie ein Verständnis für die Bedeutung von Triftigkeitsprüfungen. Darüber hinaus sollten die Lernenden mit den Spezifika und Grenzen der üblichen ersten Anlaufstellen, nämlich Wikipedia und Google, vertraut gemacht werden und effektive Such-, Bewertungs- und Auswahlstrategien kennenlernen (vgl. Schenk u.a. 2014; Bernsen 2017).[10] Dazu kann z.B. auch ein Vergleich der Ergebnisse, die mit unterschiedlichen Suchmaschinen erzielt werden, gehören. Hier können Lernaufgaben jedoch nicht für sich allein stehen. Vielmehr müssen sie eingebunden werden in Unterrichtssequenzen zur Förderung historischer Gattungskompetenz (vgl. Pandel 2007, 27–31) unter Berücksichtigung historischer Medienbildung (vgl. Bernsen/Kerber 2017; Kerber 2017). Zu diesen können Lernaufgaben ihrerseits einen Beitrag leisten (siehe Kapitel 5.5).

5.4 Vergleich und Bewertung historischer Angebote im Netz

Lernaufgaben können zu einem reflektierten Umgang mit der Präsentation von Geschichte beitragen, indem sie die Lernenden zum Vergleich und zur Beurteilung unterschiedlicher geschichtskultureller Angebote im Internet auffordern. Heutige Schüler*innen gehören zur Generation der *digital natives*. „In praktisch allen Familien sind im Jahr 2018 Smartphones, Computer/Laptop und Internetzugang vorhanden" (mpfs 2018, 74), wie die aktuelle JIM-Studie feststellt, und auch weitere Smart Devices sind weit verbreitet. Trotz des rasanten technischen Wandels in diesem Zeitraum sind die Nutzungsmotive, aus denen sich Jugendliche verschiedenen Medien zuwenden, in den letzten 20 Jahren aber auffällig stabil geblieben (vgl. ebd., 77 f.). Und auch die optimistische Annahme, das Aufwachsen mit digitaler Technologie würde bei Jugendlichen mehr oder weniger automatisch zu einem selbstbewussten, kritischen und reflektierten Umgang mit der Vielfalt medialer Angebote führen, hat sich nicht bestätigt. Die Beurteilung der Qualität und Seriosität unterschiedlicher Websites fällt auch *digital natives* nicht leicht.

Aus der Perspektive historischen Lernens bzw. der *civic education* untersuchte eine Forschungsgruppe der Standford University um Sam Wineburg, welche Strategien Studierende, Historiker*innen und professionelle Faktenprüfer*innen bei der Beurteilung von Websites anwenden (vgl. Wineburg/McGrew 2017). Die Studierenden der amerikanischen Eliteuniversität verfügten über keine effektiven Strategien zur Beurteilung der Webangebote und klickten ziellos auf den Seiten hin und her. Die Geschichtswissenschaftler*innen ließen sich entweder von vermeintlich seriösen Logos, .org-Domains oder „Wissenschaftssignalen" wie Fußnoten und Abstracts in die Irre führen, oder sie verzettelten sich auf der Suche nach Quellen für bestimmte Aussagen. Wineburg und Kolleg*innen kommen daher zu dem Schluss, dass die klassischen quellenkritischen Verfahren der Geschichtswissenschaft bei der Beurteilung von Websites nur eingeschränkt nützlich sind – zumindest dann, wenn es darum geht, mit wenigen Klicks einen Eindruck von einem Webangebot zu bekommen. Den professionellen Faktenprüfer*innen bereitete die Beurteilung der Websites dagegen keine Probleme. Diese demonstrierten zwei besonders effektive Verhaltensweisen, die Wineburg und McGrew als *lateral reading* und als *click restraint* bezeichnen. *Lateral reading* lässt sich mit „Querlesen" übersetzen, aber diese Übersetzung führt in die Irre. Gemeint ist nämlich nicht das schnelle Überfliegen eines Textes, sondern die Praxis, mehrere Tabs des Browsers gleichzeitig geöffnet zu haben und zwischen diesen hin und her zu wechseln. Anders als die Historiker*innen, die lange Zeit auf der zu prüfenden Website verbrachten und die Qualität der Darstellung webseitenimmanent zu prüfen versuchten, öffneten die *fact checkers* schon nach wenigen Augenblicken weitere Tabs, um nach den Betreibern der Seite, nach erwähnten Personen und Organisationen etc. zu suchen. Bei dieser Suche wiederum wandten sie *click restraint* („Klick-Zurückhaltung") an. Diese zeichnet sich dadurch aus, dass die Internetprofis im Gegensatz zu den Studierenden nicht sofort auf alle möglichen Links und Suchtreffer klickten, sondern zunächst den kurzen Vorschautext der Suchmaschine nutzten, um sich einen Eindruck davon zu verschaffen, wohin dieser Link führt. Wineburg und Kolleg*innen empfehlen die beiden genannten Strategien in Kombination mit einer dritten – *taking bearings* (sich einen Überblick über die Website verschaffen) – als zu vermittelnde Strategien für den Geschichtsunterricht. Sie betrachten diese Strategien als Alternative zu den in den USA im Kontext der *media literacy* häufig vorgeschlagenen Checklisten für Websites,[11] die zwei zentrale Nachteile aufwiesen: Zum einen sei es umständlich und zeitaufwändig, sich durch die Listen zu arbeiten. Zum anderen zielten diese Listen häufig auf Aspekte, die leicht zu manipulieren seien und keineswegs Seriosität garantierten. „Even if we set aside the concern that students (and the rest of us) lack the patience to spend fifteen minutes answering questions about a single site, a bigger problem remains: designating an author, throwing together a reference list, and making sure a site is free of typos doesn't confer credibility" (ebd., 45).

Solche Strategien müssen im Geschichtsunterricht zum Gegenstand expliziter Diskussion und Reflexion gemacht werden, wenn man hofft und erwartet, dass Schüler*innen diese tatsächlich anwenden. Lernaufgaben können dies nicht allein leisten. Sind diese Strategien den Lernenden aber bekannt, so können sie in Lern- und Übungsaufgaben eingefordert werden. Über das bereits erwähnte Prinzip der doppelten Operationalisierung kann dies umgesetzt werden, indem die Lernenden nicht bloß zur Analyse einer Website aufgefordert werden, sondern darüber hinaus instruiert werden, parallel zur Analyse auch Recherchen zur Website und ihren Betreibern, zum Autor oder zur Autorin des Artikels, zur Ausrichtung und Zielsetzung des Webangebots usw. anzustellen und dabei immer wieder die Informationen *auf* *der* Website mit den Informationen *über die* Website abzugleichen (vgl. die Beispielaufgabe in Kapitel 6.2). So können die Lernenden mittels Aufgaben zum lateralen Lesen angeleitet werden. Dies kann flankiert werden mit Teilaufgaben, die Lernende zur Klick-Zurückhaltung bringen, indem etwa verlangt wird, dass die Auswahl jeder zusätzlich hinzugezogenen Seite stichwortartig begründet wird. Derartige Teilaufgaben veranlassen die Lernenden dazu, Suchergebnissen nicht beliebig zu folgen, sondern sich zunächst einen Überblick über die Trefferliste zu verschaffen (eine zweite Variante von *taking bearings*) und eine bewusste und reflektierte Auswahl zu treffen.

Verfahren wie das laterale Lesen sind auf die Spezifika der Präsentation von Geschichte im Internet (z.B. das sogenannte *Astroturfing*, also die Praxis von Interessengruppen, sich als Graswurzelbewegung zu inszenieren[12]) und auf die Möglichkeiten des Arbeitens mit einem Webbrowser (vergleichendes, paralleles Lesen in mehreren Tabs) ausgerichtete Strategien, die sich aber nicht prinzipiell von den Arbeitsweisen der Geschichtswissenschaft und des Geschichtsunterrichts unterscheiden. Bei der Prüfung von Webseiten historischen Inhalts geht es um innere und äußere Quellenkritik bzw. um die Analyse oder De-Konstruktion historischer Darstellungen. Auch wenn es sich dabei nicht um kategorial neue Herausforderungen im historischen Erkenntnisprozess handelt, stellen sich diese im digitalen Zeitalter doch auf eine andere Weise. Schließlich eröffnen sich der Geschichtswissenschaft im digitalen Zeitalter nicht nur neue Quellengattungen und neue Methoden der Quelleninterpretation, vor allem in Bezug auf Massendaten. Vielmehr hat der digitale Wandel auch Auswirkungen auf bisherige Quellenkonzepte. Konzepte von Original und Kopie müssen überdacht werden, wenn die digitale Kopie mit dem digitalen Original zu einhundert Prozent identisch ist. Das gilt vor allem für sogenannte *digital born* Quellen, also solche, die keine Digitalisate analoger Quellen sind, sondern bei denen auch das Original digital ist. Möglichkeiten der Quellenmanipulation sind bei digitalen und digitalisierten Quellen nahezu unbegrenzt und mitunter kaum nachweisbar. Umso wichtiger ist es, auch hier mit Lern- und Übungsaufgaben anzusetzen, die die Lernenden für diese Tatsache sensibilisieren. Einen lebensweltlichen Einstieg können sogenannte Photoshop Fails bieten. Dabei handelt es sich um Fotografien, häufig aus dem Kontext der Werbe- oder Zeitschriften-Fotografie, die nachlässig digital nachbereitet wurden, sodass nun z.B. plötzlich Menschen mit drei Armen zu sehen sind, weil eine Person unvollständig aus dem Foto herausretuschiert wurde. Die über derartige Bildpannen zu erzielende Erkenntnis, dass wir täglich mit digital manipulierten Bildern konfrontiert werden, kann dann in mehrfacher Hinsicht aufgabenbasiert auf historische Zusammenhänge übertragen werden. Zum einen können hier historische Beispiele der Retusche und Fälschung (vgl. Stiftung Haus der Geschichte 2003) analysiert werden. Zum anderen soll aber natürlich vor allem für die Verbreitung manipulierter und gefälschter Quellen im Internet sensibilisiert werden. Dies kann einerseits geschehen, indem die Lernenden selbst eine digitale oder digitalisierte Quelle manipulieren, indem sie zum Beispiel die Aussage eines Wahlplakates in ihr Gegenteil verkehren. Andererseits sollten aber auch Vergleiche manipulierter (oder durch den beschreibenden Text falsch eingeordneter, z.B. falsch datierter) und nicht manipulierter Quellen angestellt und mit Überlegungen zu der Frage verbunden werden, wie sich Manipulationen erkennen oder vermuten lassen. Eine Variation dazu besteht in der Analyse erfundener, veränderter oder falsch zugeordneter Zitate historischer Persönlichkeiten, wie sie in den sozialen Medien häufig (meist als Kombination aus Porträt und vermeintlichem Zitat) verwendet werden. In jedem Fall sollten Aufgaben und Unterrichtseinheiten, die auf digitale Quellenkritik abzielen, auch Hinweise darauf enthalten, wo die Lernenden Zugang zu geprüften Quellen erlangen. In den letzten Jahren haben mehrere Institutionen aufwendige Digitalisierungs- und Editionsprojekte betrieben, sodass Schüler*innen und Studierende heute Zugriff auf digitale Quellensammlungen haben, die wissenschaftlichen Standards entsprechen (vgl. Pfanzelter 2017; John 2018). Die Recherche in den Datenbanken derartiger Institutionen sollte als Alternative zur unsystematischen Suche per Google als Element der Heuristik vermittelt werden.[13]

5.5 Exkurs: Historisches Lernen und Medienkompetenz

Nicht nur in den USA, sondern auch in Deutschland sind Überlegungen zur Rolle digitaler Medien und Geräte im Geschichtsunterricht häufig eingebettet in Diskurse um *media literacy* oder Medienkompetenz bzw. Medienbildung. Bezogen auf das historische Lernen definiert Ulf Kerber (2017, 52) diese folgendermaßen:

„Historische Medienbildung ist ein auf die Gegenwart bezogenes kritisch-reflexives und lebenswirkliches Nachdenken über die Entwicklung medialen Handelns und medialer Wirkungen aus historischer Perspektive mit Einfluss auf die historische Sach-, Methoden- und Orientierungskompetenz

eines Lernenden. Durch Fähigkeiten und Fertigkeiten, die durch die Analyse, Reflexion und Interpretation von Medien in ihrer historischen Gewordenheit entstehen, wird Raum gegeben für ein Bewusstsein über medialen Wandel und mediale Kontinuität, das dazu anregt, eigene Konzepte zur sinnvollen Mediennutzung und zu förderlichem Medienhandeln im Umgang mit Historizität zu entwickeln."

Dieser Band ist nicht der Ort, um den Diskurs um Medienbildung und die Rolle des Geschichtsunterrichts darin nachzuzeichnen oder die theoretischen und terminologischen Unschärfen einiger Beiträge zu diesem Diskurs zu diskutieren.[14] Wichtiger erscheint, die Sensibilisierungen und Impulse für die Geschichtsdidaktik und den Geschichtsunterricht aufzugreifen, die dieser bereithält. Hier lassen sich vier unterschiedliche, ineinandergreifende, in der Diskussion aber stärker als bislang analytisch zu trennende Aspekte unterscheiden, die sowohl die Prozess- wie die Zielebene einer historischen Medienbildung betreffen:

1. die Analyse aktueller Medien der Geschichtskultur im Geschichtsunterricht und die Sensibilisierung der Lernenden für diese;
2. Quellen und Darstellungen als Medien der Konstruktion von Geschichte und, eng damit verwandt,
3. die Rolle von Medien bei der Konstruktion von Wirklichkeit;
4. Mediengeschichte und Gattungsgeschichte als Gegenstand historischen Lernens.

Lernaufgaben können bei der Umsetzung aller vier Bereiche unterstützend wirken. So handelt es sich bei der Analyse geschichtskultureller Darstellungen mittlerweile um ein etabliertes Feld historischen Lernens, das in den vorherigen Kapiteln bereits intensiv diskutiert wurde, z.B. im Kontext des Gütekriteriums *Analyse und Synthese als komplementäre Denkbewegungen* (vgl. Kapitel 2.2.2). Ein Ziel historischen Lernens, das über diese komplementären Denkbewegungen erreicht werden soll, ist die Einsicht der Lernenden in den Konstruktcharakter von Geschichte sowie in den Unterschied von Vergangenheit und Geschichte. Wie im Laufe dieses Bandes immer wieder erwähnt wurde, liegt diesem die theoretische Prämisse zugrunde, dass es sich bei Geschichte um eine Konstruktion im Modus der Narration handelt, also um eine in der Gegenwart verfasste, auf die Vergangenheit bezogene und gegenwärtigen Interessen folgende Erzählung. Inwiefern es sich beim historischen Erzählen im Internet um einen eigenen, strukturell von anderen zu unterscheidenden Typus historischen Erzählens handelt, ist umstritten. So spricht der Zeithistoriker Jakob Krameritsch (2009) in diesem Zusammenhang etwa vom Typus des situativen Erzählens,[15] der aufgrund der Hypertextstruktur weniger strukturiert und hierarchisch sei als frühere Erzählformen und sich stattdessen durch eine eher assoziative Verknüpfung unterschiedlicher Elemente auszeichne.[16] Andere Erzähltheoretiker*innen betonen die Immersivität und Interaktivität historischen Erzählens im Digitalen (vgl. Rigney 2013, 196). In jedem Fall gilt, dass eine faktuale (also nicht fiktionale) historische Erzählung keine reine Erfindung ist. Vielmehr beruht sie auf der synthetischen Verknüpfung von Informationen und Einsichten, die durch Quelleninterpretation gewonnen wurden, sowie auf der Analyse bereits vorliegender Narrationen. Synthetische und analytische Denkakte beziehen sich also immer auf spezifische Medien, deren mediale Spezifika sie berücksichtigen müssen, und sie resultieren in Narrationen, die ihrerseits eine spezifische mediale Form haben (vom mündlichen Unterrichtsbeitrag über fiktionale Schüler*innentexte bis zur Bearbeitung eines bestehenden Wikipedia-Artikels). Unterschiedliche Medien produzieren unterschiedliche Weisen historischen Erzählens (vgl. ebd., 196–198). Damit verweist dieser Aspekt der historischen Medienbildung ebenso auf das Kriterium der *Prozess- und Produktorientierung* von Lernaufgaben.

Die Überlegungen gehen aber noch darüber hinaus. Ein zentrales Ziel historischer Medienbildung besteht darin, Lernende für die Rolle von Medien bei der Konstruktion von Wirklichkeit in der Vergangenheit ebenso wie in der Gegenwart zu sensibilisieren. Damit wird ein Aspekt aufgegriffen und ausgeweitet, den die Geschichtsdidaktik bislang vor allem im Kontext der Visual History (vgl. Paul (Hg.) 2006) diskutiert hat, nämlich die Tatsache, dass Medien vergangene und gegenwärtige Wirklichkeit nicht nur dokumentieren, sondern diese auch beeinflussen. Medien schaffen und verändern Realität, indem sie unsere Wahrnehmung der Welt beeinflussen und filtern, indem sie gesellschaftliche Diskurse eröffnen, kanalisieren und prägen, indem sie kulturelle und soziale Praktiken ermöglichen und verändern. Sie tun das nicht nur heute, sondern haben es auch früher schon getan – man denke etwa an die Bedeutung der Bilder der Bombenabwürfe über Hiroshima und Nagasaki als Drohgeste der USA gegenüber der Sowjetunion (vgl. Paul 2006). In ähnlicher Form spricht der Zeit- und Medienhistoriker Frank Bösch von „Medienereignissen“, um darauf hinzuweisen, dass erst die mediale Verbreitung, Deutung und Diskussion aus einer Handlung ein Ereignis macht.

Beispielaufgabe: Die wirklichkeitskonstitutive Funktion von Medien

Christoph Hamann schlägt in der Zeitschrift „Praxis Geschichte" eine Aufgabe vor, die auf die Eigenschaft von Fotografien, historische Wirklichkeit zu schaffen, verweist. Die Lernenden sollen das Foto des von der RAF entführten Hanns Martin Schleyer untersuchen.

Polaroid-Aufnahme der linksterroristischen Roten Armee Fraktion (RAF) von Hanns Martin Schleyer (1915 – 1977) vom 6.9.1977

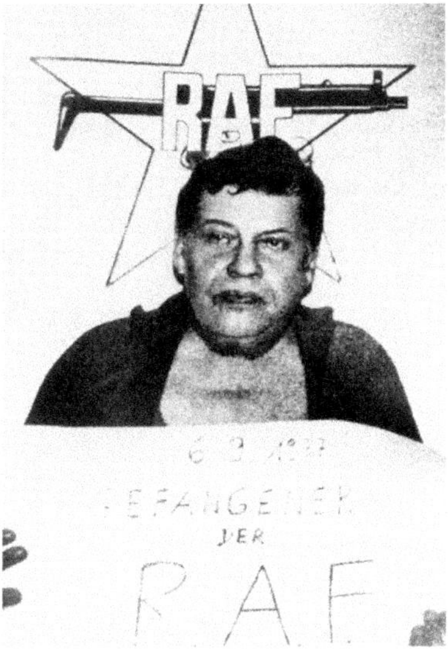

Foto: unbekannt

1. Äußern Sie Ihre Gedanken, Beobachtungen, Vermutungen zu der Fotografie M1.
2. Informieren Sie sich über den „Deutschen Herbst" (M3).
3. Recherchieren Sie dazu ergänzend im Internet unter: http://www.bpb.de/geschichte/deutsche-geschichte/geschichte-der-raf/(Zugriff am 18.6.2013); http://www.swr.de/archiv/nachrichten/deutscher-herbst/-/id=2070672/vj6pq7/(Zugriff am 18.6.2013).
4. Formulieren Sie eine Bildlegende zu M1. Vergleichen und diskutieren Sie, welche Sie für geeignet halten.
5. Bewerten Sie das Vorgehen der RAF.
6. Wahlaufgabe: Vergleichen Sie das Schleyer-Foto (M1) mit dem Foto von 1933 (M2). Bewerten Sie die Nutzung des Bildtyps durch die RAF auf Basis dieser ikonografischen Tradition.

Aus: Christoph Hamann: Der Bildakt. Die Entführung und Ermordung des Arbeitgeberpräsidenten Hanns Martin Schleyer durch die Rote Armee Fraktion 1977. In: Praxis Geschichte 26 (2013), H. 5, 50f.

Bereits der Titel des Artikels verweist darauf, dass die Aufgabe beim Konzept eines „Bildaktes" (Horst Bredekamp) ansetzten möchte, bei der Idee also, dass bestimmte Taten vor allem deshalb unternommen werden, um Bilder zu produzieren, die dann Wirkung entfalten sollen. Der „Bildakt" beschreibt die Tatsache, dass Medien Dinge nicht nur darstellen, sondern durch ihre Art der Darstellung Wahrnehmungen und Realitäten formen (in diesem Fall etwa durch das Anknüpfen an visuelle Kontexte wie das Prangerbild oder die erkennungsdienstliche Kombination aus Mensch und Bildtafel). Dieser Aspekt wird in den didaktischen Überlegungen Hamanns zur Aufgabe betont, wird im Aufgabentext aber nur in der fakultativen Wahlaufgabe umgesetzt. Die übrigen Aufgaben bleiben in ihrer Formulierung dagegen etwas unspezifisch. Aufgaben, die den Wirkungsaspekt von Medien noch stärker fokussieren, könnten z. B. lauten:

1. *Diskutiert, warum die RAF das Foto so inszeniert hat, wie ihr es hier seht. Welche Absicht könnte sie damit verfolgt haben?*
2. *Beurteilt, warum die RAF der Öffentlichkeit überhaupt Fotos des Entführten gezeigt hat. Erörtert außerdem, ob andere Medien (ein Brief des entführten Schleyer, ein Telefonanruf, eine Filmaufnahme des Entführten) zu einem anderen Ergebnis geführt hätten.*
3. *Inszeniert ein Rollenspiel: Die Redaktion der Süddeutschen Zeitung diskutiert im Herbst 1977 darüber, ob sie das Foto Schleyers in ihrer nächsten Ausgabe drucken soll.*

Ulf Kerber diskutiert diesen Gesichtspunkt vor allem hinsichtlich des manipulativen Mediengebrauchs, der Propaganda und bewussten Einflussnahme (vgl. Kerber 2017, 66–69). Dieser Aspekt ist wichtig und gehört unbedingt zum historischen Lernen, jedoch erschöpft sich die realitätskonstitutive Funktion unterschiedlicher medialer Gattungen nicht darin. Medien schaffen Wirklichkeit nicht nur im Modus der Manipulation. Vielmehr tragen sie stets zur Konstruktion von Wirklichkeit bei, schon deshalb, weil es Medien sind, die den prinzipiell geschlossenen psychischen Systemen (vgl. die Erläuterungen in Kapitel 1) erlauben, auf Welt zuzugreifen (vgl. Schmidt 1999; Lahmer-Gebauer 2018). Medien beeinflussen den Gang der Dinge also in der Gegenwart ebenso wie in der Vergangenheit. Sie tun dies in gattungsspezifischer Weise. Die jeweilige Ausprägung einer Gattung sowie die Frage, welche Gattung besonders beliebt und einflussreich ist, unterscheiden sich aber in unterschiedlichen Epochen. Deshalb gehört zu einer historischen Medienbildung auch ein Lernen über Medien- und Gattungsgeschichte, also nicht nur die Frage, *wieso* Medien Wirklichkeit konstruieren, sondern ebenso die Frage, *welche* Medien zu unterschiedlichen Zeiten tonangebend waren und *wie* die Möglichkeiten und Grenzen medialer Gattungen mitbestimmen,

„was in einer Gesellschaft überhaupt gedacht werden kann“ (Kerber 2017, 71). Die genannten Kriterien historischer Lernaufgaben können dazu beitragen, und zwar vor allem dann, wenn entsprechende Überlegungen nicht nur bei der Analyse gegenwärtiger geschichtskultureller Narrationen angewandt werden, sondern ebenso bei der Quellenkritik und -interpretation. Letztere fragt zwar häufig nach Urheber*in, Quellengattung und Adressat*innen, verfährt dabei aber zumindest in ihrer unterrichtsmethodischen Verwendung häufig recht „inhaltistisch“ (Lange 2011, 11), indem sie davon ausgeht, die Bedeutung einer Quelle sei dieser eingeschrieben, anstatt systematisch zu berücksichtigen, dass diese erst bei der Lektüre durch die Rezipientin bzw. den Rezipienten jeweils neu konstruiert wird.

5.6 Ausblick: Netzbasierte Aufgabenformate

Im Zusammenhang mit Aufgaben und Aufgabenkultur stellt das Internet nicht nur geschichtskulturelle Analyseobjekte bereit, es ermöglicht auch neue oder zumindest erweiterte Formen der Aufgabengestaltung. Im Folgenden sollen zwei unterschiedliche Zugänge zu netzbasierten Aufgaben vorgestellt werden: WebQuests und Freie Bildungsmedien (*Open Educational Resources*, OER). Dabei handelt es sich nicht um einander ausschließende Kategorien, da auch OER in Form von WebQuests vorliegen können.

WebQuests sind internetbasierte, problemorientierte Lernaufgaben (vgl. Spahn 2017), die sich häufig die Hyperlinkstruktur des WWW zunutze machen. Letzteres ist keine Grundvoraussetzung, WebQuests können auch ausschließlich auf analoge Materialien, etwa das Schulbuch, verweisen, nutzen dann aber ihr Potenzial nur teilweise aus. Thomas Spahn unterscheidet sechs Arbeitsschritte eines WebQuests, die im Wesentlichen mit den Bestandteilen einer „analogen“ Lernaufgabe übereinstimmen (vgl. Spahn 2017, 356 f.; zu den Bestandteilen von Lernaufgaben siehe Kapitel 2.2.1). Im Unterschied zu gedruckten Lernaufgaben besteht hier aber die Möglichkeit, die benötigten Materialien sehr direkt in die Aufgabe einzubinden, die Lernenden frei zwischen diesen navigieren zu lassen oder sie per Verlinkung auf externe Ressourcen zu verweisen. Auch die Ergebnispräsentation kann unmittelbar in die Aufgabe integriert und vorstrukturiert werden. Durch ihre technischen Eigenschaften als Hypertextdokument vereinfachen WebQuests die Einbindung nicht-textlicher Quellen, die Gegenüberstellung multiperspektivischer Quellenarrangements und kontroverser Darstellungen sowie, sofern gewünscht, eine stärkere

Strukturierung des Lernprozesses. Spahn selbst beurteilt die Qualität der Mehrzahl existierender historischer WebQuests allerdings als dürftig und bescheinigt der Erstellung eigener Quests trotz vorliegender Editoren „kein günstiges Verhältnis zwischen Aufwand und Ertrag“ (ebd., 359). Selbst digitale Lern- oder Übungsaufgaben zu erstellen, die nicht nur den diskutierten Qualitätskriterien genügen, sondern darüber hinaus auch die zusätzlichen Möglichkeiten der Einbindung digitaler und/oder multimedialer Quellen und Darstellungen zielführend ausschöpfen, ist momentan noch sehr aufwändig und im Schulalltag nur schwer umsetzbar.

Nichtsdestotrotz gibt es natürlich Beispiele didaktisch gelungener Lernaufgaben im Internet. Die unter Leitung des Geschichtsdidaktikers und Lehrers Christoph Pallaske entwickelte Lernplattform segu (selbstgesteuert entwickelnder Geschichtsunterricht) etwa bietet Module zu unterschiedlichen historischen Epochen sowie zu geschichtstheoretischen, medienhistorischen und geschichtskulturellen Aspekten, die den „Mehrwert“ digitaler Medien – wenn auch in unterschiedlichem Maße – nutzen.[17] Segu bietet somit den seltenen Fall hochwertiger Lernaufgaben, die nicht nur im Internet abrufbar sind, sondern die zusätzlichen Möglichkeiten digitaler Aufgaben für historisches Lernen einsetzen. Bei der Plattform handelt es sich um ein Beispiel für *Open Educational Resources* (OER), also um frei zugängliche Bildungsmedien.[18] Im Gegensatz zu den Angeboten der Schulbuchverlage oder Aufgaben in Online-Foren für Lehrkräfte basieren OER auf Inhalten, deren kostenlose Nutzung und Weiterverbreitung urheberrechtlich erlaubt ist und die zudem unentgeltlich zur Verfügung stehen sowie darüber hinaus häufig nicht nur weiterverbreitet, sondern auch verändert werden dürfen (vgl. Neubert 2017). Bei OER handelt es sich allerdings nicht zwingend um netz*basierte*, sondern häufig lediglich um im Netz verfügbare Aufgaben, z.B. in Form konventioneller Arbeitsblätter. Die Bezeichnung als OER bedeutet zunächst einmal nur, dass die Nutzung der Materialien juristisch unbedenklich ist. Ob es sich bei OER um didaktisch überzeugende Aufgaben handelt, ist dabei jeweils im Einzelnen zu prüfen. Dabei gelten die gleichen Kriterien wie bei der Erstellung und Überprüfung „analoger“ Lernaufgaben (siehe Kapitel 2.2.3), wobei aber zusätzlich darauf geachtet werden sollte, ob die digitalen Elemente der Aufgabe zum historischen Lernen beitragen oder lediglich schmückendes (ggf. auch ablenkendes) Beiwerk sind. Ein entsprechender „Mehrwert“ könnte zum Beispiel in animierten Karten, die historische Verläufe und Veränderungen zeigen, in eingebundenen Videos, in Links zu Archiven mit edierten Quellen und vor allem in Aufgabenelementen, die die Lernenden zur Bearbeitung von Medien (z.B. einen Film neu vertonen, ein Bild retuschieren usw.) auffordern, bestehen.

Die meisten frei verfügbaren Bildungsmedien sowie die Editoren zur eigenen Erstellung von OER nutzen die fachspezifischen Potenziale netzbasierter Aufgaben jedoch noch nicht aus. Die Website learningapps.org etwa bietet die Möglichkeit, eigene netzbasierte Aufgaben zu erstellen oder von anderen Benutzer*innen kreierte OER in den eigenen Unterricht einzubinden. Die dabei zur Verfügung stehenden Tools sind für historisches Lernen aber nur bedingt geeignet, wie die von Benutzer*innen erstellten Aufgaben in der Rubrik „Geschichte" illustrieren. Dort finden sich zahlreiche kleine Beispiele, bei denen es jedoch im Wesentlichen darum geht, Begriffe zuzuordnen oder chronologisch zu reihen, Lückentexte auszufüllen oder Multiple-Choice-Quizze zu bestehen. Historisches Lernen, das über die Reproduktion angelernten Inhaltswissens hinausgeht, ist mit derartigen Aufgaben nicht möglich, und auch die Tatsache, dass etwa ein Lückentext nun per Dropdown-Menu anstatt auf Papier ausgefüllt wird, lässt sich kaum als substanzielle Bereicherung der Aufgabe verstehen. Optisch ansprechender und für historisches Lernen etwas geeigneter sind die Aufgabenformate der ebenfalls kostenfreien Website h5p.org. Dort besteht zum Beispiel die Möglichkeit, Aufgaben zu konstruieren, die im Freitextformat zu bearbeiten sind, bei denen die Lernenden aber automatisiertes Feedback bekommen, indem das Tool nach bestimmten voreingestellten Schlüsselbegriffen sucht und bei Bedarf Hinweise gibt. Auch hier stehen aber reproduktive Denkleistungen im Zentrum. Die Triftigkeit eines historischen Sachurteils z.B. lässt sich nur sehr eingeschränkt automatisiert beurteilen. Verbunden mit Aufgaben, die den bereits erörterten Gütekriterien für Lernaufgaben gerecht werden, lassen sich über diese Plattformen aber womöglich durchaus anspruchsvolle Aufgaben erstellen, die zum Beispiel den analytischen Umgang mit Medien der außerwissenschaftlichen Geschichtskultur fördern und die entsprechenden Analyseobjekte direkt in die Aufgabe einbinden.

Netzbasierte Aufgaben

Digitale Aufgaben im Netz dienen häufig in erster Linie der Reproduktion angelernten Wissens und nutzen zudem den „Mehrwert" digitaler Angebote nicht immer aus. Der Screenshot zeigt eine Beispielaufgabe, bei der Detailinformationen abgefragt werden, die den Lernenden beim nächsten Quizabend helfen können, die aber kein unmittelbarer Ausdruck reflektierten historischen Denkens sind.

User „fenrox": Der Volksaufstand der DDR [sic] 1953, https://learningapps.org/view 9417632

Anmerkungen

1 Das würde den Rahmen dieses Kapitels sprengen und am Interesse des Bandes vorbeigehen. Für einen Überblick über die geschichtsdidaktischen Potenziale unterschiedlicher digitaler Medien und Geräte vgl. Bernsen/ Kerber (Hg.) (2017).

2 Diese wurde von Bernsen u.a. (2012) gefordert. Die Geschichtsdidaktik ist dieser Aufforderung jedoch nicht gefolgt.

3 Mit diesem Begriff hat Kanzlerin Merkel noch im Jahr 2013 das Internet belegt. Diese eher schulterzuckende Reaktion auf den Prism-Skandal sorgte für Spott und harsche Kritik. Vgl. Waleczek (2013).

4 Dieses besondere Maß an Unvorhersehbarkeit der Zukunft attestiert auch der Historiker Yuval Harari: „Es ist zum ersten Mal fast unmöglich zu sagen, wie die Welt in 30 Jahren aussehen wird" (Kuhn 2015).

5 Siehe dazu die Überlegungen in Kapitel 2 (zur Aufgabenqualität), 3 (Aufgabenkultur) und 4 (Aufgaben und Sprache).

6 Im Jahr 2018 wurde YouTube von Jugendlichen häufiger als Wikipedia zur Informationsbeschaffung genutzt (vgl. mpfs 2018, 76).

7 Diese Annahme wird etwa von Seemann bezweifelt (vgl. Seemann 2014, 181 f.), der zudem am Beispiel rechtsradikaler „Fake News" zeigen kann, dass deren Verbreitung nicht auf einen Filterblaseneffekt zurückzuführen ist, sondern auf „digitalen Tribalismus", d.h. die Markierung von Zugehörigkeit zu einer Gruppe mittels Verbreitung dieser Nachrichten. Anhand einer Twitter-Analyse demonstriert Seemann, dass knapp 90 Prozent derjenigen, die Falschmeldungen verbreiteten, in ihrer Timeline auch mit Richtigstellungen konfrontiert wurden. Filterblasen wurden eher in gegenteiliger Richtung identifiziert: Nur ein relativ geringer Anteil derjenigen, die Richtigstellungen verbreiteten, waren vorher in ihrer Timeline der ursprünglichen Falschmeldung begegnet (vgl. Seemann/Kreil 2017).

8 Vgl. den Wikipedia-Eintrag zum PageRank unter https://de.wikipedia.org/wiki/PageRank.

9 Bei anderen, datenschutzsensibleren Suchmaschinen wie *DuckDuckGo* entfällt die Berücksichtigung der eigenen Suchhistorie, die algorithmische Basis ist aber dennoch ähnlich.

10 Vgl. dazu auch die Beiträge der Open Peer Review-Publikation „Wikipedia in der Praxis" unter https://dwgd.hypotheses.org/390.

11 Ähnliche Listen gibt es auch im deutschsprachigen geschichtsdidaktischen Diskurs, z.B. bei Danker/Schwabe (2017, 49–61), die allerdings deutlich fachspezifischer gestaltet sind und daher bessere Indikatoren für die Qualität der untersuchten Seite enthalten.

12 Bei der Bezeichnung handelt es sich um ein Wortspiel. Der Begriff der Graswurzelbewegung stammt ursprünglich aus dem Englischen *(grass roots movement)*, *AstroTurf* dagegen ist der Markenname eines Herstellers von Kunstrasen, der im Englischen als Deonym für Kunstrasen gebraucht wird.

13 Hier bieten sich zum Beispiel die Bilddatenbank des Bundesarchivs (http://www.bild.bundesarchiv.de/) oder das europaweite Projekt europeana (https://www.europeana.eu/portal/) an.

14 Bisweilen entsteht der Eindruck, dass der Diskurs zur historischen Medienbildung bzw. zur Medienkompetenz aufgrund der Tatsache, dass er eher von engagierten Praktikern geführt wird als von der universitären Geschichtsdidaktik, von eigenwilligen Auslegungen zentraler Begriffe und Konzepte geprägt ist. In dieser Hinsicht bestehen Ähnlichkeiten zur Thematisierung des Bilingualen Geschichtsunterrichts, vor allem in den 1990er und 2000er Jahren.

15 Einen neuen Typus benötigt Krameritsch in erster Linie deshalb, weil er in Auseinandersetzung mit Jörn Rüsens Typologie historischen Erzählens dessen genetische Erzählform im Wesentlichen auf eine teleologische Er-

zählung verkürzt, auch wenn er sich selbst dagegen ausspricht (vgl. Kramtisch 2009, 419).

16 Anders als Rüsen, dem es in erster Linie um die individuelle Verarbeitung der Erfahrung historischen Wandels geht, bezieht sich Krameritsch jedoch primär auf eine gesamtgesellschaftliche Ebene. Dort sei die Zeit großer Erzählungen ebenso vorbei wie die fester Identitäten, weshalb überkommene Typen historischen Erzählens nicht länger anschlussfähig seien. Jüngere gesellschaftliche Entwicklungen lassen jedoch Zweifel an der empirischen Basis dieser Prämisse aufkommen, da aktuell überall auf der Welt substantielle Teile der Gesellschaft nach historischen Gewissheiten und identitätsstiftenden Narrationen zu verlangen scheinen, was Krameritsch (2009, 426) plausibel als „Abwehrreaktion auf eine immer stärker vernetzte und globalisierte Welt" wertet, die allerdings offenbar persistenter ist, als Krameritsch vor zehn Jahren anzunehmen schien.

17 Siehe https://segu-geschichte.de.

18 Siehe auch das Portal der am DIPF angesiedelten und vom BMBF geförderten Informationsstelle OER unter https://open-educational-resources.de/.

6. Beispielaufgaben

Im Folgenden sollen die bisherigen Überlegungen anhand von Beispielaufgaben konkretisiert werden. Die Aufgaben werden eingebettet in theoretische und unterrichtsmethodische Überlegungen, die die Grundidee der jeweiligen Aufgabe erläutern und Bezüge zu den vorangegangenen Kapiteln herstellen.

6.1 Diagnoseaufgabe: Den Quellenbegriff der Lernenden diagnostizieren

Wie in Kapitel 2 erläutert, können Diagnoseaufgaben unterschiedliche Aspekte historischen Denkens und Lernens in den Blick nehmen. Neben inhaltlichem Wissen oder fachlichen Kompetenzen können auch Konzepte historischen Denkens zum Gegenstand der Diagnose gemacht werden. Das ist bei der vorliegenden Aufgabe der Fall, mithilfe derer die Lehrkraft erheben kann, wie das Konzept QUELLE bei ihren Lernenden ausgeprägt ist.[1] Dabei handelt es sich um ein zentrales Konzept historischen Denkens, es ist eine Voraussetzung dafür, überhaupt Geschichte als Praxis betreiben zu können. Empirische Studien der deutschsprachigen Geschichtsdidaktik haben mehrfach dokumentiert, dass Schüler*innen häufig ein verkürztes Konzept davon haben, was eine Quelle ist, was sie zu einer solchen macht, welche Rolle Quellen im historischen Erkenntnisprozess spielen, welche Fragen sich an Quellen richten lassen und worin sich Quellen und Darstellungen unterscheiden (vgl. z.B. Langer-Plän 2003, 334ff.; von Borries u.a. 2005, 71; Schönemann u.a. 2011, 37; Köster 2013, 94f.).

Viele Geschichtsdidaktiker*innen gehen davon aus, dass die Vorstellungen, die Schülerinnen und Schüler von den Inhalten, den Prinzipien und Verfahrensweisen eines Faches haben, großen Einfluss auf die Leistungen nehmen, zu denen die Lernenden imstande sind (vgl. z.B. Günther-Arndt 2006). Sind Schülerinnen und Schüler etwa davon überzeugt, „Geschichte" sei eine gemeinhin bekannte, autoritativ überlieferte Ansammlung von Fakten, so wird ihnen die Arbeit mit Quellen höchstens als unterrichtliches Ritual, nicht aber als entscheidender Schritt bei der Produktion historischen Wissens erscheinen. Um das Quellenkonzept der eigenen Lerngruppe ausdifferenzieren und weiterentwickeln zu können, muss man aber natürlich zunächst einmal wissen, wie dieses ausgeprägt ist. Das geschieht in diesem Fall am thematischen Beispiel des mittelalterlichen Weltbildes und des Klischees eines „finsteren" Mittelalters. Damit schlägt die Aufgabe eine inhaltliche Brücke zu Lernaufgabe 2. Es geht aber nicht in erster Linie darum, inhaltliches Wissen zum Mittelalter zu erarbeiten oder populäre Fehlvorstellungen zu korrigieren (wenngleich das ein erwünschter Nebeneffekt sein kann). Stattdessen geht es um die Frage, wie die Lernenden innerhalb eines vorgegebenen thematischen Kontextes unter Anwendung des Konzeptes QUELLE mit einem historischen Problem umgehen. Die Aufgabe ist deshalb nicht an eine Unterrichtsreihe zum Mittelalter gebunden. Vielmehr sollte sie auch dann funktionieren, wenn das Mittelalter gerade nicht „dran ist", da hier kein Vorwissen eingesetzt, sondern logische und interpretatorische gedankliche Operationen unternommen werden sollen. Weil bei dieser Aufgabe individuelle Vorstellungen und Konzepte fokussiert werden, empfiehlt es sich, die Aufgaben schriftlich und in Einzelarbeit bearbeiten zu lassen. Aus den Antworten kann dann extrapoliert werden, welches Verständnis des Konzepts QUELLE jeweils vorliegt, um mit diesem Wissen den weiteren Unterricht planen und die Schüler*innen individuell fördern zu können. Bei jüngeren Lernenden kann überlegt werden, das Materialkorpus zu verkleinern und z.B. Quelle vier und sechs zu streichen.

Bei dieser Aufgabe erhalten die Schüler*innen mehrere Quellen, die sich mit der Frage auseinandersetzen, ob die Menschen im Mittelalter an eine kugelförmige oder an eine flache Erde geglaubt haben. Die Annahme, im Mittelalter sei man von einer flachen Erde ausgegangen, geht auf eine Verzerrung mittelalterlicher wissenschaftlicher bzw. christlicher Lehren in der Renaissance zurück. Durch die Fehldarstellung wollte man sich vom scheinbar wissenschaftsfeindlichen, irrationalen Mittelalter abgrenzen, um selbst umso vernünftiger zu erscheinen (vgl. Krüger 2007). Die Verzerrung mittelalterlicher Weltbilder ist bis heute populär und findet sich zum Teil noch immer in Schulbüchern (vgl. Bernhard 2013). Bei den Materialien handelt es sich einerseits um lateinische sowie volkssprachliche Quellen des Mittelalters (jeweils in Übersetzung), die das kugelförmige Weltbild dokumentieren. Diese Quellen belegen, dass sowohl die kirchliche Doktrin als auch die Naturwissenschaft von einer runden Erde ausgingen und dass dieses Wissen auch in die erste volkssprachliche Enzyklopädie Eingang fand. Andererseits liegen den Schüler*innen Quellen aus dem 19. und 21. Jahrhundert vor, die den Mythos des mittelalterlichen Flacherde-Konzeptes verbreiten. Es handelt sich dabei zum einen um den berühmten Holzstich „Wanderer zwischen den Welten" aus dem 19. Jahrhundert, der häufig fälschlicherweise für eine mittelalterliche oder frühneuzeitliche Quelle gehalten wird. Zum anderen handelt es sich um eine Phantasiekarte einer flachen Erde, die an vermeintlich mittelalterliche Darstellungskonventionen (inklusive dem Dürer-Monogramm AD) anknüpft, sowie um eine Schulbuchdarstellung.[2]

Materialien

Q1 Der Astronom Johannes von Sacrobosco schreibt im ca. 1220 verfassten „Tractatus de sphaera"

Daß die Erde [...] rund ist, wird folgendermaßen gezeigt. Die Sternzeichen und Sterne gehen nicht überall für alle Menschen zu gleicher Zeit auf und unter, sondern früher für die im Osten als für die im Westen; und dafür gibt es keinen anderen Grund als die Rundung der Erde. [...] Daß die Erde auch von Norden nach Süden und umgekehrt rund ist, läßt sich so zeigen: Denen, die im Norden leben, sind einige Sterne immer sichtbar, nämlich die in der Nähe des Nordpoles. Andere sind ihnen immer verborgen, nämlich die in der Nähe des Südpoles. [...] Und doch erscheint die Erde den Menschen flach wegen ihrer außerordentlichen Größe.

Aus: Klaus Anselm Vogel (1995): Sphaera terrae – das mittelalterliche Bild der Erde und die kosmographische Revolution. Dissertation Göttingen, https://ediss.uni-goettingen.de/bitstream/handle/11858/00-1735-0000-0022-5D5F-5/vogel_re.pdf, 156

Q2 Der Kirchenlehrer Thomas von Aquin schreibt um 1260

Deshalb ergibt sich aus diesem nicht nur, dass die Gestalt der Erde die eines runden Balles ist, sondern auch, dass sie eine nicht große Kugel ist.

In Aristotelis libros de caelo et mundo, ca. 1260. Aus: Reinhard Krüger (2007): Ein Versuch über die Archäologie der Globalisierung. Die Kugelgestalt der Erde und die globale Konzeption des Erdraumes im Mittelalter. In: Wechselwirkungen. Jahrbuch aus Lehre und Forschung der Universität Stuttgart 26, 29–52, hier 37

Q3 Im Buch Sidrach, einem in ganz Europa verbreiteten und übersetzten Lehrwerk der Naturwissenschaften aus dem 13. Jahrhundert, heißt es:

Dar synt ander lude under uns, de ghaen myd eren voten jeghen unse vote unde see hebben de clarheit der sonnen unde des manen unde der sternen und ghaen upp der erden ghelyk uns. Unde ploghen unde grauen unde en duncket also wol also uns, dat see boven uns synd unde dit is by der rontheit des ertrykes.

Übersetzung in das heutige Hochdeutsch:

Da sind andere Leute unter uns, die gehen mit ihren Füßen gegen unsere Füße und die haben das Sonnenlicht und den Schein des Mondes und der Sterne und gehen auf der Erde gleich uns. Und sie pflügen und sie graben und sie denken so wie wir, daß sie über uns sind, und das ist wegen der Rundheit des Erdreiches.

Original aus: Hermann Jellinghaus (Hg.) (1904): Das Buch Sidrach, (Bibliothek des litterarischen Vereins in Stuttgart, Bd. CCXXXV). Tübingen, 139–140

Übersetzung aus: Reinhard Krüger (2007): Ein Versuch über die Archäologie der Globalisierung. Die Kugelgestalt der Erde und die globale Konzeption des Erdraumes im Mittelalter. In: Wechselwirkungen. Jahrbuch aus Lehre und Forschung der Universität Stuttgart 26, 29–52, hier 43

Q4 Aus der Handschrift des Priesters Walther von Metz, ca. 1246

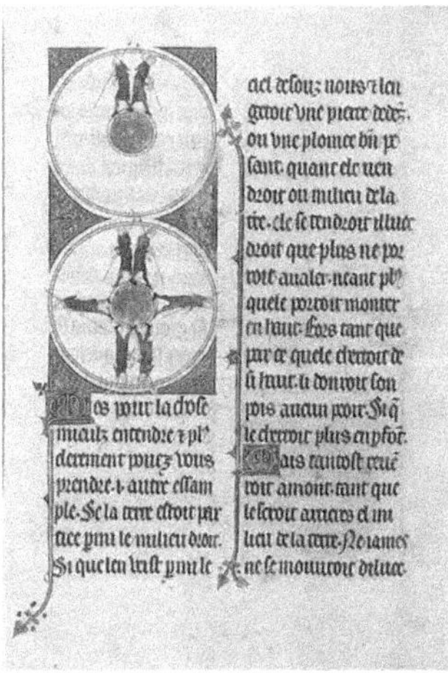

Q5 Holzstich aus einem Astronomiebuch des Jahres 1888

Camille Flammarion: L'Atmosphère. Météorologie Populaire. Paris 1888, 163.

Q6 Eine Karte des Künstlers Antar Dayal (geb. 1955)

Q7 Das Schulbuch Forum Geschichte (2005) schreibt über Galileo Galilei (1564–1642) und Nikolaus Kopernikus (1473–1543)

Für uns scheint es heute selbstverständlich, dass wir Naturerscheinungen mit wissenschaftlichen Gesetzen erklären, die immer wieder überprüft und weiterentwickelt werden. Für die Menschen der Renaissance [die Epoche nach dem Mittelalter; MK] aber war es eine neue Erkenntnis, dass allein die eigenständige Beobachtung und Vernunft und nicht die kirchliche Obrigkeit ihr Handeln und Forschen bestimmen sollte. [...] Die Kirche wertete Forschungen von Naturwissenschaftlern wie Kopernikus und Galilei als Angriff auf die in der Bibel bestätigte Vorstellung, dass die Erde eine Scheibe sei und sich im Mittelpunkt des Universums befinde [...]. Galilei wurde deshalb als Ketzer verfolgt.

Claudia Tatsch/Hans-Otto Regenhardt (2005): Forum Geschichte. Das Mittelalter und der Beginn der Neuzeit. Berlin, 155.

Zusätzlich bekommen die Lernenden drei kurze Darstellungen, die Aussagen zum Weltbild des Mittelalters machen. Darstellung eins vertritt die Position, im Mittelalter sei das Bild einer runden Erde von Kirche und Wissenschaft (zwei Bereiche, die sich natürlich für das Mittelalter ohnehin kaum trennen lassen) vertreten worden. Erst später habe man dem Mittelalter nachgesagt, an eine flache Erde geglaubt zu haben, um die Epoche als rückschrittlich zu charakterisieren. Es handelt sich damit um eine Darstellung, die die Aussagen der Quellen zusammenführt und aufeinander bezieht. Der zweite Text dagegen fokussiert allein auf die retrospektive Fehldarstellung des Mittelalters, und hier insbesondere auf die beiden neuzeitlichen Bilder, indem berichtet wird, Menschen hätten Angst gehabt, vom Rand der Welt zu fallen, und geglaubt, dass Himmel und Erde irgendwo aufeinanderstoßen. Letzteres wird auch als kirchliche Doktrin beschrieben. Der Text hebt die Alterität des Mittelalters im Vergleich zur Gegenwart hervor. Die dritte Darstellung schließlich vertritt eine ähnliche Position. Hier ist das Mittelalter aber nicht, wie beim zweiten Text, lediglich anders und fremd, sondern geradezu wissenschaftsfeindlich – ein Zeitalter, in dem „die Kirche" freies Denken unterbindet und Menschen verfolgt, die in ihrem Weltbild vom (angeblichen) Wortlaut der Bibel abweichen.

Darstellungen

D1 Erste Darstellung

Das antike Wissen von der Kugelform der Erde war auch den Menschen des Mittelalters bekannt. Sowohl in religiösen Texten und Predigten als auch in anderen wissenschaftlichen Schriften wurde die Lehre von der runden Erde vertreten. Solche Texte gab es in der Sprache der Gelehrten, Latein, aber auch in der Sprache der einfachen Leute. Später hat man behauptet, die Menschen des Mittelalters hätten an eine flache Erde geglaubt, um selbst fortschrittlicher zu wirken. Diese Behauptung hat sich dann gehalten.

D2 Zweite Darstellung

Die Menschen des Mittelalters haben sich die Welt auf eine andere Weise erklärt, als wir es heute tun. So glaubte man zum Beispiel, dass die Erde eine flache Scheibe sei, über die sich der Himmel wie ein Gewölbe spannt. Die Kirche lehrte, dass an der Stelle, wo das Himmelsgewölbe auf die Erde trifft, das Paradies sei. Seefahrer lebten in ständiger Angst, an den Rand der Scheibe zu gelangen und hinabzustürzen. Diese Vorstellungen hatten auch bei den Gelehrten des Mittelalters die frühere Idee, dass die Erde eine Kugel sei, völlig verdrängt.

D3 Dritte Darstellung

Im Mittelalter ging viel Wissen, das die Menschen zuvor hatten, wieder verloren. Das lag vor allem daran, dass die Kirche, die zu der Zeit alle Macht hatte, sämtliche Meinungen unterdrückte, die nicht zu ihrer Lehre passten. So predigte man zum Beispiel, dass die Erde eine flache Scheibe sei, weil das so in der Bibel steht. Menschen, die dem widersprachen, wurden als Ketzer verfolgt. Außerdem konnte kaum jemand lesen, sodass man die alten Schriften nicht selbst studieren konnte. Wir sprechen deshalb heute auch vom „finsteren Mittelalter".

Der Arbeitsauftrag fordert die Schüler*innen auf, zu begründen, welche Erzählung ihnen im Licht der vorliegenden Quellen am plausibelsten erscheint. Die diagnostische Perspektive, die hier entscheidend ist, ist die Frage, ob und wie sich die Lernenden im Vergleich der unterschiedlichen Kurznarrative auf die Quellen beziehen. Es kommt also darauf an, ob die Lernenden bei der Entscheidung für oder gegen eine der Erzählungen (eine oder mehrere) Quellen nutzen und auf welche Weise sie dabei argumentieren. Beachten Sie den unterschiedlichen zeitlichen Abstand der Quellen zum berichteten Geschehen? Spielt die Perspektive des Verfassers der Quelle für die Lernenden eine Rolle? Erkennen sie, dass an die mittelalterlichen und die neuzeitlichen Quellen bzw. die Darstellung unterschiedliche Fragen gerichtet werden können?

> Lies bzw. betrachte die folgenden Quellen und Darstellungen zum Mittelalter (ca. 500–ca. 1500) und überlege dir, welche Vorstellungen darin zum Ausdruck kommen. Beantworte dann diese Fragen:
>
> **1** Welche der drei Geschichten überzeugt dich angesichts der Quellen am meisten? Warum?
>
> ____________________
>
> ____________________
>
> ____________________

Eine besondere Herausforderung dieser Aufgabe ergibt sich aus der Tatsache, dass diejenigen Darstellungen, die auf Basis der Quellen abgelehnt werden müssten, sehr verbreitete Mittelalterbilder vertreten, die vermutlich auch in der Lerngruppe bekannt sind. Eine diagnostische Perspektive besteht also darin, ob die Lernenden in der Lage sind, bei der Beantwortung der Aufgabe wirklich danach zu gehen, welche Darstellung *auf Basis der Quellen* plausibel ist, und nicht danach, welcher Text Topoi enthält, die ihnen womöglich andernorts schon begegnet sind.[3] Angesichts der Materialien könnte es auch dazu kommen, dass die Lernenden sich allein auf die scheinbare Autorität des Schulbuches verlassen und keine eigene Analyse mehr unternehmen. Auch das würde Rückschlüsse auf den Quellen- und den Geschichtsbegriff der Schüler*innen erlauben.

2 Kreuze bei den Quellen an, ob sie dir bei der Beantwortung von Frage 1 geholfen haben oder nicht und schreibe in Stichworten auf, warum dies der Fall ist.

Quelle 1: Johannes von Sacrobosco

☐ hat mir geholfen

☐ hat mir nicht geholfen

Begründung: ______________________________

Quelle 2: Thomas von Aquin

☐ hat mir geholfen

☐ hat mir nicht geholfen

Begründung: ______________________________

Quelle 3: Buch Sidrach

☐ hat mir geholfen

☐ hat mir nicht geholfen

Begründung: ______________________________

Quelle 4: Handschrift des Walther von Metz

☐ hat mir geholfen

☐ hat mir nicht geholfen

Begründung: ______________________________

Quelle 5: Camille Flammarion

☐ hat mir geholfen

☐ hat mir nicht geholfen

Begründung: ______________________________

Quelle 6: Karte von Antar Dayal

☐ hat mir geholfen

☐ hat mir nicht geholfen

Begründung: ______________________________

Quelle 7: Schulbuch

☐ hat mir geholfen

☐ hat mir nicht geholfen

Begründung: ______________________________

Aufgabe 2 ermöglicht vertiefte Einblicke in die Vorgehensweise der Schüler*innen. Hier sollen sie für alle Materialien begründen, ob und inwiefern diese ihnen bei der Beantwortung von Aufgabe 1 geholfen haben. Damit lässt sich zum einen genauer ergründen, inwiefern sich die Lernenden bei der Entscheidung für eine der Darstellungen auf die Quellen bezogen haben. Zum anderen werden weitere Rückschlüsse auf den Quellenbegriff der Schüler*innen möglich. So könnte die Antwort bei den neuzeitlichen Materialien zum Beispiel lauten, dass diese bei Aufgabe 1 nicht geholfen hätten, da sie erst nach dem Mittelalter entstanden sind und daher keine Einblicke in das Weltbild des Mittelalters erlauben. Lernenden mit einem differenzierten Quellenkonzept dagegen könnten erkennen, dass diese Materialien zwar keine Quellen für das Mittelalter sind, sehr wohl aber für die Rezeptionsgeschichte des Mittelalters. An unterschiedliche Quellen und Quellengattungen lassen sich unterschiedliche Fragen richten, die gemeinsam zur Lösung eines historischen Problems beitragen können.

3 Diskutiert zunächst in Partnerarbeit und dann in der Klasse, welche Art von Informationen man den Quellen entnehmen und welche Fragen man damit beantworten kann. Überlegt dann gemeinsam, auf welche der Quellen sich die drei Darstellungen beziehen. Tragt die Befunde in die folgende Tabelle ein:

	Die Aussage, dass …	**… geht auf diese Quelle zurück:**
Erste Darstellung		
Zweite Darstellung		
Dritte Darstellung		

Dieser Aspekt steht auch bei der optionalen dritten Aufgabe im Fokus. Diese Aufgabe ist aus diagnostischer Sicht nicht unbedingt notwendig. Sie spricht aber diejenigen Aspekte, die bislang nur indirekt thematisiert wurden, direkt an, macht sie der historischen Reflexion zugänglich und kann dazu beitragen, dass der Einsatz der Diagnoseaufgabe im Geschichtsunterricht nicht nur für die Lehrperson ertragreich ist, sondern auch zu einem Lernzuwachs bei den Schüler*innen führt. Den Lernenden sollte nach Bearbeitung der Aufgabe zudem Gelegenheit gegeben werden, sich zu der Frage zu äußern, ob sie angesichts ihrer Befunde in Aufgabe 3 die ersten beiden Aufgaben noch immer so beantworten würden, wie sie es getan haben. Damit kann noch einmal verdeutlicht werden, dass die Frage, inwiefern sich Darstellungen an Quellen belegen lassen, ein zentrales Kriterium bei der Frage bildet, wem man im Falle von Deutungskontroversen vertrauen kann.

Wie lässt sich nun der Quellenbegriff auf Basis dieser Materialien diagnostizieren? Hilfe bei der Einordnung der Antworten gibt die Grafik zur Entwicklung des Quellenverständnisses. Diese orientiert sich an den Befunden des britischen CHATA-Projekts, das die Entwicklung von Schülervorstellungen zu erkenntnistheoretischen Aspekten historischen Lernens untersucht hat und an dessen empirisches Design sich die Materialien der Aufgabe anlehnen (vgl. Lee/Shemilt 2003). Die Grafik ermöglicht den Lehrkräften, die Schüler*innenvorstellungen zu Quellen, die sich aus den Antworten und Begründungen bei der Bearbeitung der Arbeitsaufträge ergeben, im Kontext eines empirisch fundierten, typischen Entwicklungsverlaufes zu verorten. Zur besseren Zuordnung von Schüler*innenantwort und Quellenbegriff gibt eine zweite Darstellung Beispielantworten für die einzelnen Stufen des durch Lee und Shemilt beschriebenen modellhaften Verlaufs. Anhand der Grafik lässt sich zudem nicht nur abschätzen, wie das Quellenverständnis der Schülerinnen und Schüler ausgeprägt ist, sondern auch, welche Veränderungen hier typischerweise zu erwarten sind. Sie kann daher auch eine Orientierung bei der Gestaltung förderdiagnostischer Folgemaßnahmen sein.

	Stufen	Quellenbegriff auf dieser Stufe
	Bilder der Vergangenheit	• Geschichte, Vergangenheit und Gegenwart sind nicht prinzipiell verschieden. • Ein direkter Zugang zu vergangener Wirklichkeit wird vorausgesetzt, Vergangenheit wird auf die gleiche Weise erkannt wie Gegenwart. • Die Grundlage von Aussagen über die Vergangenheit wird nicht infrage gestellt.
	Informationen	• Zugang zur Vergangenheit erfolgt mittels „objektiv" vorliegender „Fakten". • Die Vergangenheit hat sich auf nur eine spezifische Weise ereignet. • Es gibt Autoritäten, denen diese eine Weise bekannt ist. • Aussagen über die Vergangenheit können richtig oder falsch sein. Die Richtigkeit wird überprüft, indem man in Büchern nachschaut. • Unterscheiden sich auch die Bücher, muss man zählen, welche Aussagen am häufigsten gemacht werden.
↓ ↓ ↓	**Augenzeugenberichte**	• Zugang zur Vergangenheit erfolgt durch zeitgenössische Berichte. • Diese Berichte können auch fehlerhaft oder falsch sein. • Vorstellungen einer simplen Dichotomie von Wahrheit und Lüge werden sukzessive durch Vorstellungen bzgl. Übertreibungen, Voreingenommenheit und Informationsverlust ersetzt. • Widersprechen Berichte einander, muss man entscheiden, welcher der Beste ist. • Gütekriterium für Berichte ist die Nähe des Berichtenden zum Ereignis, Augenzeugenschaft als Idealfall.
	Schere und Klebstoff	• Selbst in den Fällen, in denen kein komplett wahrer Bericht vorliegt, können Aussagen über vergangene Wirklichkeit getroffen werden. • Durch das Kombinieren von wahren Aussagen aus mehreren Berichten lässt sich eine wahre Geschichte erzählen. • Vorstellungen von Voreingenommenheit und Wahrheit werden ergänzt durch die Frage, was der Berichtende wissen konnte.
	isolierte Hinweise	• Quellen können auch bzgl. Aspekten befragt werden, über die diese keine Auskunft geben möchten. • Auch nicht narrative Quellen können Auskünfte liefern. • Die Zuverlässigkeit und Aussagekraft einer Quelle hängt von der Frage ab, die an diese gerichtet wird.
	Kontextualisierte Hinweise	• Quellen liefern nur dann Informationen, wenn sie im Kontext ihrer Entstehungszeit interpretiert und die zeitgenössischen Perspektiven von Quellenproduzent und -rezipient berücksichtigt werden. • Nicht alle Fragen können gleichzeitig gestellt werden. Man muss sich für eine Fragestellung entscheiden und zentrale Befunde der Geschichtswissenschaft (zumindest vorerst) als gesichertes Wissen für die Einordnung der eigenen Eregebnisse akzeptieren.

Abb. 11: Entwicklung des Quellenbegriffs (nach Lee/Shemilt 2003, hier in Übersetzung)

	Stufen	Beispielantworten
	Bilder der Vergangenheit	• Schülerinnen und Schüler auf diesem Niveau sehen keine Notwendigkeit darin, sich bei der Entscheidung für eine der Darstellungen auf die Quellen zu berufen. Die Entscheidung fällt auf Basis individueller Präferenzen. • „Ich entscheide mich für die dritte Darstellung, weil sie am Interessantesten ist."
	Informationen	• „Ich nehme die dritte Darstellung, weil sie mit der Darstellung im Schulbuch übereinstimmt. Wenn es so im Schulbuch steht, muss es ja richtig sein." • „Ich kann mich nicht für eine der Darstellungen entscheiden. Dafür müsste man in allen Büchern (Lexika etc.) nachschlagen und gucken, welche Geschichte am häufigsten erzählt wird." • „Quelle sechs beweist, dass die Seefahrer Angst hatten, vom Rand der Erde zu fallen." • „Die dritte Darstellung ist richtig. Ich habe schon mal gehört, dass man vom ‚finsteren Mittelalter' spricht." • „Die zweite Darstellung ist richtig. Ich habe mal in einem Film gesehen, dass die Menschen Angst hatten, vom Rand der Erde zu fallen."
↓ ↓	**Augenzeugenberichte**	• „Ich nehme die zweite Darstellung. Der Mönch in Quelle fünf berichtet auch, dass Himmel und Erde sich irgendwo berühren." • „Quelle fünf muss gelogen sein. Die Stelle, an der Himmel und Erde sich berühren, gibt es gar nicht." • „Quelle eins bis vier helfen nicht weiter, weil sie keine Augenzeugenberichte darüber sind, was die Menschen im Mittelalter geglaubt haben." • „Quelle fünf bis sieben helfen nicht weiter, weil sie erst später entstanden sind."
↓	**Schere und Klebstoff**	• „Man muss wissen, welche Aussagen in den Quellen wahr sind. Dann kann man aus diesen Tatsachen eine Darstellung machen." • „Quelle eins bis vier sind wertlos. Sie sagen nur, was Kirche und Wissenschaft gelehrt haben. Um zu erfahren, was die einfachen Leute geglaubt haben, bräuchten wir eine Quelle aus deren Perspektive."
	isolierte Hinweise	• „Quelle eins bis vier dokumentieren, dass die kirchliche Lehre und die Naturwissenschaft im Mittelalter von einer runden Erde ausgingen." • „Quelle eins bis vier zeigen, dass das Bild einer runden Erde in unterschiedlichen Sprachen und auch bildlich veröffentlicht wurde." • „Quelle fünf bis sieben sagen uns nichts über das Mittelalter, aber sie geben uns einen Eindruck davon, wie spätere Zeiten über das Mittelalter gedacht haben."
	Kontextualisierte Hinweise	• „Glaube und Wissenschaft sind im Mittelalter kein Gegensatz. Das muss bei der Interpretation der Quellen berücksichtigt werden." • „Der Holzstich zeigt, wie Historiker des 19. Jahrhunderts das Selbstverständnis der Renaissance verstanden." • „Die Vorstellung eines rückschrittlichen Mittelalters kann dazu genutzt werden, sich positiv davon abzugrenzen." • „Die Behauptung, man habe an eine flache Erde geglaubt, ist nur eines von vielen verbreiteten Klischees zum angeblich rückständigen Mittelalter."

Abb. 12: Beispielantworten auf den verschiedenen Stufen

In Kapitel zwei wurde dargestellt, welchen Gütekriterien Lern- und Prüfungsaufgaben gerecht werden sollten. Dort wurden insgesamt sechs Reflexionsbereiche vorgestellt, innerhalb derer die Lehrkraft bei der Aufgabenkonstruktion Klarheit erlangen sollte. Um zu illustrieren, inwiefern die vorliegende Aufgabe den gestellten Kriterien gerecht wird, sollen im Folgenden Überlegungen zu diesen sechs Reflexionsbereichen angestellt werden.

1. *Welchem Zweck soll die Diagnose dienen?* Mit dieser Aufgabe lassen sich unterschiedliche diagnostische Ziele verfolgen. Sie wurde primär als individuell-förderdiagnostisches Instrument entwickelt. Mit der Aufgabe soll also die jeweils individuelle Ausprägung des Quellenkonzepts bei den Lernenden einer Lerngruppe erhoben werden, um auf dieser Grundlage differenzierende Materialien und Aufgaben zur Weiterentwicklung und Ausdifferenzierung dieses Konzeptes entwickeln zu können. Die Diagnoseaufgabe ist aber prinzipiell auch für die Evaluation einer Einheit mit stärker erkenntnistheoretischem oder methodischem Fokus geeignet. Aufgrund des empirisch gut abgesicherten Stufenmodells von Lee und Shemilt ist darüber hinaus auch eine grobe Entwicklungsprognose möglich.[4] Schließlich ließen sich die Materialien mit einem leicht angepassten Aufgabentext zudem als Prüfungsaufgabe verwenden, um etwa im Anschluss an die Arbeit mit (der noch vorzustellenden) Lernaufgabe 2 zu prüfen, wie gut die Lernenden verstanden haben, dass Mittelalterbilder häufig retrospektive Zuschreibungen sind, die viel über die Zeit ihrer Entstehung (und nicht immer viel über das Mittelalter) aussagen.
2. *Was genau soll erhoben werden?* Diagnostiziert werden soll die jeweils individuelle Ausprägung des fachspezifischen Konzepts Quelle. Es geht um die Frage, welches Verständnis die Lernenden vom Zusammenhang von Geschichtsschreibung und Quellen haben und wie sie bei der Bearbeitung eines historischen Problems mit dem Konzept operieren. Nicht erhoben werden soll dagegen inhaltliches Wissen zum Mittelalter oder zu späteren Mittelalterbildern. Für die Beantwortung der Frage ist daher kein inhaltliches Vorwissen nötig. Dieses wird vielmehr in den Materialien mitgeliefert. Ebenfalls nicht diagnostiziert werden soll die Lesekompetenz der Lernenden. Unterschiede im Ergebnis sollen also allein auf ein unterschiedliches Quellenkonzept, nicht auf unterschiedliche Lesekompetenz zurückzuführen sein. Aufgrund des engen Zusammenhangs von Geschichte und Sprache (siehe Kapitel 4) las-

sen sich diese jedoch nicht völlig voneinander trennen. Eine möglichst weitgehende Unabhängigkeit des diagnostischen Befundes von der Lesefähigkeit der Lernenden wird einerseits dadurch erreicht, dass die Textquellen gekürzt und ggf. übersetzt wurden, und andererseits dadurch, dass neben Text- auch Bildquellen eingesetzt werden (Kriterium der Validität).

3. *An welchem theoretischen Modell orientiere ich mich?* Schüler*innenvorstellungen und -konzepte spielen in unterschiedlichen Modellen historischen Denkens eine Rolle (z.B. Körber 2007, 63f.; van Drie/van Boxtel 2008; Seixas/Morton 2013; Kühberger 2016b). Hinsichtlich der Verortung fachlicher Konzepte im historischen Denken orientiert sich diese Aufgabe am Modell historischen Denkens der Arbeitsgruppe Histograph (Thünemann/Jansen 2018). Bezüglich der Stufung des Konzeptes wird dagegen auf die empirischen Befunde der CHATA-Gruppe (Lee/Shemilt 2003) zurückgegriffen (Kriterium der Validität).
4. *Worin besteht der Maßstab der Niveauermittlung?* Dank der beiden auf den CHATA-Befunden beruhenden Grafiken ist eine Zuordnung der Schülerantworten in Aufgabe 1 und 2 zu unterschiedlichen Differenzierungsgraden bzw. Entwicklungsstufen des Quellenkonzeptes möglich. Diese Zuordnung kann aus einem externen Maßstab abgeleitet werden und ist (soweit dies bei hoch inferenten Schlussfolgerungen möglich ist) unabhängig von der diagnostizierenden Lehrkraft. Bei den Beispielantworten handelt es sich um sog. Ankerbeispiele (Kriterium der Objektivität).
5. *Passt die Aufgabe zu dem zu erhebenden Konstrukt?* Eine Passung von Aufgabe und Konstrukt wird im Wesentlichen durch die bei Punkt 2 beschriebenen Maßnahmen (Unabhängigkeit von Wissen und Lesekompetenz) erreicht. Eine „richtige“ Antwort auf Basis kombinatorischer „Testschläue“ ist ebenfalls weitgehend ausgeschlossen. Zum einen droht diese eher bei klassischen Multiple-Choice-Aufgaben, zum anderen handelt es sich bei dieser Aufgabe um den seltenen Fall, dass die erste Antwort die zu wählende ist. Darüber hinaus wird die Passung von Aufgabe und Diagnoseziel hier dadurch erreicht, dass die Lernenden nicht einfach definieren sollen, was eine Quelle ist – damit würde eher ihr deklaratives Wissen erhoben –, sondern vielmehr das Konzept QUELLE auf ein Problem *anwenden* müssen (Kriterium der Validität).
6. *Ist sichergestellt, dass die Lösung der Aufgabe nicht durch zufällige Faktoren beeinflusst wird und die Aufgabe nicht durch Raten zu lösen ist?*

Der mögliche Einfluss zufälliger externer Faktoren (z.B. Wetter, Lautstärke, Stimmung in der Klasse) bei der Bearbeitung einer Aufgabe lässt sich bei deren Konzeption nicht völlig vorhersehen. Er muss aber bei der Interpretation der Befunde berücksichtigt werden, wenn klar ist, welche Faktoren die Lösung der Aufgabe womöglich beeinflusst haben. Die Ratewahrscheinlichkeit dagegen wird hier dadurch eingeschränkt, dass beide diagnostischen Teilaufgaben die Schüler*innen zur Begründung ihrer Entscheidung auffordern (Kriterium der Reliabilität).

Dadurch, dass bei beiden Aufgaben offene, aber kurze Antworten möglich sind, wird die Aufgabe zudem dem Kriterium der Ökonomie gerecht.

6.2 Lernaufgaben

6.2.1 Lernaufgabe 1: Die Pionierorganisation – Erziehung zum Frieden oder Mittel der Indoktrination?

Die Aufgabe thematisiert die Pionierorganisation der DDR. Am Ende der Sekundarstufe I, also zu dem Zeitpunkt, zu dem die deutsch-deutsche Geschichte normalerweise Gegenstand des Geschichtsunterrichts ist, befinden sich die Schüler*innen in einem Alter, in dem die Jugendlichen in der DDR ihre Mitgliedschaft bei den Jungen Pionieren (1. bis 4. Schulklasse) bzw. bei den Thälmannpionieren (4. bis 7./8. Schulklasse) gerade beendet und ihre Zeit bei der FDJ begonnen hätten. Die Lernenden sind daher in der Lage, auf ihre eigenen Sozialisationserfahrungen zurückzublicken und zu reflektieren, inwiefern diese sich von denen ihrer Altersgenoss*innen in der DDR unterschieden haben. Der Gegenstand besitzt demnach einen deutlichen Lebensweltbezug, der die Wahrscheinlichkeit erhöht, dass die Schüler*innen die Aufgabe für sich als Aufgabe annehmen. Die offene, problemorientierte, auf ein historisches Werturteil abzielende Leitfrage erhöht das Potenzial aufgabenbezogener Motivation: Es handelt sich um eine Frage, die heute – und womöglich auch im direkten Umfeld der Lernenden – kontrovers diskutiert wird. Das Werturteil soll in einem multiperspektivischen Zugriff über mehrere Teilaufgaben vorbereitet werden. Durch die insgesamt fünf Teilaufgaben sollen zudem möglichst viele der in Kapitel zwei diskutierten Gütekriterien historischer Lernaufgaben umgesetzt werden. Das Aufgabenbeispiel dient damit nicht zuletzt der Konkretisierung der vorangegangenen theoretischen Überlegungen. Im Folgenden sollen daher die Aufgabe vorgestellt, die dahinterstehenden didaktischen Überlegungen erläutert und die damit erreichte Umsetzung der Gütekriterien illustriert werden. Das Teilkapitel schließt mit Überlegungen zu der Frage, wie diese Aufgabe adaptiert werden kann, um im Sinne eines diversitätssensiblen Geschichtsunterrichts den Bedürfnissen möglichst vieler Lernender in heterogenen Klassengemeinschaften gerecht zu werden.

Die Pionierorganisation – Erziehung zum Frieden oder Mittel der Indoktrination?

Kinder und Jugendliche in der DDR waren sehr häufig Mitglied der staatlichen Jugendorganisationen. Die jüngeren Kinder gingen zu den „Jungen Pionieren", die älteren zu den „Thälmannpionieren". Mit 14 Jahren konnten die Jugendlichen der FDJ („Freie Deutsche Jugend") beitreten. Sowohl zu Zeiten der DDR als auch heute gab und gibt es unterschiedliche Perspektiven auf diese Organisationen. Waren sie vor allem dazu da, um Kindern und Jugendlichen Möglichkeiten zur Freizeitgestaltung zu geben und ihnen wichtige Werte zu vermitteln, oder dienten sie dazu, den jungen Menschen eine bestimmte Weltsicht aufzuzwingen (Indoktrination)? Mit den folgenden Aufgaben sollst du dir selbst ein Urteil bilden.

1 Wie hat die Pionierorganisation sich selbst gesehen?

a) Fasse zusammen, welche Aufgaben und Ziele den Jungpionieren in der DDR gesetzt wurden (Q1). Vergleiche diese mit den Aufgaben der Thälmannpioniere (Q2).

b) Für die Mitglieder der Jungpioniere wurde die Zeitschrift FRÖSI (kurz für „Fröhlich Sein und Singen") produziert. Recherchiere im Internet (z. B. auf http://www.ddr-comics.de/froesind.htm), welche Themen und Inhalte in der FRÖSI angesprochen wurden und wie die Zeitschrift gestaltet war. Diskutiert in Partnerarbeit, welche Aufgabe die FRÖSI hatte.

Q1 **Mitgliedsausweis der Jungpioniere**

Q2 Auszug aus den Gesetzen der Thälmannpioniere

Wir Thälmannpioniere
lieben unser sozialistisches Vaterland, die Deutsche Demokratische Republik.
In Wort und Tat ergreifen wir immer und überall Partei für unseren Arbeiter- und Bauern-Staat, der ein fester Bestandteil der sozialistischen Staatengemeinschaft ist.

Wir Thälmannpioniere
tragen mit Stolz unser rotes Halstuch und halten es in Ehren.
Unser rotes Halstuch ist Teil der Fahne der Arbeiterklasse. Für uns Thälmannpioniere ist es eine große Ehre, das rote Halstuch als äußeres Zeichen unserer engen Verbundenheit zur Sache der Arbeiterklasse und ihrer Partei, der Sozialistischen Einheitspartei Deutschlands, zu tragen.
[…]

Wir Thälmannpioniere
lieben und schützen den Frieden und hassen die Kriegstreiber.
Durch fleißiges Lernen und durch gute Taten stärken wir den Sozialismus und helfen den Friedenskräften der ganzen Welt. Wir treten immer und überall gegen die Hetze und die Lügen der Imperialisten auf.

Wir Thälmannpioniere
sind Freunde der Sowjetunion und aller sozialistischen Brudervölker und halten Freundschaft mit allen Kindern der Welt.
Die Freundschaft mit der Sowjetunion ist uns Herzenssache. Die Leninpioniere sind unsere besten Freunde. Wir arbeiten eng mit den Pionieren der sozialistischen Länder und allen fortschrittlichen Kinderorganisationen in der Welt zusammen. Wir üben aktive Solidarität mit allen um ihre Freiheit und nationale Unabhängigkeit kämpfenden Völkern.
[…]

Wir Thälmannpioniere
bereiten und darauf vor, gute Mitglieder der Freien Deutschen Jugend zu werden.
Wir interessieren uns für die Geschichte des sozialistischen Jugendverbandes und die Taten der FDJ-Mitglieder. Ihre hervorragenden Leistungen sind uns Vorbild und Ansporn. Wir verwirklichen mit ihnen gemeinsame Vorhaben.

In der ersten Aufgabe sollen die Lernenden auf Basis mehrerer Quellen untersuchen, welches Selbstbild die Pionierorganisation vertrat. Aufgabe 1a) fokussiert vor allem auf die sogenannten Zehn Gebote der Jungpioniere bzw. die Gesetze der Thälmannpioniere. Die Schüler*innen sollen zunächst auf Basis der Mitgliedskarte der Jungpioniere herausarbeiten, dass die Mitglieder neben der Liebe zur DDR vor allem auf Werte wie Freundschaft, Fleiß, Liebe und Frieden verpflichtet wurden. Mit der Liebe *zur DDR* und der Freundschaft *zur Sowjetunion* erhalten diese universalistischen Werte jedoch bereits eine deutliche politische und identitätsstiftende Komponente, die in den Gesetzen der Thälmannpioniere, welche die Gebote der Jungpioniere konkretisieren, noch verstärkt wird. Die Lernenden sollen erkennen, dass die von der Pionierorganisation vertretenen Werte in der Konkretisierung eine deutliche Politisierung erfahren und dass Freundschaft, Kameradschaft und Liebe spezifischen Gruppen vorbehalten bleiben. Die „Kriegstreiber", also die „Imperialisten", welche „Hetze" und „Lügen" verbreiten, sollen die Pioniere dagegen hassen. Zudem können die Lernenden erkennen, dass die Mitgliedschaft bei den Pionieren als Vorbereitung für eine Mitarbeit in der FDJ gesehen wurde, dass also auch über das Ende der achten Klasse hinaus die Mitgliedschaft in einer Jugendorganisation vorgesehen war.

Aufgabe 1b) nimmt das Jugendmagazin FRÖSI in den Blick, das sich an Jungpioniere richtete. Die Lernenden sollen Aufbau, Gestaltung und Inhalt der Zeitschrift selbstständig recherchieren. Dabei sollen sie über eine Analyse der Gestaltung, der Themen und Inhalte untersuchen, inwiefern die FRÖSI die Ziele der Jungpioniere umzusetzen versuchte. Über die Diskussion der Aufgaben der Zeitschrift wird eine Positionierung der Lernenden zur Leitfrage weiter vorbereitet. Zu erwarten ist, dass die Lernenden hier zudem selbst einen Gegenwarts- und Lebensweltbezug herstellen, indem sie die FRÖSI mit auch heute noch erhältlichen Kinder- und Jugendmagazinen wie dem Micky-Maus-Magazin vergleichen.

In Aufgabe 1 sollen die Lernenden historische Sachverhaltsanalysen vornehmen und Sachurteile fällen, die Ihnen bei der Bewertung der problemorientierten Leitfrage, welche die insgesamt fünf Aufgaben aufeinander bezieht, helfen sollen. Hier wird somit in erster Linie das Gütekriterium *Historische Leitfragen als Kohärenzstifter* umgesetzt und ein Beitrag zum Kriterium *Historische Werturteilsbildung als Lernziel* geleistet. Aufgabe 1 fordert von den Lernenden insofern primär synthetische Denkleistungen, als es darum geht, auf Basis von Quelleninterpretation zu einer eigenen historischen Darstellung und Deutung zu gelangen. Durch die eigene Recherche der Lernenden zur FRÖSI klingt darüber hinaus auch das Kriterium *Heuristik als Ausgangspunkt des Lernens* an: Die Schüler*innen sollen sich hier selbst auf die Suche nach Quellen begeben, wenngleich im Aufgabentext ein Hinweis gegeben wird, wo die Suche begonnen werden kann.

2 Wie haben die Mitglieder die Pionierorganisation wahrgenommen?

a) Analysiert die beiden Zeitzeugenberichte und haltet in einer Tabelle fest, welche Aussagen zu den Zielen, den Aktivitäten und den Einflussmöglichkeiten der Pionierorganisation getätigt werden. Wo bestehen Gemeinsamkeiten, wo Unterschiede, und wie lassen sich diese erklären? Eure Tabelle könnte z. B. so aussehen:

	Lehrerin Iris	Schülerin Christel Dux	Gemeinsamkeiten/ Unterschiede
Aktivitäten der Pioniere			
Ziele der Pionierorganisation			
Warum wurde man Mitglied?			
Was passierte, wenn man nicht mitmachte?			
...			

Q3 Bericht der ehemaligen Hallenser Lehrerin Iris

Seid Bereit! Immer Bereit! – In Erinnerung an die Gründung der Pionierorganisation am 13.12.1948

Seid Bereit! Immer Bereit! Das war der Gruß der Mitglieder der am 13. Dezember 1948 in der sowjetischen Besatzungszone gegründeten Pionierorganisation. In ihr waren die Schüler der 1. bis 7. Klasse organisiert. 1952 erhielt die Organisation den Ehrennamen „Ernst Thälmann“. In Erinnerung an den von den Faschisten ermordeten großen Arbeiterführer und aufrechten Kommunisten. Jeder Pionier war stolz, den Namen Ernst Thälmanns zu tragen. Ich weiß wovon ich spreche, war ich es doch auch. Viele, viele schöne Erinnerungen knüpfen sich an diese Zeit.

Auch später, als ich bereits Lehrerin und verantwortlich für die Pioniernachmittage war, waren es für meine Schüler und mich interessante und erlebnisreiche Stunden. [...] Die Aufgabe der Pionierorganisation war es, die Kinder zur Völkerfreundschaft, für Frieden und Sozialismus zu erziehen. In der 1. Klasse wurden die Schüler Jungpioniere, legten ein Pionierversprechen ab und erhielten das blaue Halstuch.

[...] Für die Pioniere gab es ein vielseitiges Freizeitangebot. Man kümmerte sich einfach um die Kinder und ihre Interessen. Unabhängig von der Aktivität in der Pioniergruppe der jeweiligen Schüler ermöglichte man jeweils 1000 Kindern in der 1952 gegründeten Pionierrepublik „Wilhelm Pieck“ am Werbellinsee ihre Ferien zu verbringen. Dort trafen sich Kinder aus den verschiedensten Ländern. Sie arbeiteten an gemeinsamen Projekten und erhielten auch – fiel ihr Aufenthalt nicht in die Ferien – entsprechenden Unterricht.

[…] In Halle, meiner Heimatstadt, gab es „Theater der Jungen Garde" und das Pionierhaus auf der Peißnitz, eine Station für „Junge Naturforscher" und eine „Sternwarte" mit zahlreichen Freizeitangeboten für die Kinder. Unserem Staat, der DDR, war es wichtig, für eine gute Bildung und Ausbildung der Kinder und Jugendlichen zu sorgen – dabei war die Position und der Geldbeutel der Eltern völlig unwichtig. Wichtig war das Kind, eine umfassende Bildung, die Erziehung zur Völkerfreundschaft, gegen Krieg und Ausbeutung und dem bewußten Umgang mit der Natur.

Ich denke sehr gern an meine Pionierzeit und an die Zeit, die ich mit „meinen Pionieren" als Lehrerin verbringen durfte.

User „Iris": Seid Bereit! Immer Bereit! – In Erinnerung an die Gründung der Pionierorganisation am 13.12.1948, http://ddr-kabinett-bochum.blogspot.com/2015/12/seid-bereit-immer-bereit-in-erinnerung.html

Q4 Bericht der ehemaligen Berliner Schülerin Christel Dux

Alle Schulen waren verpflichtet, möglichst alle Schüler in der Pionierorganisation zu haben. Bis 1960 konnte ich mich davor drücken, dann ging es nicht mehr. Als die „Drängelei" fast zur Nötigung wurde, ließ ich mir einen Antrag geben und von Mutti unterschreiben. Die Eltern mußten ihr Eiverständnis geben. Ich bekam mit anderen, ebenfalls „willigen" Schülern, mein blaues Halstuch und war nun Pionier.

Mittwochs gab es immer keine Hausaufgaben auf, damit wir alle zum Pioniernachmittag gehen konnten. Zu den Pioniernachmittagen ging ich sehr selten, ich hatte eine Freundin, die schöne Bücher unter ihrem Bett hatte, alles Kinderbücher aus dem Westen. Sie las diese Bücher nicht, ich verschlang sie; statt zum Pioniernachmittag zu gehen, las ich die Abenteuer- und Geheimnisbücher von Enid Blyton. […]

Zum Fahnenappell sollte möglichst immer Pionierkleidung (dunkler Rock/ Hose und weiße Bluse mit dem blauen Pioniertuch) getragen werden. Die FDJler zogen nur ihre FDJ-Hemden an. Manche hielten sie nur in der Hand, und wieder andere legten sich die blauen Hemden während des Appells nur über die Schultern.

[…] 1962 stand uns die Jugendweihe bevor. […] Feierlich marschierten wir ein, so wie wir es einen Tag vorher geübt hatten, wir setzten uns auf unsere Plätze vorne und lauschten der Musik. Dann sprach der Direktor, dann sprach ein Lehrer, dann sprach der Pionierleiter und der FDJ-Sekretär, der uns klar machte, daß wir nun in die FDJ einzutreten hätten. Als alle fertig waren, standen wir auf, und der Direktor las das Gelöbnis vor. „Ja, das geloben wir" hörte ich alle quaken, ich machte nur den Mund auf und zu.

[…] Danach ging jeder seiner Wege, wir hatten nur eine kleine Feier im engsten Familienkreis. Gleich nach der Jugendweihe wurden wir alle in die FDJ aufgenommen, wir bekamen einen FDJ-Ausweis und sollten auch FDJ-Beiträge zahlen. Ich zahlte nie einen Pfennig. Angeblich wäre es für unsere Zukunft besser, gleich nach der Jugendweihe einzutreten. Um mir Ärger zu ersparen, machte ich mit. Nun hatten wir blaue Hemden mit einem FDJ-Emblem am Ärmel.

Dux, Christel: Jugendweihe und Freie Deutsche Jugend (FDJ). In: LeMO-Zeitzeugen. Lebendiges Museum Online. Stiftung Haus der Geschichte der Bundesrepublik Deutschland, http://www.hdg.de/lemo/zeitzeugen/christel-dux-jugendweihe-und-fdj.html

b) Die Berichte wurden auf den Websites von zwei Museen veröffentlicht, die die Geschichte der DDR ausstellen. Recherchiert im Internet zu den Absichten und Einstellungen der beiden Museen. Stellt dabei die Aussagen, die die Museen über sich selbst treffen, den Einschätzungen gegenüber, die andere über diese treffen. Notiert in einer Tabelle, welche Urteile von wem getroffen werden und auf welchen Websites ihr diese gefunden habt. Eure Tabelle könnte z. B. so aussehen:

	Haus der Geschichte Bonn	**DDR-Kabinett Bochum**
Selbstdarstellung (z. B. Ziele der Ausstellung, beteiligte Personen und Institutionen, Finanzierung, Besucher …)		
Gestaltung der Website (Professionalität, Seriosität, Wissenschaftlichkeit, …)		
Fremdeinschätzung 1 (Wer sagt auf welcher Website was über das Museum?)		
Fremdeinschätzung 2 (Wer sagt auf welcher Website was über das Museum?)		
Fremdeinschätzung 3 (Wer sagt auf welcher Website was über das Museum?)		

Die zweite Aufgabe konfrontiert die Lernenden mit zwei Zeitzeugenberichten ehemaliger DDR-Bürgerinnen, die die Aufgaben und Tätigkeiten der Pionierorganisation sehr unterschiedlich einschätzen. Während die ehemalige Lehrerin Iris die Pioniere als eine Organisation präsentiert, die der Friedensförderung diente, Jugendlichen Freizeitaktivitäten sowie Bildungsmöglichkeiten eröffnete und allen Kindern offenstand, charakterisiert die Zeitzeugin Christel Dux ihre Erfahrungen mit Pionieren und FDJ als eine lästige Pflichtaufgabe, zu der man gedrängt worden sei und die man ertragen habe, um sich nicht mögliche Zukunftsoptionen zu verbauen. Die Lernenden sollen im ersten Teil der Aufgabe die Gemeinsamkeiten, vor allem aber die Unterschiede in den Darstellungen und Einschätzungen der beiden Zeitzeuginnen herausarbeiten und Vermutungen über die Ursachen anstellen. Womöglich haben die beiden Zeitzeuginnen unterschiedliche Erfahrungen gemacht, weil sie in unterschiedlichen Städten (Halle bzw. Berlin) lebten. Vielleicht ergeben sich ihre unterschiedlichen Wahrnehmungen auch dadurch, dass sie auf unterschiedliche biographische Phasen zurückblicken. Plausibel erscheint aber vor allem, dass die Unterschiede in den Zeitzeuginnenberichten darauf zurückzuführen sind, dass Iris als ehemalige Repräsentantin eines politischen Systems spricht, dem sie sich auch heute noch zugehörig fühlt. Sie positioniert sich damit nachdrücklich außerhalb des geschichtskulturellen Konsenses der Berliner Republik. Christel Dux dagegen charakterisiert sich selbst als eine Schülerin in der „inneren Emigration", als Jugendliche, die der politischen Einflussnahme der DDR widerstanden hat und an den Pionieraktivitäten nur zum Schein teilnahm. Ein Vergleich der beiden Zeitzeuginnenberichte führt die Lernenden also im Idealfall dazu, nicht allein die unterschiedlichen Eindrücke und Urteile zu vergleichen, sondern auch Spezifika der Quellengattung Zeitzeugenbericht und ihre Verortung im geschichtskulturellen Diskurs zu reflektieren.

Im zweiten Teil der Aufgabe wird der geschichtskulturelle Kontext, in dem die beiden Zeitzeuginnenberichte veröffentlicht wurden, näher beleuchtet. In einem analytischen Zugriff sollen die Schüler*innen die Webauftritte, die Selbstdarstellung sowie Fremdeinschätzungen der beiden Museen miteinander vergleichen, denen die Berichte entstammen. Die Tabelle strukturiert etwaige Analyseaspekte vor. Mögliche Erkenntnisse, zu denen die Lernenden dabei gelangen können, sind z.B. die Tatsache, dass es sich beim Haus der Geschichte um eine Einrichtung in öffentlicher Trägerschaft handelt, die mit zahlreichen weiteren wissenschaftlichen Institutionen kooperiert. Dabei legt das Museum hohe Ansprüche an die eigene Wissenschaftlichkeit, die sich im Vorhandensein eines wissenschaftlichen Beirats, in Forschungstätigkeiten, Veröffentlichungen, zahlreichen Sonderausstellungen und einem museumspädagogischen Bildungsangebot niederschlagen. Gleichzeitig wird im Haus der Geschichte aber auch eine staatstragende Meistererzählung präsentiert, die häufig als dezidiert westdeutsche und (vor allem in der ersten Fassung) CDU-affine Deutung kritisiert wird (vgl. Schneider 1995; Pohl 2006). Das DDR-Kabinett Bochum dagegen ist ein Museum in der Hand eines Vereins, welches vor allem diejenigen Sachquellen ausstellt, die der erste Vorsitzende des Vereins, Andreas Maluga, in privater Initiative gesammelt hat. Die zentrale Funktion der Ausstellung besteht laut Selbstdarstellung darin, eine kritische Gegenposition zu den geschichtskulturellen Versuchen zu liefern, „die Geschichte der DDR zu verdrehen und die erbrachte Lebensleistung der Bürgerinnen und Bürger der DDR in den Schmutz zu ziehen".[5] Es handelt sich also um eine mindestens affirmative, häufig aber auch dezidiert revisionistische und geschichtsklitternde Darstellung – vor allem auf der begleitenden Blog-Seite des Museums,[6] wo auch Fremdtexte, etwa von ehemaligen Grenzsoldaten (z.B. Andrä 2013), publiziert werden. Die Lernenden sollen hier also die unterschiedliche geschichtspolitische Positionierung der beiden Museen erkennen, aber ebenso den unterschiedlichen Grad an institutioneller Absicherung und Wissenschaftlichkeit. Nicht zuletzt sollen sie herausarbeiten, dass der Zeitzeugenbericht der Lehrerin „Iris" nicht nur völlig auf der Linie der Selbstdarstellung der Pionierorganisation sowie der Ausrichtung des Museums liegt, sondern auch ohne jegliche Zusatzinformationen (dafür aber mit zahlreichen formal-sprachlichen Fehlern) präsentiert wird.[7] So wird nicht erwähnt, wann der Zeitzeugenbericht erhoben wurde, ob er außerhalb der Website publiziert wurde oder wie der Verein an diese Aussage gelangt ist. Nicht einmal ein Nachname der Lehrerin wird genannt. Die Schüler*innen sollen feststellen, dass sie keine Möglichkeit haben, die Aussagen außerhalb der Website des DDR-Kabinetts zu verifizieren, und dass es sich daher durchaus auch um eine Quellenfälschung handeln könnte.

Aufgabe 2 wird damit ähnlichen Gütekriterien gerecht wie Aufgabe 1, wechselt den inhaltlichen Fokus aber von der Selbstbeschreibung der Pioniere auf die Wahrnehmung durch Zeitzeug*innen. Erneut geht es also darum, durch Sachanalysen und Sachurteile ein Werturteil vorzubereiten, mithilfe dessen die problemorientierte Leitfrage beantwortet werden kann. Teilaufgabe b) verlangt von den Lernenden über die bislang fokussierten synthetischen Denkleistungen hinaus auch analytische Operationen, indem die Lernenden das Haus der Geschichte mit dem DDR-Kabinett vergleichen sollen. Zusätzlich zu den bereits erwähnten Gütekriterien löst die Aufgabe spätestens an dieser Stelle somit auch das Kriterium *Analyse und Synthese als komplementäre Denkbewegungen* ein. Die vergleichende Analyse der beiden Websites, ihrer Selbstdarstellung und Fremdwahrnehmung ist zudem ein

Beitrag zur Förderung der internetspezifischen Recherchestrategien des *lateral reading* und des *taking bearings*, die in Kapitel 5 vorgestellt wurden.

3 Wie sehen andere die Pionierorganisation?

Ihr habt bereits herausgearbeitet, wie das *Selbstbild* der Pionierorganisation war und wie diese *von Zeitzeuginnen* wahrgenommen wurde. Entwickelt auf Basis eurer Überlegungen nun eine Fragestellung, bei der es um eine weitere Perspektive auf die Pioniere geht. Schließt euch dazu in Fünfergruppen zusammen und diskutiert diese Fragen:

- Welche Perspektiven auf die Pionierorganisation gibt es?
- Welche davon interessiert euch am meisten?
- Was genau interessiert euch an dieser Perspektive, was möchtet ihr herausfinden?
- Mit welcher Methode kann man dieser Perspektive auf die Spur kommen?
- Welche Materialien kann man zur Beantwortung eurer Forschungsfrage verwenden?

Die dritte Aufgabe verfolgt zwei Ziele: Zum einen sollen die Schüler*innen darüber nachdenken, welche weiteren Perspektiven auf die Pionierorganisation noch existieren. Hier können sowohl zusätzliche zeitgenössische Perspektiven (etwa aus der sowjetischen oder der bundesrepublikanischen Politik oder aus dem Journalismus) als auch retrospektive Darstellungen (aus Schulbüchern, aus Geschichtsportalen im Internet, bei Wikipedia, in YouTube-Erklärvideos, in der professionellen Historiographie) in Betracht gezogen werden. Zum anderen sollen die Lernenden Überlegungen zu der Frage anstellen, unter welcher Fragestellung, anhand welcher Methode und auf Basis welcher Quellen bzw. Darstellungen diese Perspektive sinnvoll untersucht werden kann.

Damit wird hier das Kriterium *Heuristik als Ausgangspunkt des Lernens* realisiert, welches bereits zuvor anklang, nun aber konsequent umgesetzt wird. Indem die Schüler*innen darüber reflektieren, welche weiteren Perspektiven überhaupt noch möglich sind, indem also über Geschichte als perspektivisches Konstrukt nachgedacht wird, wird die Aufgabe zudem dem Kriterium *Historische Reflexion als Lernevaluation* gerecht.

4 Wie siehst du die Pionierorganisation?

Das Bild zeigt eine Single der Band Easty Girls, die Technoversionen von Pionierliedern spielen. Hör dir das Lied im Internet (z. B. bei YouTube) an. Nimm dann Stellung zu diesem Umgang mit der Pionierorganisation, indem du einen Zeitungskommentar verfasst. Berücksichtige dabei die Leitfrage.

Easty Girls Feat. Honi: Hammer Und Zirkel Im Ährenkranz (CD-Cover, 1996 Polydor GmbH, Hamburg)

In Aufgabe 4 werden die Lernenden schließlich dazu aufgefordert, sich mittels eines historischen Werturteils zu der Leitfrage zu positionieren. Dies geschieht in Form einer Stellungnahme zu einem geschichtskulturellen Phänomen mit möglichem Lebensweltbezug, der Ostalgie. Entscheidend ist, dass auch bei dieser Aufgabe nicht schon im Vorhinein feststeht, welches Urteil von den Lernenden erwartet wird. Auch wenn eine Mehrheit der Schüler*innen vermutlich zu der Einschätzung gelangen wird, dass die Pionierorganisation nicht allein der Friedenserziehung und Völkerfreundschaft diente und dass eine Mitgliedschaft auch aus anderen Motiven als der ehrlichen Begeisterung für den Sozialismus aufgenommen werden konnte, ist damit nicht determiniert, wie sie den „ostalgischen“ Umgang mit den Pionieren im gewählten Beispiel beurteilen. So ließen sich Argumente für eine Einschätzung als harmlose Verballhornung, als unpolitische Erinnerung an eigene Jugenderfahrungen, als problematische Verharmlosung, als kritikwürdige Verherrlichung, als Teil ostdeutscher Identitätsarbeit und vieler weiterer finden.

Damit erfolgt in Aufgabe vier die über die vorherigen Aufgaben vorbereitete Einlösung des Kriteriums *Historische Werturteilsbildung als Lernziel.* Wie schon zuvor werden auch hier wieder *Analyse und Synthese als komplementäre Denkbewegungen* zusammengebracht, indem die historischen Sachverhaltsaussagen und Urteile, die in der der musikalischen und visuellen Darstellung der *Easty Girls* eingelagert sind, geprüft und für die eigene Urteilsbildung genutzt werden. Durch den expliziten Hinweis auf das Zieltextformat des Zeitungskommentars und die Aufforderung zur individuellen Produktion eigener Darstellungen wird darüber hinaus das Kriterium der *Prozess- und Produktorientierung zur Lernstrukturierung* erfüllt, das bereits zuvor in den Vorschlägen für die Gestaltung der Tabellen anklang.

> **5** Reflexion: Bildet Fünfergruppen und vergleicht, zu welchen Urteilen ihr bei Aufgabe 4 gekommen seid. Erstellt eine Mindmap, in der ihr die unterschiedlichen Ergebnisse eurer Gruppe festhaltet. Analysiert, wie ihr bei der Beurteilung jeweils vorgegangen seid und wie ihr eure Urteile begründet habt. Diskutiert die Frage, wie überzeugend ihr die Argumente eurer Gruppenmitglieder findet.

Die abschließende Aufgabe 5 fordert die Lernenden noch einmal zur Reflexion ihres Lern- und Arbeitsprozesses sowie ihrer Ergebnisse auf. In Gruppenarbeit sollen die Schüler*innen ihre Urteile, Argumente und Maßstäbe miteinander vergleichen. Dabei können sie einerseits erkennen, dass Geschichte eine perspektivische, gegenwartsgebundene Konstruktion ist, dass also unterschiedliche historische Darstellungen, Deutungen und Urteile auch dann möglich sind, wenn dieselbe Quellenbasis zugrunde gelegt wird. Andererseits soll diese Einsicht nicht zu einem simplen Relativismus führen („Die eine sieht es so, der andere so."). Vielmehr soll durch den expliziten Vergleich und die Diskussion der Argumente verdeutlicht werden, dass es durchaus Kriterien zur Beurteilung der Triftigkeit historischer Darstellungen gibt – eine Erkenntnis, die sich nicht zuletzt auch aus den vorherigen geschichtskulturellen Analysen der Lernenden speist. Die Aufgabe erfüllt somit auch das Kriterium *Historische Reflexion als Lernevaluation.*

Damit sind die fachspezifischen Kriterien, denen die Aufgabe gerecht wird, benannt. Abschließend soll noch eine Einschätzung zu der

Frage erfolgen, inwiefern die Aufgabe fachübergreifende Gütemerkmale umsetzt. Die Aufgaben orientieren sich insofern am Kriterium der doppelten *Operationalisierung*, als sie nicht nur die erwartete Denkleistung nennen und dabei soweit wie möglich auf standardisierte Operatoren zurückgreifen (Aufgabe 1: zusammenfassen, diskutieren; Aufgabe 2: analysieren; gegenüberstellen; Aufgabe 3: entwickeln; Aufgabe 4: Stellung nehmen), sondern zudem Hinweise zum Vorgehen und der intendierten Sozialform enthalten. Damit werden sie zudem dem Kriterium der *Verständlichkeit* gerecht: Die Aufgaben sind so formuliert, dass den Lernenden nicht nur klar ist, welche historische Denkleistung von ihnen erwartet wird, sondern auch, wie sie bei der Bearbeitung der Aufgabe vorgehen können. Der Verzicht auf unnötige sprachlogische Komplexität trägt ebenfalls zur Verständlichkeit der Aufgaben bei. Auch wenn die Aufgaben verständlich sind, so sind sie dennoch keineswegs einfach oder banal. Vielmehr werden die Lernenden zu verschiedenen komplexen historischen Denkleistungen aufgefordert (und dabei durch die Aufgabe unterstützt) und zur Erstellung unterschiedlicher Produkte (Tabellen; Mindmap; Zeitungskommentar; Diskussionsbeiträge) animiert. Inwiefern das *Anforderungsniveau* damit der „Zone der nächsten Entwicklung" eines substanziellen Anteils der Lerngruppe entspricht, kann jeweils nur für die eigene Klasse entschieden werden. In jedem Fall ist festzuhalten, dass nicht nur die problemorientierte Leitfrage, sondern vor allem die Lösungserwartungen der Teilaufgaben offen gehalten sind. Diese *Offenheit* ist auch darauf zurückzuführen, dass die Lernenden für mehrere Teilaufgaben eigene Rechercheleistungen anstellen sollen. Im Vergleich und der Diskussion der Ergebnisse, Befunde und Urteile regen die Aufgaben nicht nur zum *kooperativen Lernen* an, sondern fordern dieses unmittelbar ein.

Überlegungen zur Differenzierung der Aufgabe

Lediglich das Kriterium der *Differenzierung* wird hier bislang nicht eingelöst. Das ist vor allem aus pragmatischen und darstellungstechnischen Gründen der Fall, weil die Aufgabe in der vorliegenden Fassung schon relativ umfangreich und komplex ist. Die Teilaufgaben gleichzeitig noch in differenzierender Weise darzustellen, hätte diese grafisch und bezüglich ihrer Verständlichkeit unübersichtlich werden lassen. Daher sollen nun Überlegungen zu möglichen Differenzierungen angestellt werden – in dem Wissen, dass es didaktisch sinnvoller ist, derartige Erwägungen bei der Konzipierung der Aufgabe zu berücksichtigen und diese nicht erst im Nachgang zu vollziehen. Die im folgenden Unterkapitel vorgestellte zweite exemplarische Lernaufgabe ist daher in ihrer Grundkonzeption noch deutlicher auf Differenzierung ausgerichtet, kann dafür aber anstelle des vollen Spektrums möglicher Differenzierungen nur ausgewählte Aspekte illustrieren.

Mittels welcher Veränderungen könnte die Aufgabe zur Pionierorganisation nun angepasst werden, um den Bedürfnissen einer heterogenen Lernendengruppe möglichst in der Breite gerecht zu werden? Wie in Kapitel 2.2 bereits erläutert wurde, ist es sinnvoll, den Schüler*innen unterschiedliche Zugänge zu einem gemeinsamen Gegenstand zu eröffnen, wobei der gemeinsame Gegenstand im Geschichtsunterricht in einem historischen Basiskonzept bestehen kann. Basiskonzepte sind unabhängig von fallspezifischem Inhaltswissen. Vielmehr handelt es sich bei diesen um „fachspezifische Konzepte, die historisches Denken unabhängig vom Fallbeispiel grundlegend mitbestimmen und einen Transfer zwischen unterschiedlichen Fällen ermöglichen" (Kühberger 2020, 274). Anders als beispielsweise in der Politikdidaktik (vgl. Weißeno u.a. 2010) gibt es bislang keinen curricular verankerten Kanon an Basiskonzepten. Christoph Kühberger (2016b) hat einen Vorschlag für derartige Konzepte unterbreitet, der drei Dimensionen unterscheidet: Auf den historischen Erkenntnisprozess bezogene epistemische Basiskonzepte wie „Quelle" oder „Ursache und Wirkung", historische Basiskonzepte, worunter Kühberger solche Konzepte fasst, die Zeit hinsichtlich eines Verständnisses „für (i) Zeitpunkte, (ii) Zeitverläufe und (iii) Zeiteinteilungen" (Kühberger 2020, 275) gliedern und strukturieren, sowie gesellschaftliche Basiskonzepte wie „Macht, Normen, Verteilung, Handlungsspielräume, Kommunikation", die „die Zusammenhänge des menschlichen Zusammenlebens [reflektieren] und versuchen, sie analysierbar zu machen" (ebd.).

Welche Basiskonzepte werden anhand der Aufgabe gefördert? „Pionierorganisation" ist kein Basiskonzept, sondern ein Beispiel für konkretes, fallbezogenes Inhaltswissen. Die Aufgabe tangiert dagegen das epistemische Basiskonzept QUELLE, das historische Basiskonzept DDR sowie die gesellschaftlichen Basiskonzepte „Macht" und „Handlungsspielräume" oder, allgemeiner, FREIHEIT UND UNFREIHEIT. Möchte man den Bedürfnissen möglichst vieler Lernender gerecht werden und ein Spektrum an Differenzierungsmöglichkeiten offerieren, sollte man im Blick behalten, dass die Schüler*innen sich in jedem Fall mit diesen Konzepten auseinandersetzen müssen. Andernfalls würden die unterschiedlichen Zugänge zu unterschiedlichen Lerngegenständen führen, was gerade nicht der Idee eines diversitätssensiblen gemeinsamen Lernens entsprechen würde. Dies ist grundsätzlich auch anhand unterschiedlicher Themen möglich (indem z.B. Aufgaben zur Pionierorganisation mit Aufgaben zur Reisefreiheit und zur Stasi kombiniert werden). Sowohl aus unterrichtsorganisatorischen Gründen als auch, um die unterschiedlichen Perspektiven und Ergebnisse der differenzierenden Aufgaben in der Phase der Aufgabenreflexion (vgl. Kapitel 3.1) gemeinsam erörtern zu können, bietet es sich aber häufig an, soweit wie möglich auch in einem ähnlichen thematischen Kontext zu arbeiten.

Um das Spektrum unterschiedlicher Zugänge zum solchermaßen identifizierten gemeinsamen Gegenstand auszuloten, kann man auf das in Kapitel 2.2 bereits erwähnte *Universal Design of Learning* (UDL) zurückgreifen (vgl. Kühberger/Barsch 2020). Dieses Konzept sieht mit seinen Prinzipien[8] im Sinne einer angestrebten umfassenden Barrierefreiheit von Lerngelegenheiten vor, den Bedürfnissen Lernender mit unterschiedlichsten Voraussetzungen gerecht zu werden, indem eine Aufgabe Wahlmöglichkeiten in drei Bereichen bereithält:

- *Prinzip 1: Multiple Wege, zur Aufgabenbearbeitung zu motivieren („the ‚WHY' of learning"):* Die zentrale Idee dieses Prinzips ist es, die Lernenden dazu zu bringen, die Aufgabe im Sinne Renate Girmes' für sich als Aufgabe anzunehmen. Im Sinne des UDL gehören dazu zum einen die Möglichkeit, individuell bedeutsame Aufgaben wählen zu können, und zum anderen das Vermeiden unnötiger Frustrationserfahrungen. Erreicht werden kann dies, indem einerseits möglichst selbständig aus Aufgaben mit möglichst hohem Lebensweltbezug und möglichst klarer Zielsetzung gewählt werden kann und indem andererseits unterschiedliche Anforderungsniveaus sowie Möglichkeiten zur Kooperation zur Verfügung stehen. Eine Variation des Anforderungsniveaus kann im Geschichtsunterricht auf verschiedene Weise erreicht werden: durch das Bereitstellen zusätzlicher unterstützender Materialien (Scaffolding), durch eine sprachliche Bearbeitung der verwendeten Quellen und Darstellungen (z.B. indem diese in leichter Sprache präsentiert werden; vgl. Degner 2020), aber auch durch eine Variation des Abstraktionsgrades hinsichtlich der Frage, wer in den Materialien als Handelnde*r in Erscheinung tritt (eine konkrete Person, ein*e Vertreter*in einer Gruppe, ein abstraktes Kollektiv; vgl. Körber u.a. 2020, 411 f.).
- *Prinzip 2: Multimodale Repräsentation des Lerngegenstandes („the ‚WHAT' of learning"):* Bei diesem Prinzip geht es vor allem darum, Lerninhalte nicht allein in Textform zu präsentieren, um unter-

schiedlichen Lerntypen, Lernenden mit anderer Muttersprache, Lernenden mit Lese-Rechtschreibschwäche oder Lernenden mit Seh- bzw. Hörbeeinträchtigung gerecht zu werden. Im Kontext des Geschichtsunterrichts besteht die Möglichkeit, neben textuellen auf visuelle, auditive, gegenständliche, filmische oder multimediale Quellen und Darstellungen zurückzugreifen. Ebenso wie bei der Arbeit mit bearbeiteten Quellen sollte dabei berücksichtigt werden, dass Quellen und Darstellungen keine neutralen Informationsträger sind und einander nicht einfach ersetzen können. Vielmehr beeinflussen Medien- und Gattungsspezifika die auf Basis der Materialien mögliche historische Sinnbildung. Eine Romanverfilmung erzählt eine Geschichte anders als der zugrundeliegende Roman, und ein Transkript einer Zeitzeugenbefragung enthält einerseits weniger Informationen als ein Audio- oder Videomitschnitt (Tonlage, Mimik und Gestik, Umgebungsgeräusche, …), fügt diesen aber andererseits auch Informationen hinzu (z.B. indem Uneindeutiges interpretiert wird). Werden diese Unterschiede in der Phase der Aufgabenreflexion in der Klasse diskutiert, ermöglichen multimodale Zugänge nicht nur unterschiedliche Zugänge zum selben Gegenstand, sondern auch vertiefte Einsichten in die Perspektivität historischer Narrationen.

- *Prinzip 3: Multiple Lösungs- und Handlungswege („The ‚HOW' of learning"):* Die Bedeutung offener Aufgaben wurde in diesem Band bereits mehrfach diskutiert (vgl. Kapitel 2.2). Im Kontext eines diversitätssensiblen Geschichtsunterrichts ist damit allerdings nicht primär eine inhaltliche, sondern vor allem eine methodische Offenheit gemeint, die unterschiedliche, auch nicht-schriftliche Wege der Bearbeitung und unterschiedliche Lernprodukte einschließt. Aufgrund der Bedeutung von Sprache für Geschichte und der Tatsache, dass diese nicht unmittelbar erfahrbar ist, ist das Spektrum möglicher Zugänge, insbesondere direkter körperlicher Erfahrung, im Vergleich zu anderen Fächern eingeschränkter (vgl. allerdings Völkel 2017 für eine Gegenposition). Möglich sind aber Wege der Aufgabenbearbeitung, bei denen mündliche (eingesprochene statt geschriebener Texte, Podcasts, Referate und Vorträge) oder bildliche (Zeichnungen, Karten, Collagen) Produkte produziert werden und die *auch* eine körperlich-expressive (Rollenspiele, Podiumsdiskussionen, handlungsorientierte Zugänge in Anlehnung an Verfahren der experimentellen Archäologie oder der Living History) bzw. haptische (Umgang mit Sachquellen) Dimension beinhalten.

Möchte man diese Prinzipien, die zum Teil Schnittmengen nicht nur mit anderen überfachlichen Kriterien (Offenheit, Zusammenarbeit), sondern auch mit dem fachspezifischen Kriterium der Produkt- und Prozessorientierung aufweisen, in Aufgaben realisieren, sollte man im Blick behalten, dass in jedem Fall das historische Lernen im Zentrum steht. Gerade solche Maßnahmen, die mehr Konkretion bewirken sollen, können dazu führen, dass historisches Lernen erschwert statt erleichtert wird, da der Lerngegenstand womöglich gerade nicht als ein historischer erfahren wird, sondern als etwas Gegenwärtiges (vgl. Riegert 2020, 77). Ähnliches gilt für Materialien in leichter Sprache, die ebenfalls eine Neigung zur Dekontextualisierung und Ent-Historisierung aufweisen (vgl. Degner 2020). Wichtig ist also, dass differenzierende Wahlmöglichkeiten tatsächlich unterschiedliche Wege zum selben Gegenstand eröffnen – und das, ohne vorhandene Diversität zu ontologisieren und Unterschiede zu- oder festzuschreiben.

Im Folgenden sollen für jede Teilaufgabe der Lernaufgabe zur Pionierorganisation einige Möglichkeiten skizziert werden, mittels derer sich weitere Zugänge zum gemeinsamen Gegenstand eröffnen lassen.

Aufgabe 1: Wie hat die Pionierorganisation sich selbst gesehen?

Anstelle der in erster Linie textbasierten Quellen können hier andere Quellengattungen verwendet werden, die ebenfalls das Selbstbild der Pionierorganisation zum Ausdruck bringen. Beispielsweise kann man auf Pionierlieder zurückgreifen, zu denen sich zeitgenössische Aufnahmen bei YouTube finden. So verweist etwa das Lied „Der hellen Zukunft zu“[9] auf mehrere der „Zehn Gebote der Pioniere“. Einen audiovisuellen Zugang zum Selbstkonzept der Pionierorganisation bietet ein online verfügbarer[10] Beitrag des DDR-Fernsehens, der junge Kinder präsentiert, die sich auf die Zeit bei den Jungpionieren freuen. Auch hier werden die propagierten Werte der Pionierorganisation in den Vordergrund gestellt. Das Spannungsverhältnis aus Werten wie Friedensliebe und Freundschaft einerseits, aus Uniformierung und Kampf gegen den Systemgegner andererseits lässt sich durch einen Vergleich des Liedtextes bzw. des Fernsehbeitrags mit Bildquellen erreichen. So finden sich beispielsweise im kommerziellen DDR-Bildarchiv[11] ebenso wie im Bildarchiv des Bundesarchivs[12] unter dem Suchbegriff „Pionier“ zahlreiche Fotoquellen mit uniformierten Jungpionieren in Zeltlagern, bei Pioniermanövern oder bei SED-Veranstaltungen. Im Bestand der Online-Ausstellung des „Hauses der Geschichte“ findet sich eine Kinderzeichnung, auf der Jungpioniere bei einer Panzerparade dargestellt sind.[13] Wenngleich damit die Ebene der Selbstdarstellung der Pionierorganisation verlassen wird, bietet diese Bildquelle einen spannenden Einblick in die enge Verknüpfung von Pioniertätigkeit und Wehrerziehung.

Wege einer nicht nur sprachlichen Aneignung des Gegenstands der Aufgabe können darin bestehen, gemeinsame eine Strophe eines Pionierliedes zu singen. Unbedingte Voraussetzung dafür ist aber, dass allen Beteiligten klar ist, warum dies geschieht, nämlich um körperlich-emotional zu erfahren, welche Effekte gemeinsames Singen hat, und um anschließend gemeinsam darüber nachzudenken, inwiefern diese Effekte im Kontext der Pionierorganisation genutzt wurden. Dabei sollte dann auch die Bedeutung und Wirkung der Uniformen berücksichtigt werden. Um die Bedeutung der Uniform zu unterstreichen, kann neben dem Liedtext und Fotoquellen auch auf Werbeanzeigen für Pionierkleidung zurückgegriffen werden.[14] Über die Website jugenderfahrungen.de kann zudem ein Museumskoffer ausgeliehen werden, der zwar kein Pionier-, aber ein FDJ-Hemd enthält. Uniformen und Uniformteile, insbesondere Pionierhalstücher und Pionierabzeichen, sind zudem antiquarisch erhältlich, sodass hier unterstützend mit Sachquellen gearbeitet werden kann.

Teilaufgabe 1b) kann differenziert werden, indem statt der internetbasierten Recherche FRÖSI-Hefte als Quellenmaterial mitgebracht werden. Auch diese sind antiquarisch für wenige Euro erhältlich. Bei der Arbeit mit einzelnen Heften gerät die thematische Übersicht über die Inhalte der Jungendzeitschrift ein wenig in den Hintergrund, dafür gewinnt die Aufgabe aber an Anschaulichkeit und Exemplarizität.

Aufgabe 2: Wie haben die Mitglieder die Pionierorganisation wahrgenommen?

Anstelle der vorgeschlagenen Berichte der Zeitzeuginnen Christel Dux und Lehrerin „Iris“ können videografierte Interviews verwendet werden. Auf der Seite www.zeitzeugen-portal.de finden sich zahlreiche professionell gefilmte Interviews, die mehrheitlich für TV-Dokumentationen der ZDF-Zeitgeschichtsredaktion erstellt wurden. Über die Suchfunktion lassen sich diejenigen Passagen identifizieren, in denen die Pionierorganisation thematisiert wird. Auch unter www.jugendopposition.de lassen sich derartige Interviews abrufen. Im Vergleich zur Druckfassung bieten diese Videos den Vorteil der Zugänglichkeit auch für Lernende mit Leseschwierigkeiten. Darüber hinaus verdeutlichen sie, dass historische Ereignisse konkrete und fassbare Personen betreffen – eine Einsicht, die bei der Arbeit mit Textquellen bisweilen verloren zu gehen droht. Zudem besteht die Möglichkeit, videografierte und textförmige Berichte zu kombinieren und mit den Lernenden die Möglichkeiten und Grenzen der jeweiligen Quellengattung zu diskutieren. Problematisch sind allerdings zwei Aspekte. Zum einen finden sich auf diesen Seiten nur Interviews mit Zeitzeug*innen, die sich – zumindest in der retrospektiven Betrachtung – dem System und auch der Pionierorganisation gegenüber kritisch positionieren oder die in direkter Opposition zum SED-Staat standen. Zum anderen besteht die Gefahr, dass eine analytische Distanz zum Berichteten schwerer fällt, weil die Zuhörenden der „Autorität des Dabeigewesenen" (Näpel 2003, 220) verfallen, von der Emotionalität des Berichts überwältigt werden oder die Zeitzeug*innen schlicht sympathisch finden. Eine eigene Befragung von Zeitzeug*innen im Klassenraum vergrößert sowohl die Potenziale als auch die Herausforderungen videografierter Berichte noch einmal (vgl. Bertram 2017 für eine empirische Perspektive auf diesen Zusammenhang). Über das Zeitzeugenbüro der Bundesstiftung Aufarbeitung[15] können Zeitzeug*innen für den Geschichtsunterricht vermittelt werden. Gerade bei der Befragung anwesender Zeitzeug*innen verlagert sich der Fokus des Untersuchungsinteresses. Hier steht, zumindest im Unterrichtskontext, eher die Anschaulichkeit individueller Erfahrungen im Zentrum, weniger die wissenschaftspropädeutische Heranführung an Methoden der Oral History, wenngleich auch diese eine Rolle spielen können (vgl. Henke-Bockschatz 2014). Insbesondere hinsichtlich der Motivation zur Aufgabenbearbeitung verspricht die Arbeit mit im Unterricht anwesenden Zeitzeug*innen besondere Potenziale. Die unterschiedlichen Rollen und Aufgaben bei der Vorbereitung, Durchführung und (zumindest in Ansätzen auch der) Auswertung der Befragung setzen nicht nur Kooperation voraus, sie halten auch unterschiedliche Zugänge für unterschiedliche Lerntypen bereit. Diese Vielfalt kann auch in der Ergebnispräsentation berücksichtigt werden: Anstelle des in der Aufgabe vorgeschlagenen, primär analytischen Zugangs mittels einer Tabelle sind kreative Formen der Darstellung möglich, indem etwa zentrale Episoden des Zeitzeug*innenberichts begründet identifiziert und in Form eines Comics, eines Hörspiels oder eines Rollenspiels dargestellt werden.

Die in der Aufgabe angelegten quellenkritischen Zugänge zur Gattung des Zeitzeug*innenberichts würden also mindestens neu akzentuiert, wenn anstelle des Vergleichs kritischer und affirmativer (schriftlicher) Berichte mit Videos gearbeitet wird oder Zeitzeug*innen in den Unterricht eingeladen werden. Teilaufgabe 2b) sollte dementsprechend durch eine Aufgabe ersetzt werden, die die jeweiligen Spezifika der gewählten Quellengattung für die Lernenden analytisch zugänglich macht.

Aufgabe 3: Wie sehen andere die Pionierorganisation?

Diese Aufgabe ermöglicht aufgrund ihrer Offenheit bereits eine Vielzahl an Schwerpunkten, Perspektiven und Zugängen. Differenzierungsmaßnahmen können hier eher bei der methodischen Entlastung der Lernenden ansetzen, indem Scaffoldingmaßnahmen angeboten werden, die den Lernenden die Bandbreite möglicher Perspektiven auf die Pionierorganisation sowie möglicher Zugänge zu ihrer Erforschung illustrieren, etwa in der Form einer Mindmap. Heuristische Entscheidungen könnten durch derartige Materialien vorstrukturiert werden.

Aufgabe 4: Wie siehst du die Pionierorganisation?

Möglichkeiten der Differenzierung bieten sich bei dieser Aufgabe in zweierlei Hinsicht, nämlich zum einen bezüglich des Materials, das als Anlass für das historische Werturteil genommen wird, sowie zum anderen hinsichtlich der Formen der Ergebnispräsentation. Anstelle des „ostalgischen“ Umgangs der „Easty Girls“ mit DDR-Liedgut bieten sich YouTube-Kommentare an, die einen Einblick in die partizipative Natur geschichtskultureller Diskurse in den sozialen Medien erlauben. So finden sich etwa unter einem Video des YouTubers „MrWissen2go“ zur Jugend in der DDR unterschiedlichste Beurteilungen der Pioniere und der FDJ, in denen häufig auf die eigenen oder die elterlichen biographischen Erfahrungen verwiesen wird.[16] Zum Beispiel kommentiert User „Fergus MacLeod“:

> Naja was du sagst stimmt zwar alles aber ist auch ein bisschen übertrieben als ob es in der FDJ nur darauf hinaus lief irgendwelche Arbeiten für die Gesellschaft zu machen. Meine Eltern waren beide in der FDJ und denen hat es eigentlich ziemlich Spaß gemacht, es gab schon auch viel „gemütliches Beisammensein“ wo man halt abgechillt hat und nicht nur politische Veranstaltungen. Letztendlich waren es ja immer noch Jugendliche die auch einen gewissen sozialistischen Spaß in der Freizeit haben wollten. Wenn die FDJ nur aus Kartoffeln ausgraben und vor Lenin salutieren bestanden hätte hätten sicherlich viele Jugendliche auf Dauer krass abgekotzt.

Auch diese können Anlass für die Lernenden bieten, sich selbst zur Pionierorganisation zu positionieren – in diesem Fall dann ohne explizite Berücksichtigung des Phänomens der Ostalgie. Diese Positionierung muss nicht, wie in der Aufgabe ursprünglich vorgeschlagen, in Form eines Zeitungskommentars erfolgen. Hier sind ebenfalls kreative Umsetzungsformen möglich, z.B. in Form eines von den Lernenden verfassten Songs, eines Beitrags zu einem Poetry bzw. Science Slam oder eines satirischen Memes. Wichtig bei derartigen kreativen Umsetzungsformen ist, dass das historische Werturteil nicht zur spontanen Meinungsäußerung verkümmert. Wenngleich die Idee kreativer Umsetzungsformate konterkariert würde, wenn man die Lernenden zu einer zusätzlichen Begründung in Textform aufforderte – das würde künstlerische Ausdrucksformen gegenüber argumentativen Texten abwerten –, sollte dennoch sichergestellt werden, dass die Lernenden ihre historischen Werturteile begründet fällen. Das kann zum Beispiel geschehen, indem eine Reflexionsrunde im Stile eines Künstlerin*innenterviews geführt wird.

Aufgabe 5: Reflexion

Eine abschließende Reflexion ist gerade dann wichtig, wenn differenzierende Zugänge zum gemeinsamen Gegenstand gewählt werden. Hier kann die Lerngruppe nicht nur ihre historischen Werturteile und deren Begründung gegeneinander abwägen, sondern auch über die Frage nachdenken, auf welche Weise sich die gewählte Ausdrucksform auf das gefällte Urteil auswirkt. Führte womöglich die Entscheidung, das Werturteil als Meme zu präsentieren, zu einer spöttischen, distanziert-kritischen Haltung? Trug die Umsetzung als Song oder Gedicht dazu bei, dass bei der Urteilsfindung die individuellen Empfindungen und Erfahrungen der Pioniere besonders berücksichtigt wurden?

6.2.2 Lernaufgabe 2: Das Mittelalter in der Geschichtskultur – ein Spiegel der Gegenwart?

Die zweite Lernaufgabe richtet sich primär an Lernende der Oberstufe. Im Zentrum der Aufgabe stehen analytische Denkakte, indem anhand unterschiedlicher Beispiele untersucht werden soll, wie das Mittelalter in der Geschichtskultur dargestellt wird. In der Geschichtsdidaktik herrscht Konsens hinsichtlich der Annahme, dass die kritische Teilhabe an der Geschichtskultur ein zentrales Ziel historischen Lernens ist. Entsprechende Formulierungen finden sich auch in sämtlichen Curricula. Lernende begegnen Geschichte nicht nur im Geschichtsunterricht, sondern vor allem in ihrer Lebenswelt, in Spielfilmen und Videospielen, in Romanen und Ausstellungen, in der Werbung, im Tourismus, in Straßennamen und unzähligen weiteren Medien der Geschichtskultur. Diese außerschulische Geschichtskultur wirkt sich natürlich auf die Strukturen des Geschichtsbewusstseins aus. Genau wie bei den kommunikativen Akten des Geschichtsunterrichts handelt es sich um Angebote, die von den Lernenden auf individuelle Weise genutzt werden, die wahrgenommen, möglicherweise an- und aufgenommen sowie verarbeitet werden. Während das System Geschichtsunterricht durch Pädagogizität geprägt ist (siehe die Überlegungen in Kapitel 1), es also so eingerichtet ist, dass die Lernenden historisch denken lernen sollen, verfolgt die außerschulische Geschichtskultur häufig andere Ziele: Mit Geschichte soll unterhalten, etwas verkauft oder jemand politisch überzeugt werden. Deshalb ist es wichtig, Geschichtskultur zum Gegenstand des Geschichtsunterrichts zu machen (vgl. z.B. von Reeken 2004; Bergmann 2016b): Den Schüler*innen muss bewusst sein, wie Geschichte in außerschulischen Geschichtskulturen konstruiert und diskutiert wird. Dies geschieht nicht primär in der Absicht, mit erhobenem Zeigefinger darauf zu verweisen, dass Darstellungen der populären Geschichtskultur „falsch" (im Sinne zweifelhafter empirischer Triftigkeit) sind und die Lernenden diese meiden sollten. Vielmehr sollen sie befähigt werden, entsprechende Angebote bewusst und reflektiert nutzen und einordnen zu können, statt diese nur passiv zu konsumieren.

Die notwendigen analytischen Fähigkeiten sollen in der Lernaufgabe am Beispiel des Mittelalters geschult werden. Schließlich handelt es sich beim Mittelalter um eine Epoche, die sich in der außerschulischen Geschichtskultur ausgesprochener Beliebtheit erfreut, an die sich aber auch besonders viele (und durchaus unterschiedliche) wissenschaftlich nicht haltbare Vorstellungen binden (vgl. von Borries 1989; Buck/Brauch 2011; Stöckle 2012). Das ist nicht nur heute der Fall, sondern war seit der „Erfindung" des Mittelalters in der Frühen Neuzeit so. Deshalb wird in der Mediävistik, also der geschichtswissenschaftlichen Forschung zum Mittelalter, häufig die Position vertreten, das Mittelalter sei eine Projektionsfläche, auf die unterschiedliche Epochen ihre je eigenen Selbstbilder, Abneigungen, Wünsche und Sehnsüchte projizieren (z.B. Groebner 2008). Die Leitfrage der Aufgabe greift diese Hypothese auf, um sie in den Teilaufgaben anhand unterschiedlicher aktueller Umgangsweisen mit dem Mittelalter zu untersuchen.

Das Mittelalter in der Geschichtskultur – ein Spiegel der Gegenwart?

Das Mittelalter ist heute eine beliebte historische Epoche. Spielfilme, Videospiele, Mittelaltermärkte, Ausstellungen im Museum, die Werbung und der Tourismus widmen sich dem Mittelalter – jeweils auf ihre eigene Weise. In den folgenden Aufgaben werden die Fragen untersucht, warum das Mittelalter so beliebt ist, welche Vorstellungen vom Mittelalter verbreitet sind und was uns diese über uns heute sagen können. Indem ihr über diese Fragen nachdenkt, sollt ihr euch ein Urteil zum Umgang mit dem Mittelalter bilden.

1

a) Fasse den Argumentationsgang des Artikels in drei bis fünf Sätzen zusammen.
b) In dem Artikel werden verbreitete Fehlvorstellungen zum Mittelalter genannt. Weise auf Basis deines Vorwissens und einer Internetrecherche (z. B. unter dem Schlagwort „Finsteres Mittelalter" bei Wikipedia) nach, warum es sich um falsche Vorstellungen handelt. Recherchiere weitere Beispiele für falsche Mittelalterbilder.

Der Journalist Markus Verbeet schreibt bei Spiegel Online über die Ursachen der Mittelalterbegeisterung:

Düstere Jahrhunderte voller Ritter, Päpste, Burgfräuleins: Für viele ist das Mittelalter ein Zeitalter, das sie von Märkten und Schaukämpfen, aus Kinofilmen und Büchern zu kennen glauben. Das tatsächliche Wissen über die Zeit zwischen 500 und 1500 ist dagegen erschreckend schwach. […]

„Warum fangen auch aufgeklärtere Bewohner des 21. Jahrhunderts sofort an, von Rittern (edel), Mönchen (fromm), Bauern (echt) und, wenn es ganz schlimm kommt, von Hexen zu phantasieren, von ‚Ursprüngen' und ‚Verlorenem', kaum dass das magische M-Wort gefallen ist?", fragte kürzlich der Geschichtsprofessor Valentin Groebner in der „Frankfurter Allgemeinen Sonntagszeitung" und lieferte die Antwort gleich mit: „Weil das Mittelalter keine Epoche ist, sondern ein Gefühl." […]

Wenn es aber ums Gefühl geht, sind die Fakten unwichtig. Da spielt es dann keine Rolle mehr, dass die Menschen im Mittelalter mitnichten die Erde für eine Scheibe gehalten haben und Hexenjagden größeren Stils erst in der Neuzeit stattfanden. Oder dass Ritterrüstungen ganz schön beweglich waren und keineswegs mit Keuschheitsgürteln die Enthaltsamkeit von Ehefrauen über einen längeren Zeitraum erzwungen wurde – Ausstellungen des Germanischen Nationalmuseums in Nürnberg und, soeben beendet, des Deutschen Historischen Museums in Berlin kämpften zuletzt mal wieder gegen solche Mythen.

Die alte Zeit ist schon seit langem vor allem eine Projektionsfläche der aktuellen Sehnsüchte. […]

Besonders der Film hat die Popularität befördert, Werke wie „Der Name der Rose", „Braveheart", „Luther", „Ritter aus Leidenschaft" oder „Die Päpstin".

Dass sie es mit den historischen Fakten nicht so genau nehmen, stört die meisten Zuschauer nicht und trägt vermutlich zum Erfolg bei. „Filme sind eben keine Wissenschaft und müssen ohne Fußnoten auskommen", sagt die Altgermanistin Bettina Bildhauer, die an der University of St. Andrews in Schottland lehrt und soeben ein Buch über die Darstellung des Mittelalters in verschiedenen Filmen geschrieben hat. Was die Regisseure mit der Historie anstellten, meint Bildhauer, sei „oftmals falsch und dennoch wertvoll".

Die Filme zeichneten ein verzerrtes Bild der damaligen Wirklichkeit, verrieten aber viel über die heutige Zeit: Sie sagen „weniger über das Mittelalter aus als über uns, unser Selbstbild und unser Weltbild", sagt die Forscherin. Wenn das Mittelalter mit Burgfräulein, Ritter und Drachenkampf romantisiert wird, wie in „Ritter aus Leidenschaft", dann komme darin wohl auch ein Unbehagen über die heutige Zeit zum Ausdruck. Und wenn die Welt damals als besonders rückständig dargestellt wird, wie in „Der Name der Rose", dann können wir uns als fortschrittlich fühlen.

Markus Verbeet: Historien-Hype. Renaissance der Wanderhuren. In: Spiegel Online, 8.11.2010, https://www.spiegel.de/lebenundlernen/uni/historien-hype-renaissance-der-wanderhuren-a-727443.html

Aufgabe 1 etabliert die Leitfrage unter Verwendung eines Artikels von Spiegel Online. Verfasser Markus Verbeet bezieht sich auf ausgewählte wissenschaftliche Positionen und selbst gewählte Beispiele, um zu zeigen, dass populäre Mittelaltervorstellungen eines finsteren oder eines heroischen Mittelalters zwar verbreitet, aber nicht mit aktuellen Forschungsbefunden vereinbar sind. Zugleich wird darauf verwiesen, dass diese Fehlvorstellungen Ausdruck aktueller historischer Sinnbildungsbedürfnisse sind. Die Schüler*innen sollen diese Argumentation in Aufgabe 1 zunächst verstehenssichernd zusammenfassen, um dann weitere Beispiele für Mittelalterklischees zu recherchieren. Der im Aufgabentext genannte Wikipedia-Beitrag kann dabei einen Startpunkt der Recherche bilden. Teilaufgabe 1 erfüllt damit das Kriterium *Historische Leitfragen als Kohärenzstifter*, indem hier die Leitfrage für die kommenden Aufgaben aufgeworfen wird. Durch die eigene Rechercheleistung wird darüber hinaus zumindest ein Teilaspekt des Kriteriums *Heuristik als Ausgangspunkt des Lernens* umgesetzt, da Heuristik natürlich nicht auf die Recherche von Quellen (wie in Lernaufgabe 1) beschränkt ist, sondern ebenso umfasst, sich mit dem Forschungsstand vertraut zu machen. Dazu gehört auch, nicht nur diejenige Literatur zu recherchieren, die direkte Antworten auf die Leitfrage gibt, sondern auch solche, die Teilaspekte – in diesem Fall verbreitete Fehlvorstellungen zum Mittelalter – thematisiert.

2 Wahlpflichtaufgabe: Wähle nach deinem Interesse aus einer der folgenden Darstellungen des Mittelalters aus. Bearbeite dann diese Aufgaben.

a) Analysiere, wie und mit welchen Eigenschaften das Mittelalter porträtiert wird. Was macht im gewählten Beispiel das Mittelalter aus, was gilt als mittelalterlich? Was wird beschrieben, was wird wie beurteilt, und vor allem: Was wird nicht erwähnt? Strukturiere deine Beobachtungen durch eine Mindmap. Charakterisiere das Bild des Mittelalters, das hier vertreten wird, mit einem knappen Bezeichnung (z. B. „das finstere Mittelalter") und setze diese ins Zentrum der Mindmap.

b) Vergleicht eure Ergebnisse aus Aufgabe a) in Partnerarbeit. Entwickelt dann eine Vermutung zu der Frage, welche Funktion die Mittelalterbilder für die Produzenten und das Publikum erfüllen. Warum wird das Mittelalter hier auf genau die Art und Weise dargestellt, die ihr analysiert habt?

B1 **Beispiel: Das Mittelalter auf dem Mittelaltermarkt**

Plakat zum mittelalterlichen Markt in Hamburg-Bergedorf 2012:

Weitere Informationen unter www.kzk.de/Schloss-Bergedorf-Hamburg-Bergedorf-2012.html

B2 Beispiel: Das Mittelalter im historischen Roman

Auszug aus dem Prolog des Romans „Die Päpstin" von Donna Cross:

Es war am siebenundzwanzigsten Tag des Wintarmanoth im Jahre unseres Herrn 814, im härtesten Winter seit Menschengedenken. Hrotrud, die Hebamme des Dorfes Ingelheim, kämpfte sich durch den Schnee zum Haus des Dorfpriesters. Eine Windböe fegte zwischen den Bäumen hindurch, krallte ihre eisigen Finger in Hrotruds Körper und drang durch die Löcher und Flicken ihrer dünnen Wollkleidung. Der Waldweg war von hohen Schneewehen bedeckt; bei jedem Schritt sank Hrotrud fast bis zu den Knien ein. Eine Schneekruste hatte sich über ihren Brauen und Lidern gebildet; immer wieder wischte sie sich übers Gesicht, um den Weg sehen zu können. Die Hände und Füße schmerzten ihr vor Kälte, obwohl sie mehrere Stofflappen darumgewickelt hatte. [...]

Bei Gudrun, der Frau des Dorfpriesters, hatten die Wehen eingesetzt, einen Monat früher als erwartet. Da hat sich das Kleine ja eine schöne Zeit ausgesucht, ging es Hrotrud voller Bitterkeit durch den Kopf. Allein letzten Monat habe ich fünf Kinder zur Welt gebracht, und keins von ihnen hat länger als eine Woche gelebt. [...]

An der Tür angelangt, klopfte sie einmal; dann trat sie unaufgefordert ein, ohne zu warten. [...]

„Ist das Kind schon da?" fragte sie.

„Noch nicht", antwortete der ältere der beiden Jungen.

Hrotrud murmelte ein kurzes Dankgebet an den heiligen Kosmas, den Schutzpatron der Hebammen. Mehr als einmal war sie um ihre Bezahlung betrogen worden, weil das Kind ein bißchen zu früh gekommen war, so daß sie ohne einen denarius für all die Mühe, die sie auf sich genommen hatte, wieder nach Hause gehen mußte.

Am Herdfeuer wickelte sie sich die gefrorenen Lappen von Händen und Füßen und stieß einen erschreckten Schrei aus, als sie die kränkliche, blauweiße Farbe der Haut sah. Heilige Mutter, laß nicht zu, daß der Frost mir die Hände und Füße nimmt. Für eine verkrüppelte Hebamme hatten die Dorfbewohner nur noch wenig Verwendung. Elias, der Schuhmacher, hatte auf diese Weise seinen Broterwerb verloren. Auf dem Rückweg von Mainz war er von einem Schneesturm überrascht worden. Seine Fingerkuppen waren binnen einer Woche schwarz geworden und dann abgefallen. Seither kauerte er halb verhungert und zerlumpt neben den Kirchentüren und erbettelte sich sein tägliches Brot von mildtätigen Mitmenschen. [...]

Gudrun war auf ein Lager aus Torf gebettet, das mit frischem Stroh bestreut war. Der Dorfpriester, ein dunkelhaariger Mann mit dichten, buschigen Augenbrauen, die ihm einen ständigen Ausdruck von Strenge verliehen, saß ein Stück entfernt. Er begrüßte Hrotrud durch ein Kopfnicken; dann wandte er seine Aufmerksamkeit wieder dem großen, in Holz gebundenen Buch zu, das auf seinem Schoß lag. Hrotrud hatte dieses Buch schon bei früheren Besuchen in diesem Haus bemerkt, doch sein Anblick erfüllte sie stets aufs neue mit Ehrfurcht. Es war eine Abschrift der heiligen Bibel und das einzige

Buch, das Hrotrud jemals gesehen hatte. Wie auch die anderen Dorfbewohner, konnte Hrotrud weder lesen noch schreiben. Dennoch wußte sie, daß dieses Buch ein kostbarer Schatz war, viel mehr Gold-solidi wert, als alle Dorfbewohner zusammen in einem Jahr verdienten. Der Dorfpriester hatte das Buch aus seiner Heimat England mitgebracht, wo Bücher nicht so selten waren wie im Frankenreich.

Als Hrotrud ihre Patientin untersuchte, erkannte sie sofort, daß es sehr schlecht um Gudrun bestellt war. Ihr Atem ging flach, ihr Puls raste bedrohlich schnell, und ihr ganzer Körper war gedunsen und aufgebläht. Hrotrud erkannte diese Zeichen. Sie durfte keine Zeit mehr verlieren. Sie griff in ihren Beutel und nahm eine bestimmte Menge Taubendung heraus, den sie im letzten Herbst mühsam gesammelt hatte. Sie ging zum Herd zurück, warf den Dung ins Feuer und beobachtete zufrieden, wie der dunkle Qualm aufstieg und die Luft von bösen Geistern reinigte.

Sie mußte den Schmerz lindern, damit Gudrun sich entspannen und das Kind zur Welt bringen konnte. Hrotrud beschloß, zu diesem Zweck Bilsenkraut zu benutzen. Sie holte ein kleines, getrocknetes Bündel der winzigen, gelben, purpurn geäderten Blumen hervor, legte sie in einen Mörser aus gebranntem Ton und zerstampfte sie geschickt zu Pulver, wobei sie bei dem stechenden Geruch, der dabei entstand, die Nase rümpfte. Dann gab sie das Pulver in einen Becher mit kräftigem Rotwein und brachte ihn Gudrun zum Trinken.

„Was willst du ihr denn da geben?" fragte der Dorfpriester, der unvermittelt hinter Hrotrud erschienen war.

Hrotrud zuckte zusammen; sie hatte beinahe vergessen, daß der Mann bei ihnen war. „Die Wehen haben Eure Frau geschwächt. Dieses Mittel wird ihren Schmerz lindern und es dem Kinde erleichtern, aus dem Mutterleib hervorzukommen."

Der Dorfpriester machte ein düsteres Gesicht. Er nahm Hrotrud das Bilsenkraut aus der Hand, umrundete die Trennwand und warf das Kraut ins Herdfeuer, wo es zischend verbrannte. „Du versündigst dich gegen Gott, Weib."

Hrotrud konnte es nicht fassen. Da hatte es sie Wochen anstrengender Suche gekostet, um diese kleine Menge der kostbaren Medizin zu sammeln, und nun so etwas! Sie wandte sich dem Dorfpriester zu und wollte ihrem Zorn Luft machen, hielt dann aber inne, als sie den harten, kalten Blick in seinen Augen sah.

„Zur Frau sprach der Herr: Viel Mühsal bereite ich dir, sooft du schwanger wirst. Unter Schmerzen sollst du Kinder gebären", sagte er und klopfte zur Bekräftigung seiner Worte mit der Hand auf den Einband des Buches. „So steht es geschrieben. Eine solche Medizin ist gottlos!"

Hrotrud wurde von wildem Zorn gepackt. An ihrer Medizin gab es nichts Gottloses. Sprach sie nicht jedesmal, wenn sie eine Pflanze aus der Erde zog, neun Vaterunser? Aber sie hatte nicht die Absicht, ein Streitgespräch mit dem Dorfpriester zu führen. Er war ein einflußreicher Mann. Ein Wort von ihm über ihre „gottlosen" Praktiken, und sie mußte ihren Beruf aufgeben und betteln gehen. […]

Wie lange war es jetzt her, daß der Dorfpriester diese sächsische Frau mit nach Ingelheim gebracht hatte? Zehn Winter? Elf? Nach fränkischen Maßstäben war Gudrun schon damals nicht mehr jung gewesen – sechsundzwanzig oder siebenundzwanzig vielleicht –; aber wunderschön mit ihrem langen, weißgoldenen Haar und den blauen Augen der alienigenae. Gudrun hatte ihre ganze Familie bei dem Massaker in Verden an der Aller verloren. Tausende von Sachsen waren an jenem Tag lieber gestorben, als die Wahrheit Unseres Herrn Jesus Christus als ihren Glauben anzunehmen. Verrückte Barbaren, dachte Hrotrud. Das wäre mir nicht passiert. Sie hätte auf alles geschworen, auf das zu schwören man von ihr verlangt hätte – und so würde sie es auch heute noch halten, sollten die Barbaren jemals wieder über das Frankenreich hinwegfegen. Sie würde auf sämtliche fremden und schrecklichen Götter schwören, die von diesen Schlächtern angebetet wurden. Was machte das schon aus? Wer wußte denn, was im Innern eines Menschen wirklich vor sich ging? Eine Hebamme und Kräuterfrau behielt nicht nur ihre Geheimnisse, sondern auch ihre Meinung für sich. [...].

Der Dorfpriester starrte Hrotrud an. „Warum sollte ich dir glauben? Die beiden Jungen hat sie auch zur Welt gebracht, ohne daß es Komplikationen gab. Meine Gebete haben ihr Kraft gegeben. Du kannst gar nicht wissen, ob die Gefahr besteht, daß sie stirbt."

Das war zuviel. Priester oder nicht – daß der Mann ihre Fähigkeiten als Hebamme in Frage stellte, konnte sie nicht hinnehmen. „Ihr wißt gar nichts", sagte sie mit scharfer Stimme. „Ihr habt sie Euch ja nicht einmal angesehen. Geht und schaut sie Euch jetzt an, und dann sagt mir, ob sie sterben wird oder nicht."

Der Dorfpriester ging zur Liegestatt und blickte auf seine Frau hinunter. Ihr schweißnasses Haar klebte auf der Haut, die eine gelblichweiße Farbe angenommen hatte. Um die stumpfen, tief eingesunkenen Augen lagen dunkle Ringe. Wäre nicht ihr schwaches, unregelmäßiges Atmen gewesen, hätte man Gudrun für tot halten können.

„Nun?" fragte Hrotrud mit drängender Stimme.

Der Dorfpriester fuhr zu ihr herum. „Um Himmels willen, Weib! Warum hast du die anderen Frauen nicht sofort mit hierhergebracht?"

„Wie Ihr selbst gesagt habt, Herr, hat Eure Frau die beiden Söhne ohne die geringsten Schwierigkeiten geboren. Ich hatte keinen Grund, diesmal damit zu rechnen. Außerdem – wer wäre bei einem solchen Wetter schon bis hierher gekommen?"

Der Dorfpriester ging zur Feuerstelle und schritt vor den flackernden Flammen nervös auf und ab. Schließlich blieb er stehen. „Was soll ich tun?"

Donna W. Cross: Die Päpstin. Berlin 1996

B3 *Beispiel: Das Mittelalter im Spielfilm*

Königreich der Himmel:

Königreich der Himmel (DVD Cover, 2005 20th Century Fox), Trailer: https://www.youtube.com/watch?v=u91m-1xn6qc&ab_channel=Moviedinho

B4 *Beispiel: Das Mittelalter im Heavy Metal*

„Knights of the Cross" der Band Grave Digger:

CD-Cover

(1)
It is the end, of the eleventh century
The Christians rule
European countries
The Pope is the head of church
Representing God on earth
His words are the law
His mind is set on war

In the name of God they kill
In the name of God they rape
Blood leads to glory – for God's sake

Knights, knights of the cross
Murder, murder
Fight to defend Jerusalem
From the unholy devils

(2)
Pope and priests cry out for holy war
God and Jesus they think to be fighting for
The Islam conquered Byzanz
Slaughter Christians everywhere
Knights of the Cross invade the East
Where the Islam dwells

(3)
Knights in the name of
God, stab women and men
Burning, raping, eating human flesh
Satanic bloodlust in their eyes
The first crusade is won
The knights realize too late
Their ankles are covered with Christian blood

Grave Digger: Knights of the Cross. Auf: Knights of the Cross. GUN Records 1998.

B5 *Beispiel: Das Mittelalter in der Forschung*

Interview mit dem Historiker Johannes Fried:

ZEIT Geschichte: Herr Fried, Sie kennen das Mittelalter wie kaum ein anderer. Hätten Sie gerne damals gelebt?

Johannes Fried: Um Himmels willen! Der entsetzliche Schmutz, der Gestank, man müsste sein gesamtes Sinnessystem zurückentwickeln, um das auszuhalten. Wir leben ja heute in einer beinah gestankfreien Welt. Die Menschen damals haben sich hingegen nicht wie wir täglich gewaschen; das Alltagsgewand war vielfältig geflickt, darin schlief man, arbeitete man, schwitzte man, fror man. […]

ZEIT Geschichte: Das Licht der Vernunft strahlte dafür umso heller, wenn man der These Ihrer jüngst erschienenen Gesamtdarstellung folgt. Oder ist das „vernünftige Mittelalter", wie Sie es beschreiben, am Ende eine ähnliche Projektion wie das finstere?

Fried: Die Vorstellung vom dunklen Mittelalter ist vor rund 300 Jahren entstanden, im Zeitalter der Aufklärung. Ich hoffe, dass meine Arbeit ein wenig besser mit kritischer Quellenlektüre abgesichert ist. Ich möchte mit der Aussage, dass insbesondere das 10. Jahrhundert, wie ich es formuliert habe, „der Vernunft verfallen war", auch keineswegs gesagt haben, dass es das klügste Jahrhundert der Geschichte gewesen sei, sondern dass in dieser Zeit erstmals und mit großem Interesse bestimmte Texte des Aristoteles wieder rezipiert wurden, nämlich die beiden ersten Texte über die Logik: die Kategorienlehre und die Lehre vom Satz, in denen Aristoteles das Fundament unserer abendländischen Vorstellung von rationaler Argumentation und Weltbeschreibung gelegt hat. An diesen Texten arbeiten sich die Gelehrten des hohen und späten Mittelalters ab. Die uns überlieferten Handschriften sind durchgängig glossiert. Zwischen den Zeilen und am Rand, alles ist voller Notizen: Was bedeutet das? Wie ist das weiterzudenken? Deshalb sage ich: der Vernunft verfallen. Hier beginnt der Weg zur Rationalisierung der europäischen Zivilisation.

ZEIT Geschichte: Manche formal logische Aussage mittelalterlicher Denker erscheint uns heute gleichwohl als zutiefst irrational. Etwa der berühmte Gottesbeweis des Scholastikers Anselm von Canterbury: Da Gott vollkommen ist und zur Vollkommenheit die Existenz zählt, ist Gott existent.

Fried: Der ist schon von einem Zeitgenossen widerlegt worden! Ich bringe lieber ein anderes Beispiel von Canterbury: *fides quaerens intellectum* – der Glaube, der die vernünftige Begründung sucht. Solches Denken mündet zum Beispiel in den sogenannten Abendmahlstreit, der erstmals im Hochmittelalter geführt wurde, bevor er in der Reformationszeit erneut entbrannte. Im 11. Jahrhundert stößt Berengar von Tours die Auseinandersetzung an, ein großer Gelehrter seiner Zeit. Er sagte: Ja, wie ist denn das? Da habe ich eine Oblate. Und dann wird daraus in der Messe am Altar der Leib Christi. Aber: Was ist es denn nun tatsächlich? Diese Oblate wird von Gläubigen gegessen. Zerkaut! Gelangt in den Verdauungstrakt! Wird ausgeschieden! Der Leib Christi? Solche Fragen konnten erst gestellt werden, nachdem die Gelehrten ein Jahrhundert lang Aristoteles gepaukt hatten. Seit dem Hochmittelalter wird alles dem logischen Denken unterworfen: Folgerungen müssen nun Regeln gehorchen, die bekannt und überprüfbar sind. Jede Aussage ist dadurch für andere nachvollziehbar und kann kritisiert werden. Primitiv waren im Mittelalter die Lebensbedingungen der meisten Menschen. Intellektuell aber war es alles andere als eine rückständige, vielmehr eine überaus fortschrittliche Epoche. [...]

ZEIT Geschichte: Wie würde ein mittelalterlicher Mensch wie [Roger] Bacon unsere heutige Welt wahrnehmen?

Fried: Er würde wahnsinnig! Allein der Lärm, die Masse an Menschen, das pausenlose Reden, die Maschinen, Autos, Straßenbahnen. Er würde erschrecken über die Technik: die Straßen, die großen Häuser, riesig, und alle aus Stein. Ja woher haben die denn das Geld?, würde er fragen. Auch unsere Art des Wirtschaftens wäre ihm fremd, erst recht die moderne Medizin: dass da einer zerschnippelt wird und am Ende doch wieder lebend und sogar gesund rauskommt. Wenn man einen damals geborenen Menschen aber an die Hand nehmen könnte, der zugleich noch jung und bildsam wäre, und ihm alles erklären könnte, dann würde er ohne Weiteres in unsere Welt hineinwachsen. Ein junger Roger Bacon, ein junger Abaelard – die würden das schaffen.

ZEIT Geschichte: Weil sie Ausnahmeerscheinungen waren?

Fried: Nicht nur deshalb. Die Bereitschaft, zu neuen Ufern vorzudringen, war durchaus typisch für die geistige Welt des hohen und späten Mittelalters. Denken Sie etwa an die unendlichen Schwierigkeiten, fremde Begriffe wie beispielsweise *misericordia* in die Volkssprachen, etwa das Deutsche, zu übertragen, in eine noch ganz „barbarische" Sprache ohne philosophische Begrifflichkeit und Werteordnung. Das erforderte ein jahrhundertelanges Ringen, bis sich die Übersetzung und mit ihr das Verständnis für eine der wunderbarsten Schöpfungen der Menschheit durchsetzt: „Barmherzigkeit"! Dieses unermüdliche Ringen um zunächst unverständliche Begriffe und neue Ideen, das macht für mich das Mittelalter und seine Faszination aus. Noch die spätere Aufklärung, noch wir heute zehren davon.

Christian Staas: Zwischen Himmel und Erde – Eine Zeitreise mit dem Historiker Johannes Fried. In: ZEIT Geschichte 1/2010, 18–27

B6 *Beispiel: Das Mittelalter im Tourismus*

Reiseangebot der Agentur Zeitreisen:

ZEITreise ins Mittelalter

Leben wie vor 700 Jahren auf einer Burg im Nordwald

Geschichte erleben statt darüber lesen: Living History (Incentive-Urlaub)

Leben auf einer Burg aus dem Mittelalter, mit Rittern und Damen, Knechten und Mägden, Holzarbeitern, Fuhrleuten mit ihren Pferden, … und SIE mitten drin. Händler ziehen entlang uralter Handelsrouten durch den Nordwald und bieten ihre Ware feil, und fahrende Spielleut bringen uns Kurzweyl am Abend. Aber vorher gilt es noch einiges zu erledigen:

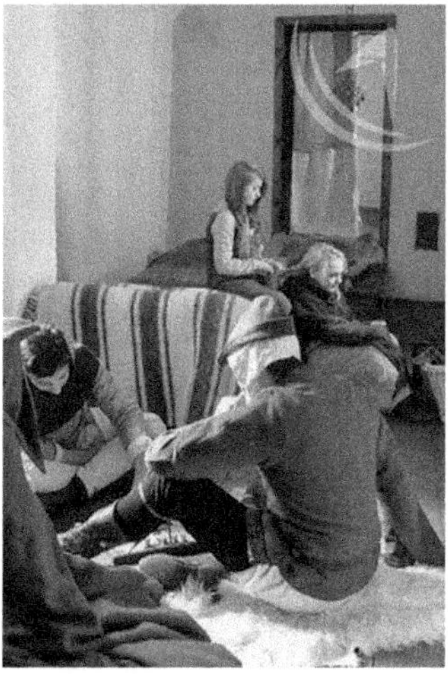

- Brot backen im Holzofen
- Kochen nach uralten Rezepten
- Handarbeiten
- Handwerk (Holz, …)
- Holzrücken mit dem Pferd
- Bogenschießen
- Schwertkampftraining
- Tiere versorgen (Ziege, Pferd, Hühner, Gänse, …)
- …

Aber natürlich auch
- Essen
- Trinken
- Feiern
- historische Spiele
- Müßiggang
- Spaß
- Erholung
- unvergessliche Augenblicke

https://www.zeitenwanderer.at/start-deutsch/projekte-feedback/zeitreise/

Bei Aufgabe 2 steht der analytische, „de-konstruierende" Umgang mit unterschiedlichen Mittelalterbildern im Vordergrund. Nachdem die Lernenden in Aufgabe 1 dafür sensibilisiert wurden, dass verbreitete, häufig sicherlich auch in der Kursgruppe geteilte Vorstellungen zum Mittelalter wissenschaftlich nicht haltbar sind, sollen sie nun untersuchen, inwiefern diese in den Beispielen eine Rolle spielen. Dabei geht es jedoch nicht bloß darum, geschichtskulturelle Darstellungen als empirisch nicht triftig zu identifizieren, sondern vielmehr um eine Analyse des spezifischen Mittelalterbildes, welches in den Beispielen gezeichnet wird. Eine typisierende Bezeichnung bildet den Kern der Mindmap, die die Schüler*innen anfertigen sollen. Die Beispiele unterscheiden sich nämlich nicht nur bezüglich medienspezifischer Darstellungskonventionen, sondern auch bezüglich der Frage, welchen Aspekt des Mittelalters sie in den Vordergrund rücken. Bei Beispiel 1 handelt es sich um das Werbeplakat für einen Mittelaltermarkt, welches hier stellvertretend für den eigentlichen Markt sowie für eine Homepage steht, mit der der Veranstalter für die Veranstaltung wirbt. Hier wird ein abenteuerliches, exotisches, unterhaltsames Mittelalter konstruiert, voller schräger Gestalten und amüsanter Praktiken. Das Mittelalter im Auszug aus Donna Cross' Erfolgsroman „Die Päpstin" (Beispiel 2) dagegen ist ein patriarchalisches, unaufgeklärtes, finsteres Mittelalter, in dem sich pragmatische und emanzipierte Frauen gegen Unterdrückung zur Wehr setzen müssen. Beispiel 3, der Kinofilm „Königreich der Himmel" – hier repräsentiert durch das Covermotiv der DVD und den Trailer –, sowie Beispiel 4, der Song „Knights of the Cross" der Heavy-Metal-Band *Grave Digger,* thematisieren die Kreuzzüge. Während diese im Kinofilm im Stile eines Action-Blockbusters als heroische Schlacht inszeniert werden, werden sie im Lied eher als grausames Gemetzel porträtiert, bei dem christliche Motive nur vorgeschoben werden, um Eroberungslust und Hass zu maskieren. Im Gegensatz zu diesem heroischen bzw. martialischen Mittelalter diskutiert Historiker Johannes Fried in Beispiel 5, einem Interview mit dem Geschichtsmagazin ZEIT Geschichte, ein „vernünftiges", rationales, fortschrittliche Mittelalter. Die Werbeanzeige in Beispiel 6 schließlich, die für einen Urlaub auf einer Burg wirbt, bei der die Urlauber in Anlehnung an Living-History-Praktiken selbst mittelalterliche Arbeits- und Lebenswelten nachempfinden sollen („und SIE mitten drin"), vermittelt das Bild eines ursprünglichen, ehrlichen, entschleunigten Mittelalters, das eine Auszeit aus der schnelllebigen Gegenwart in Aussicht stellt.

Spezifika der jeweiligen Mittelalterkonstruktion sollen durch den vergleichenden Zugriff in Aufgabe b) noch einmal verdeutlicht werden. Die Schüler*innen sollen erkennen, dass in den Beispielen sehr verschiedene Mittelalter konstruiert werden. Indem die Lernenden die in den jeweiligen Beispielen eingelagerten und in Aufgabe a) analysierten Sachaussagen, Sach- und Werturteile gegenüberstellen, können sie Hypothesen zu der Frage entwickeln, welche Funktion das jeweilige Mittelalter der untersuchten Beispiele erfüllt. Dabei können Absichten der Produzenten und Bedürfnisse der Rezipienten, aber auch Gattungsspezifika (ein Song ist etwas anderes als eine Werbeanzeige) und Genrekonventionen (des Actionfilms, des Heavy Metal, usw.) berücksichtigt werden. Vor allem in dieser Aufgabe stehen daher analytische Denkakte im Vordergrund (Kriterium *Analyse und Synthese*), die die Lernenden bei den folgenden Aufgaben zu einer Positionierung gegenüber dem geschichtskulturellen Umgang mit dem Mittelalter befähigen sollen. Durch die Analyse, den Vergleich und die Hypothesenbildung verwirklicht die Aufgabe darüber hinaus das Kriterium der *Historischen Reflexion*. Im Gegensatz zu Lernaufgabe 1 fokussiert diese hier nicht auf den Lernweg, die Prämissen und Befunde der Schüler*innen, sondern auf den Charakter von Geschichte als perspektivische Konstruktion. Die Lernenden erkennen, dass das Mittelalter von unterschiedlichen Akteuren und in unterschiedlichen Medien jeweils unterschiedlich porträtiert wird. Nicht zuletzt wird mit dieser Aufgabe schließlich das überfachliche Kriterium der Differenzierung umgesetzt. Die Aufgabe orientiert sich an der Idee einer „Blütenaufgabe" (vgl. Adamski 2017, 7): Nach der Bearbeitung einer gemeinsamen Basisaufgabe kann gewählt werden, welche geschichtskulturelle Präsentationsform analysiert werden soll.[17] Die Differenzierung erfolgt dabei primär nach Interessen und Vorlieben der Lernenden. Dem Zugang des *Universal Design for Learning* (siehe die Überlegungen am Ende der letzten Beispielaufgabe sowie in Kapitel 2.2) folgend, handelt es sich um unterschiedliche Möglichkeiten, das Interesse der Lernenden anzuregen („Why"). Die gewählten Beispiele unterscheiden sich aber auch hinsichtlich ihrer Codierung (akustisch, schriftlich, visuell) sowie hinsichtlich ihrer sprachlichen Komplexität bzw. der verwendeten Sprache (Deutsch bzw. Englisch), sodass auch eine Differenzierung nach fachlichem Leistungsvermögen, nach Lerntyp oder nach Sprachkompetenz möglich ist. Die Aufgabe präsentiert damit auch unterschiedliche Optionen in den Bereichen des Repräsentation des Lerngegenstands („What"). In den beiden Folgeaufgaben erfolgt dann eine Engführung, indem alle Lernenden dieselben Wahlpflichtaufgaben bearbeiten. Dies ist natürlich unabhängig von der Frage möglich, welches Beispiel in Aufgabe 2 untersucht wurde. Über die Wahl unterschiedlicher Darstellungsformen, die auch Raum für körperliche und kreative Formen lassen, werden den Lernenden Optionen im Bereich des „Why" offeriert. Das Gesamtniveau der Aufgabe bleibt aber, der Zielgruppe entsprechend, relativ hoch. Damit wird nur ein Teilbereich des Spektrums an Differenzierungsmöglichkeiten ausgeschöpft, die bei den Überlegungen zur Differenzierung der Lernaufgabe am Ende des vorangegangenen Teilkapitels umrissen wurden.

Q1 Hollywood und Historiker*innen

1935 schickte der amerikanische Historiker Louis Gottschalk einen Brief an den Präsidenten der Filmproduktionsfirma Metro Goldwyn Mayer (MGM). Darin schrieb er:

If the cinema art is going to draw its subjects so liberally from history, it owes it to its patrons and to its own higher ideals to achieve greater accuracy. No picture of a historical nature ought to be offered to the public until a reputable historian has had a chance to criticize and revise it.

Deutsche Übersetzung [MK]: Wenn die Filmkunst sich bei ihren Themen so ungeniert an der Geschichte bedient, dann ist sie ihren Kunden ebenso wie ihren eigenen höheren Idealen eine größere [historische] Genauigkeit schuldig. Kein Film historischen Inhalts sollte der Öffentlichkeit unterbreitet werden, solange nicht ein renommierter Historiker die Gelegenheit hatte, diesen zu kritisieren und zu korrigieren.

Aus: Robert A. Rosenstone: The Historical Film. Looking at the Past in a Postliterate Age. In: Marcia Landy (Hg.): The Historical Film. History and Memory in Media. London 2001, 50–66, hier 50.

3 Wähle aus einer der beiden Aufgaben:

a) Stell dir vor, eine Produktionsfirma würde heute einen derartigen Brief von einer Historikerin oder einem Historiker bekommen. Verfasse einen Antwortbrief aus der Perspektive eines Regisseurs bzw. einer Regisseurin, in dem du zu Gottschalks Anliegen Stellung nimmst.

b) Bildet Gruppen von mindestens 5 Schüler*innen und organisiert eine Podiumsdiskussion zwischen einer Historikerin bzw. einem Historiker und einer Regisseurin bzw. einem Regisseur. Weitere mögliche Rollen: Moderator*in, Journalist*in im Publikum, Kinofan im Publikum, Geschichtsfan im Publikum. Überlegt vorher, welche Figur welche Haltung zu der Forderung in Q1 hat, welche Fragen sie oder er stellt, welche Argumente sie oder er vorbringen möchte.

Hinweis: In diesem Interview bringt der Regisseur Ridley Scott (u. a. 1492 – Die Eroberung des Paradises; Gladiator; Königreich der Himmel; Robin Hood) sein Selbstverständnis zum Ausdruck: Andreas Kilb/Peter Körte: Ridley Scott: „Gebt mir ein Drehbuch, und ich mache euch einen Cowboyfilm". In: FAZ, 28.4.2005, 39, https://www.faz.net/aktuell/feuilleton/kino/ridley-scott-gebt-mir-ein-drehbuch-und-ich-mache-euch-einen-cowboyfilm-1227265.html

Aufgabe 3 soll im Anschluss an die analytischen Befunde aus der vorangegangenen Aufgabe noch einmal auf den Punkt bringen, dass die wissenschaftliche Historiographie einerseits und die populäre Geschichtskultur andererseits unterschiedlichen Logiken folgen. Gottschalks Forderung aus dem Jahr 1935 erscheint aus heutiger Perspektive entweder naiv oder anmaßend. Möglicherweise kommt darin der akademische Wunsch nach einer Rolle als historischer Gatekeeper zum Ausdruck, das Selbstverständnis also, die alleinige Autorität über Geschichtswissen und Geschichtsbilder zu besitzen. Die implizite Annahme, die im Brief genannten „höheren Ideale" Hollywoods seien dieselben wie die professioneller Historiker, trifft schließlich nicht zu. Mit den Worten Jörn Rüsens (1994) ließe sich sagen, dass bei Kinofilmen die ästhetische Dimension der Geschichtskultur im Vordergrund steht, bei wissenschaftlicher Historiographie dagegen die kognitive Dimension. Historiker*innen schreiben Geschichte, um den Forschungsstand voranzubringen, um Spezialfragen auszudifferenzieren, um wissenschaftlichen Reputationsgewinn zu erlangen. Kinofilme dagegen wollen unterhalten und Tickets verkaufen. Das zentrale Kriterium professioneller Historiographie ist die Triftigkeit, das einer Kinoproduktion sind – neben dem künstlerischen Anspruch – die sprichwörtlichen „bums on seats", die „Hintern auf den Sitzen". Ähnliches ließe sich über Mittelaltermärkte, Heavy Metal-Songs, Videospiele oder Romane sagen.

Die Lernenden haben hier die Wahl zwischen zwei unterschiedlichen Aufgaben, die auf diesen Unterschied abzielen. Im Gegensatz zu Aufgabe 2 erfolgt die Differenzierung hier bezüglich des angestrebten Lernproduktes und der Sozialform („How"). Sie können sich entweder in die Perspektive eines Regisseurs bzw. einer Regisseurin versetzen und einen Antwortbrief an eine*n heutige*n Vertreter*in der Gottschalkschen Forderung verfassen. Unter Berücksichtigung der Ergebnisse aus der vorangegangen Aufgabe sollen die Schüler*innen überlegen, wie sich Filmschaffende zu derartigen Forderungen aus der Wissenschaft positionieren würden. Dabei können praktische und ökonomische Hindernisse – Wer könnte bestimmen, welche Wissenschaftler*innen das letzte Wort haben? Wann im Produktionsprozess könnte eine derartige Zensur durch die Wissenschaft erfolgen? Wie würde sich ein derartiges Verfahren auf die Produktionskosten auswirken? –, vor allem aber die unterschiedliche Funktion von Kinofilmen im Vergleich zu den Produkten akademischer Geschichtsschreibung berücksichtigt werden. Die imaginierten Regisseur*innen könnten sich ebenfalls dazu äußern, ob sie eine spezifische Verantwortung anhand der Prägewirkung von Spielfilmen auf das Geschichtsbewusstsein verspüren. Als fakultative Hilfestellung, erneut im Sinne der Differenzierung, können sich die Schüler*innen an einem Interview mit Ridley Scott, Regisseur zahlreicher Historienfilme, orientieren.

Alternativ dazu kann in Gruppenarbeit eine Podiumsdiskussion organisiert werden, bei der unterschiedliche Rollen zu besetzen sind, die jeweils spezifische Perspektiven zu der Frage einnehmen, welches Maß an Triftigkeit bei historischen Spielfilmen berücksichtigt werden muss. Ähnlich wie beim Brief in Aufgabe a) ist es auch hier wichtig, dass die Lernenden sich zunächst Klarheit darüber verschaffen, welche Haltung die von ihnen verkörperte Rolle vertreten soll und was die unterschiedlichen Funktionen der Diskutanten, des Moderators bzw. der Moderatorin und der Publikumsvertreter*innen bei einer Podiumsdiskussion sind.

Bei dieser Aufgabe stehen die Kriterien *Prozess- und Produktorientierung* sowie *Werturteil als Lernziel* im Vordergrund. Allerdings sollen die Lernenden hier keine eigenen historischen Werturteile äußern, sondern eher antizipieren, wie Filmschaffende ihren eigenen Umgang mit historischen Sachaussagen, Sach- und Werturteilen einschätzen und darstellen würden bzw. wie andere diesen Umgang beurteilen. Die über diese Denkleistungen angestrebte Einsicht in die Perspektivität historischer Urteile stellt einen weiteren Beitrag zum Kriterium der *historischen Reflexion* dar.

4 Setze dich in einem Beitrag für eine Schülerzeitung auf Grundlage deiner Ergebnisse aus Aufgabe 1 – 3 mit der folgenden Aussage des Historikers Thomas Martin Buck auseinander. Bewerte dabei den Unterschied zwischen dem „wissenschaftlichen" und dem „populären" Umgang mit dem Mittelalter.

Tipp: Überlege dir vorher, wie du deinen Artikel aufbauen möchtest. Diese Website kann dir dabei weiterhelfen: https://www.teachsam.de/deutsch/d_schreibf/schr_beruf/jourtex/jou_nachr_1_3.htm

Q2 Der Historiker Thomas Martin Buck über das „wissenschaftliche" und das „populäre" Mittelalter

Wer sich mit dem historischen Mittelalter befasst, ist insofern immer auf verschiedenen Ebenen und in unterschiedlichen, auch nachmittelalterlichen Zeiten unterwegs, je nachdem, ob er sich mit dem „wirklichen" (also historischen) oder dem „vorgestellten" (also imaginären) Mittelalter beschäftigt. […] Der wissenschaftlich-mediävistische Zugriff ist wichtig, aber nur einer unter vielen möglichen. Diese Pluralität und die Unklarheit darüber, was jeweils unter dem Begriff zu verstehen ist, unterscheidet die Epoche von anderen historischen Epochen. […] Ernst Voltmer hat daraus 1987 gefolgert, dass die Epoche nie die Chance gehabt habe, so wahrgenommen zu werden, wie sie tatsächlich war. Immer sei sie benutzt, instrumentalisiert, mythisiert oder als Negativ-Folie präsentiert worden. Ob verklärt (wie in der Romantik) oder verteufelt (wie im Renaissance-Humanismus) – das Mittelalter war von vornherein als „Gegenwelt" (Nicht-Aufklärung, Nicht-Moderne, Nicht-Fortschritt) zur Moderne konzipiert worden. […] Insofern hat die moderne Befassung mit dem Mittelalter häufig weniger mit dem (historischen) Mittelalter als mit uns zu tun. Anhand des Mittelalters wird die Gegenwart erzählt […].

Thomas Martin Buck: Das Mittelalter – ein „erkalteter Erinnerungsort" der vormodernen europäischen Geschichte. In: Andreas Körber/Felix Hinz (Hg.): Geschichtskultur – Public History – Angewandte Geschichte. Geschichte in der Gesellschaft: Medien, Praxen, Funktionen. Göttingen 2020, 513 – 531, hier 514 f.

Aufgabe 4 bündelt die Überlegungen und Befunde der ersten drei Aufgaben und fordert die Schüler*innen zu einer Stellungnahme auf. Der Auszug aus einem Aufsatz des Mediävisten und Geschichtsdidaktikers Thomas Martin Buck, der hier den Ausgangspunkt bildet, rekapituliert die bereits im Spiegel-Artikel aus Aufgabe 1 geäußerte These Valentin Groebners, in populären Mittelalterbildern spiegele sich ein Negativ gegenwärtigen Selbstverständnisses, und reichert sie mit weiteren Aspekten an. Unter Berücksichtigung der vorherigen drei Aufgaben sollen die Lernenden zu dieser These Stellung nehmen und dabei zudem den Unterschied wissenschaftlichen und populären Umgangs mit dem Mittelalter bewerten. Es handelt sich dabei (wie bei Lernaufgabe 1) erneut um eine offene Abschlussaufgabe: Das Urteil, zu dem die Schüler*innen kommen, ist nicht determiniert. Eine kritische Perspektive auf den geschichtskulturellen Umgang mit dem Mittelalter, die diesen Umgang als zynisch-profitorientierte Trivialisierung kritisiert, ist ebenso möglich wie eine Beurteilung als lobenswerter Zugangspunkt, der Interesse wecken und zu vertiefter Beschäftigung führen kann oder als künstlerischer Ausdruck, an den andere Kriterien anzulegen sind als an die Wissenschaft.

Damit führt die Aufgabe erneut einige der bereits genannten Qualitätskriterien zusammen: Die Schülerinnen positionieren sich zu der in Aufgabe 1 aufgeworfene *Leitfrage* und fällen gleichzeitig ein Werturteil. Aufgrund der Tatsache, dass hier analytische Denkakte im Fokus stehen, beziehen sich diese Urteile allerdings nicht auf historische Zusammenhänge, sondern auf den aktuellen Umgang mit Geschichte in der populären Geschichtskultur. Damit fällen die Lernenden hier keine historischen Werturteile, sondern positionieren sich zu der Art und Weise, wie diese von anderen gefällt werden. Es handelt sich hier also um einen *analytischen Umgang mit historischen Werturteilen*. Über die Spezifizierung der Textsorte „Zeitungsartikel" und die weiterführenden Hinweise zur Struktur eines Zeitungsartikels im Lead-Stil wird das Kriterium der *Prozess- und Produktorientierung* umgesetzt. Die in den vorangegangenen Aufgaben erfolgte *historische Reflexion* muss hier ebenfalls rekapituliert und fortgeführt werden.

Welchen überfachlichen Gütekriterien wird die Gesamtaufgabe gerecht? Wie bereits erläutert, spielt das Kriterium der *Differenzierung* hier eine besondere Rolle, die sich einerseits in der Wahlmöglichkeit in Teilaufgabe 2 und 3, andererseits in den Hilfestellungen und weiterführenden Hinweisen bei Teilaufgabe 3 und 4 ausdrückt. Die zentralen gedanklichen Operationen, die von den Lernenden erwartet werden, werden in allen vier Aufgaben durch die *Verwendung standardisierter Operatoren* ausgedrückt (Aufgabe 1: zusammenfassen, nachweisen; Aufgabe 2: analysieren, vergleichen; Aufgabe 3: Stellung nehmen; Aufgabe 4: auseinandersetzen; bewerten). Aufgabe 2b und 3b fordern zudem *kooperatives Lernen*. Genau wie Lernaufgabe 1 versucht auch diese Aufgabe, die Schüler*innen einerseits durch komplexe Anforderungen zu *fordern*, andererseits aber auch, *verständlich* zu sein, und zwar sowohl bezüglich der im Aufgabentext verwendeten Sprache als auch hinsichtlich der fachlichen und der sprachlichen Anforderungen.

6.3 Prüfungsaufgaben

6.3.1 Beispiele für die Sekundarstufe I

In der Sekundarstufe I sind traditionelle Klassenarbeiten in vielen Bundesländern nicht länger vorgesehen. Stattdessen sollen Leistungen der Lernenden häufig unterrichtsbegleitend in schriftlicher oder mündlicher Form erhoben werden. In thematischem Rückgriff auf Lernaufgabe 1 werden deshalb mehrere Prüfungsaufgaben zum Thema der deutschen Teilung und Wiedervereinigung vorgestellt. Die mit diesem Korpus verbundene didaktische Idee besteht darin, dass mittels dieser Aufgaben Leistungen der Schüler*innen auf Ebene unterschiedlicher historischer Denkoperationen geprüft werden können, ohne dabei Lern- und Prüfungszeiten unzulässig miteinander zu vermischen. Gleichzeitig ist insbesondere bei unterrichtsbegleitenden Prüfungsaufgaben wichtig, dass diese das Kriterium der Testökonomie erfüllen, dass sie also schnell vorbereitet, administriert und ausgewertet werden können, ohne den Unterrichtsfluss unnötig zu unterbrechen. Grundsätzlich gilt, dass diese exemplarischen Aufgaben nicht die alleinige Grundlage einer Halbjahresnote sein können, sondern stets mit anderen unterrichtsbegleitenden Prüfungsverfahren kombiniert werden müssen. Indem diese Aufgaben weniger als entscheidende Schlüsselsituation bei der Notenfindung und mehr als ein Mosaikstein von mehreren aufgefasst werden, entlasten sie die Prüfungssituation zumindest partiell von lähmendem Prüfungsdruck. Hier können nur ausgewählte Aufgabenformate konkretisiert werden. Anregungen für weitere Prüfungsaufgaben geben Adamski und Bernhardt (2012), Kühberger (2014) und – trotz des Titels – vor allem Adamski (2014).

Umgekehrte, gewichtete Multiple-Choice-Aufgaben

Das von Bruce VanSledright (2013) entwickelte Konzept der umgekehrten Multiple-Choice-Aufgaben wurde bereits in Kapitel 2.3.1 vorgestellt. Diese unterscheiden sich insofern von den bekannten Auswahlaufgaben, als nur eine der Antwortmöglichkeiten eindeutig falsch ist. Die übrigen drei Alternativen sind jedoch unterschiedlich überzeugend. Sie werden hinsichtlich ihrer Erklärungskraft bepunktet. Um tiefere Einblicke in den Wissens- und Könnensstand der Lernenden zu erhalten, schlage ich ergänzend zu VanSledrights Ansatz vor, die Auswahlentscheidung durch die Schüler*innen begründen zu lassen. Die folgenden vier Beispiele rücken unterschiedliche historische Denkleistungen in den Vordergrund (Analyse – Sachurteil – Werturteil – Frage). Möchte man in der Praxis den Zeitaufwand für die Prüfungsleistung pro Stunde möglichst gering halten, können die vier Aufgaben auch in unterschiedlichen Stunden eingesetzt werden.

1 Auswahlaufgabe

Das zentrale Ziel der Montagsdemonstrationen in der DDR bestand in
a) der Wiederholung der gefälschten Kommunalwahlen.
b) einer demokratischen Neuordnung der DDR.
c) der Reisefreiheit für die Bevölkerung.
d) der Abschaffung des Ministeriums für Staatssicherheit.

Begründe deine Auswahl: ______________________________

Beurteilungsschema	
Antwort	**Punkte**
a)	0
b)	4
c)	3
d)	3
Begründung	0–2

Die erste Auswahlaufgabe zielt auf eine Sachanalyse durch die Lernenden. Geprüft werden hier also inhaltliche Kenntnisse (deklaratives Wissen) sowie deren Gewichtung. Hier geht es noch nicht darum, im Sinne eines historischen Sachurteils eine Schlussfolgerung bezüglich Ursachen und Wirkungen zu ziehen („die Montagsdemonstrationen führten dazu, dass …") oder auf die Intention der Akteure zu schließen („die Forderung F zeigt, dass man das langfristige Ziel Z verfolgte"), sondern darum, die von den Demonstrierenden gestellten Forderungen zu kennen und zu gewichten. Durch letzteren Aspekt unterscheidet sich die Sachanalyse von der reinen Sachverhaltsnennung. Antwort a) ist in diesem Fall die falsche Antwort (0 Punkte). Zwar waren die gefälschten Kommunalwahlen Auslöser der Montagsdemonstrationen, eine Wahlwiederholung stellte aber kein primäres Anliegen der Demonstrierenden dar. Das zentrale Anliegen war grundsätzlicherer Natur: Gefordert wurde eine demokratische Neuordnung der DDR (4 Punkte). Als Teilelemente dieser Neuordnung der DDR wurden Reisefreiheit und ein Ende der Stasibespitzelung gefordert (jeweils 3 Punkte). Eine schlüssige Begründung der Antwort kann bis zu zwei zusätzliche Punkte einbringen.[18]

2 Auswahlaufgabe

Die unmittelbare Ursache für die Öffnung der innerdeutschen Grenze („Mauerfall") am 9. November 1989 war

a) die Wirkung der Massendemonstrationen der DDR-Bürgerinnen und -Bürger.
b) die massenhafte Flucht der Bevölkerung.
c) das Eingreifen der USA.
d) die Fehlinterpretation einer Pressekonferenz durch die westlichen Medien.

Begründe deine Auswahl: ______________________________

Beurteilungsschema	
Antwort	**Punkte**
a)	2
b)	2
c)	0
d)	4
Begründung	0–2

Bei der zweiten Auswahlaufgabe sollen die Lernenden auf Basis ihres Vorwissens ein historisches Sachurteil fällen. Den Schüler*innen wird hier insofern eine komplexe Leistung abverlangt, als sie mehrere Wissensformen einbringen müssen: Einerseits deklaratives Inhaltswissen zum Herbst 1989, andererseits konzeptionelles Wissen zum Konzept Ursache und Wirkung. Hier müssen unterschiedliche Faktoren, die gemeinsam zur Öffnung der Grenze beigetragen haben, miteinander verglichen, gewichtet und hinsichtlich mittelbarer und unmittelbarer Ursächlichkeit unterschieden werden. Eindeutig falsch ist Antwort c), da die USA nicht intervenierten (0 Punkte). Antwort a) und b) sind mittelbare Ursachen (jeweils 2 Punkte). Die Unzufriedenheit der DDR-Bürger*innen mit der politischen und wirtschaftlichen Situation der DDR führte zu Demonstrationen und massenhafter Flucht über Ungarn und Österreich bzw. die damalige Tschechoslowakei. Diese Prozesse setzten die SED-Führung unter Druck, die darauf mit Reiseerleichterungen reagierte. Diese wurden von einem sichtlich überforderten und nur bedingt in die Vorhaben der Parteispitze eingeweihten Günter Schabowski am 9. November auf einer Pressekonferenz bekanntgegeben, der damit unwissentlich die eigentlich vorgesehene

Sperrfrist für die Information missachtete, davon abgesehen aber das geplante Verfahren darstellte (vgl. Hertle 2012). Beabsichtigt war eigentlich, ständige Ausreisen sowie Besuchsreisen nun auch über die deutsch-deutsche Grenze (und nicht nur, wie bereits möglich, über die Tschechoslowakei) zu erlauben – allerdings nur für DDR-Bürger*innen mit gültigem Reisepass und nur auf Antrag. Diese Details wurden zwar von Schabowski berichtet, in den Meldungen der Nachrichtenagenturen jedoch ebenso unterschlagen wie bei den Berichten im Westfernsehen. Erst die mediale Fehldarstellung, die den Eindruck einer offenen Grenze suggerierte, führte dazu, dass sich tausende Menschen an den Grenzübergängen einfanden und die überraschten Grenzbeamten dazu brachten, sie ausreisen zu lassen (wobei die DDR-Bürger*innen vor dem Einsetzen des größten Andrangs sogar noch durch einen Passvermerk unwissentlich ausgebürgert wurden). Eine vollständige Öffnung der Grenzen, ein Fall der Mauer war aber keineswegs beabsichtigt (4 Punkte). Auch hier sind bis zu zwei Zusatzpunkte für eine gute Begründung zu vergeben. Das ist hier umso wichtiger, als bei einer Prüfung nicht in erster Linie der *Inhalt* eines Sachurteils Gegenstand der Begutachtung sein sollte, sondern die Qualität der *Begründung* – ein Aspekt, der sich in geschlossenen Aufgabenformaten aber nur bedingt abbilden lässt (vgl. aber die nächste Auswahlaufgabe).

3 Auswahlaufgabe

Die Pionierorganisation der DDR war in erster Linie

a) gut, weil sie Zeltlager für Jugendliche organisiert hat.
b) schlecht, weil es langweilig war und keinen Spaß machte.
c) gut, weil man eng mit der Sowjetunion zusammengearbeitet hat.
d) schlecht, weil sie das Prinzip der politischen Entscheidungsfreiheit einschränkte.

Begründe deine Auswahl: ______________________________

Beurteilungsschema	
Antwort	**Punkte**
a)	1
b)	0
c)	3
d)	4
Begründung	0–4

Bei dieser Aufgabe stehen historische Werturteile im Zentrum der Überlegungen. Sie knüpft inhaltlich unmittelbar an Lernaufgabe 1 an, die sich ebenfalls mit der Pionierorganisation und ihrer Rolle im Leben jugendlicher DDR-Bürger*innen auseinandersetzt. Genau wie bei der sachurteilsbezogenen Prüfungsaufgabe sollte die Benotung auch hier nicht vom Urteil selbst abhängen, sondern vom Differenzierungsgrad der Begründung. Dieser lässt sich mit offenen Aufgaben leichter ermitteln als mit geschlossenen. Auswahlaufgabe 3 schlägt eine Möglichkeit vor, wie sich die Bepunktung bei geschlossenen Aufgaben am Differenzierungsgrad der Urteilsbegründung festmachen lässt. Sowohl für eine positive als auch für eine negative Einschätzung der Pioniere sind jeweils zwei Begründungsniveaus vorhanden. Um nicht gleichzeitig von inhaltlichem Wissen abhängig zu sein, ist keine der Auswahlmöglichkeiten eindeutig falsch. Die schwächste Begründung liefert allerdings Antwortmöglichkeit b). Die Ablehnung allein auf Grundlage von Unlust rückt persönliche Befindlichkeiten ins Zentrum, missachtet dabei aber den historischen Kontext und begründet auch nicht, warum die Tätigkeiten der Pioniere langweilig gewesen seien (1 Punkt). Nur wenig besser ist Antwort a), die ihr Urteil an einer Sachinformation festmacht, dabei aber sehr selektiv eine einzelne Aktivität der Pionierorganisation herausgreift und die fundamentale politische Dimension der Organisation nicht berücksichtigt (2). Antwortmöglichkeit c) dagegen fokussiert diese Dimension und kommt zu einem positiven Werturteil (3). Antwort d) ist nicht deshalb diejenige, die die meisten Punkte erhält, weil das hier gefällte Werturteil dem „Mainstream“ des geschichtskulturellen Diskurses entspricht, sondern weil hier der Wertmaßstab, auf dessen Basis das Urteil gefällt wird, explizit genannt wird (4). Angesichts der Bedeutung der Begründung gerade von Werturteilen erscheint es angemessen, hier mehr Punkte für eine überzeugende Antwortbegründung vorzuhalten (4).

4 Auswahlaufgabe: Betrachte zunächst diese Bildquelle von einer Montagsdemonstration in Leipzig am 12.3.1990.

picture-alliance/dpa, Frank Kleefeldt

Wenn sich Menschen mit Geschichte befassen, können sie ganz unterschiedliche Arten von Fragen stellen. Die folgenden Fragen sind Beispiele dafür, welche Fragen man ausgehend von der Bildquelle stellen kann. Welches der Beispiele fragt nach der heutigen Bedeutung der Montagsdemonstrationen?

a) Warum greifen die PEGIDA-Demonstranten und die AfD die Losung „Wir sind das Volk" auf?
b) Welche Forderungen der Demonstranten wurden später eingelöst?
c) Wer ist der Mann mit Mütze vorne rechts im Bild?
d) Welche Rolle spielten die Montagsdemonstrationen für die Öffnung der deutsch-deutschen Grenze?

Begründe deine Auswahl: ______________________________

Beurteilungsschema	
Antwort	**Punkte**
a)	4
b)	2
c)	0
d)	1
Begründung	0–2

Die vierte Aufgabe schließlich befasst sich mit historischen Fragen. Wie bereits in Kapitel 2.2.2 erläutert wurde, ist eine Einsicht in die Bedeutung von Fragen für den historischen Erkenntnisprozess ein wichtiges Ziel des Geschichtsunterrichts. Fragen dienen als „Suchscheinwerfer", mit denen wir in der Auseinandersetzung mit Quellen und Darstellungen bestimmte Aspekte der Vergangenheit beleuchten, andere dagegen im Dunkeln lassen. Deshalb ist es zum einen wichtig, dass Schüler*innen lernen, selbst historische Fragen zu stellen. Diese Fähigkeit lässt sich allerdings nicht mit geschlossenen Aufgabenformaten prüfen. Ebenso wichtig aber ist die Erkenntnis, dass man unterschiedliche Arten von Fragen an die Geschichte stellen kann und dass diese unterschiedlichen Fragen unterschiedliche Antworten ermöglichen, welche sich auf die vergangene Wirklichkeit, auf eine spezifische historische Narration oder auf die gegenwärtige Bedeutung von Geschichte beziehen können (vgl. Trautwein u.a. 2017, 27). Hinsichtlich dieses Bezuges unterscheiden sich auch die Antwortmöglichkeiten bei Auswahlaufgabe 4. Die Lernenden sollen entscheiden, welche der zur Auswahl gestellten Fragen auf die gegenwärtige Bedeutung der Montagsdemonstrationen abzielt. Sie sollen die Fragen also nicht beantworten, sondern diese hinsichtlich ihres jeweiligen Erkenntnisinteresses einordnen. Antwortmöglichkeit c) fragt nach einem isolierten Einzelfaktum und ist daher als eindeutig falsch zu bewerten (0 Punkte). Die Alternativen b) und d) fragen ebenfalls nicht nach der gegenwärtigen Relevanz der Demonstrationen, lassen sich aber so interpretieren, dass sie diese in ein Ursache-Wirkung-Geflecht einordnen, das sich bis heute fortsetzt. Frage b) ließe sich wohlwollend so interpretieren, dass danach gefragt wird, welche Forderungen heute umgesetzt sind (2), und Frage d) thematisiert mit der Grenzöffnung ein Ereignis, dessen Langzeitfolgen uns auch heute noch betreffen – ohne aber unmittelbar nach diesen zu fragen, weshalb hier nur ein Punkt vergeben wird. Antwort a) dagegen thematisiert die aktuelle Indienstnahme eines der Leitrufe der Demonstrierenden (4). Auch hier kann eine überzeugende Begründung bis zu zwei weitere Punkte einbringen.

Notenschlüssel	
Punkte	**Note**
25 - 26	1,0
23 - 24	1,3
21 - 22	1,7
20	2,0
18 - 19	2,3
16 - 17	2,7
15	3,0
13 - 14	3,3
11 - 12	3,7
10	4,0
1 - 9	5,0
0	6,0

Wie auch die vorherigen Beispiele sollen die umgekehrten, gewichteten Multiple-Choice-Aufgaben die vorherigen theoretischen Überlegungen konkretisieren. Sie sollen illustrieren, wie Prüfungsaufgaben aussehen können, die den bereits erörterten Gütekriterien gerecht werden. Die hier vorgestellten Multiple-Choice-Aufgaben sind insofern *objektiv*, als bereits festgelegt ist, welche Antwort wie zu bepunkten ist und welche Punkteverteilung zu welcher (Teil-)Note führt. Die Zuordnung der Punkte zu den Antwortmöglichkeiten wiederum ist nicht beliebig, sondern berücksichtigt den geschichtsdidaktischen Diskurs. Kritischer einzuschätzen ist die *Reliabilität* der Aufgabe. Da es sich um geschlossene Aufgaben handelt, ist nicht auszuschließen, dass Lernende durch zufälliges Raten die jeweils bestbewerte Antwortmöglichkeit auswählen. Diese Tatsache wird dadurch abgemildert, dass Zusatzpunkte für die Begründung der Auswahlentscheidung vergeben werden. Selbst wenn also ein*e Schüler*in allein durch Raten bei allen vier Aufgaben die bestbewertete Antwort ausgewählt hätte, bekäme sie oder er ohne weitere Begründung der Entscheidung die Note „befriedigend (+)“. Das zentrale Kriterium der *Validität* wird bei dieser Aufgabe besser erfüllt. Im Gegensatz zu vielen geschlossenen Aufgabenformaten handelt es sich hier nicht um ein reines Wissensquiz, sondern um Aufgaben, die gezielt auf unterschiedliche fachspezifische Denkleistungen abzielen, die ihrerseits aus dem bereits erwähnten Modell historischen Denkens begründet werden können. Die Aufgabe erhebt also historisches Denken, nicht die Fähigkeit im Auswendiglernen von Einzelinformationen, wie es VanSledright (2014; vgl. Kapitel 2.3.1 in diesem Band) für die amerikanischen Lernstandserhebungen beklagt. Dass Lernende nur ihre Fähigkeit im Bestehen von Multiple-Choice-Tests demonstrieren – sein zweiter Kritikpunkt – wird dadurch unwahrscheinlicher gemacht, dass erstens nur eine Antwort falsch ist und zweitens die Auswahlentscheidung begründet werden muss. Allein durch Kombination der Antwortalternativen die beste Antwort zu ermitteln, ist nicht möglich. Auch das Teilkriterium der Konstruktvalidität wird erfüllt: Die Gesamtanalage der Aufgaben orientiert sich an einem „vollständigen historischen Denkakt“ aus historischer Frage, Analyse, Sachurteil und Werturteil, wie er im an Jeismann orientierten Modell historischen Denkens der Arbeitsgruppe Histograph (Thünemann/Jansen 2018) beschrieben wird.[19] Die Aufgaben sind zudem ökonomisch: Sie können innerhalb weniger Minuten bearbeitet und ausgewertet werden.

Offenere Prüfungsformen

Wie bereits in Kapitel 2.3.1 erläutert wurde, setzt sich zunehmend ein offeneres, weiter gefasstes Verständnis von Prüfungen durch. Adamski und Bernhardt (2012, 204) sprechen in diesem Zusammenhang von einer zunehmenden „Differenzierung, Individualisierung und einem Öffentlichmachen von Leistungen“, das sich auch darin ausdrückt, dass nicht alleine das Produkt, sondern ebenso der Prozess historischen Denkens Berücksichtigung findet. Das folgende Aufgabenbeispiel konkretisiert diese Forderungen. Es knüpft thematisch an Lernaufgabe 1 an und eignet sich daher als offene Prüfungsleistung am Ende einer Reihe zum Alltag in der DDR.

Präsentation „Jugend in der DDR“

Entwickelt in Gruppenarbeit eine Präsentation zum Thema „Jugend in der DDR“. Die Präsentation sollte aus einem Vortrag und begleitendem Material (z. B. PowerPoint-Präsentation; OHP-Folien; Plakat) bestehen. Berücksichtigt dabei mehrere der Aspekte, über die wir in den letzten Wochen gesprochen haben (z. B. das politische System der DDR, die wirtschaftliche Lage, die Rolle von Pionieren und FDJ, die Jugendweihe, den Systemkonflikt des Kalten Krieges, usw.).

1 Dokumentiert die einzelnen Schritte eures Arbeitsprozesses in Form einer Tabelle oder eines Tagebuchs.

2 Diskutiert zunächst diese Punkte vor Beginn eurer Recherche:

a) Auf welche Fragestellung soll die Präsentation eine Antwort geben?
b) Welche Materialien benötigt ihr zusätzlich zum Schulbuch und eurer Mappe, um diese Frage zu beantworten? Wie könnt ihr an diese Materialien gelangen?
c) Wie möchtet ihr eure Ergebnisse präsentieren?

3 Legt fest, wer für welchen Aspekt verantwortlich sein wird. Die bzw. der Verantwortliche muss diese Aufgabe nicht allein erledigen, ist aber die Ansprechpartnerin bzw. der Ansprechpartner dafür:

a) Recherche
b) Ansprechende Gestaltung der Folien/der PowerPoint-Präsentation/des Plakats/der Wandzeitung …
c) Struktur der Präsentation, Zeitmanagement
d) Einbezug des Publikums sowie Diskussion am Ende des Vortrags
e) Dokumentation des Arbeitsprozesses

4 Diskutiert diese Punkte, bevor ihr die Präsentation erstellt:

a) Was ist die zentrale Erkenntnis, die ihr mit eurer Präsentation vermitteln wollt? Was sind essenzielle Befunde, was ist weniger zentral?
b) Wie soll die Präsentation strukturiert werden?
c) Wieviel Zeit plant ihr für die einzelnen Teile eurer Präsentation ein?
d) Wie werdet ihr eure Zuhörer einbeziehen?

Die Lernenden sollen im Kontext dieser offenen Prüfung eine Präsentation zum Thema „Jugend in der DDR" erstellen, die einen mündlichen Vortrag mit weiteren Materialien (z.B. PowerPoint-Präsentation; OHP-Folien; Plakat) verbindet. Die Präsentation gibt den Schüler*innen die Möglichkeit, ihre im Verlauf der vorausgegangen Unterrichtsreihe erworbenen Kenntnisse, Einsichten und Urteile zu demonstrieren. Die Anforderungen gehen aber über eine bloße Reproduktion früherer Unterrichtsinhalte deutlich hinaus: Die Lernenden müssen historisches Denken und prozedurale Fähigkeiten mit fachübergreifenden Aspekten verbinden. Mit anderen Worten: Sie müssen historisch kompetent agieren, um ein historisches Problem zu definieren und zu bearbeiten sowie ihre Befunde zu organisieren, zu präsentieren und zu diskutieren. Dafür ist es essenziell, eine überzeugende Fragestellung zu formulieren. Dieser Schritt kann ggf. zuvor im Plenum geschehen, indem die Lerngruppe gemeinsam unterschiedliche Fragestellungen entwickelt, diskutiert und auf die Arbeitsgruppen verteilt. Welche Fragestellungen sich anbieten, hängt dabei natürlich auch von der Frage ab, was genau zuvor Gegenstand der Unterrichtsreihe war. Denkbar wäre zum Beispiel:

- Kinderbetreuung in der DDR: Emanzipierung der Frau oder Beeinflussung der Kinder?
- Musikszenen und Bands in der DDR: Kopien westlicher Vorbilder oder eigene Kunstform?
- Zwischen Westfernsehen und FDJ: Wie frei waren Jugendliche in der DDR?
- „Sport frei!“: DDR-Sport zwischen Talentförderung und Zwangsdoping
- Ampelmännchen, Trabi und Club-Cola: Warum ist Ostalgie so beliebt?

Alle diese Themen sind dazu geeignet, mehrere thematische Aspekte und mehrere historische Dimensionen (Politik, Gesellschaft, Wirtschaft, Kultur) miteinander zu kombinieren. Sofern derartige Themenvorschläge in der Klasse gesammelt oder von der Lehrkraft unterbreitet werden, sollte auf jeden Fall darauf hingewiesen werden, dass die Antwort auf viele der Fragen für unterschiedliche Zeitpunkte der DDR-Geschichte unterschiedlich ausfällt. Die Präsentationen können derartige Veränderungen entweder nachzeichnen oder sich auf eine bestimmte Phase konzentrieren.

Der Aufgabentext hält über die Teilaufgaben hinaus einige Hinweise zur Organisation des Arbeitsprozesses und zu den Anforderungen an die Präsentationbereit bereit. Diese korrelieren mit den Erwartungen an die Präsentation und damit auch mit den anzulegenden Bewertungskriterien. Die folgende Tabelle greift Anregungen Birgit Wenzels (2012b, 35) auf; sie umfasst Kriterien zur Beurteilung unterschiedlicher Dimensionen des Arbeitsprozesses und des Produkts.

Beurteilungsbogen für Präsentationen			
Struktur des Vortrags	Einführung mit Klärung und Vorstellung des Themas	Notizen:	
	Vorstellung der Beteiligten und ihrer Aufgaben		
	sinnvolle Gliederung		Note:
	schlüssiges Fazit		
Auftreten	freies und sachbezogenes Sprechen	Notizen:	
	klare, verständliche Sprache		
	selbstbewusste und offene Körpersprache, Blickkontakt mit dem Publikum		
	Einbezug der Zuhörerschaft		Note:
	souveräner Umgang mit der Technik		

fachliche Qualität	umfassende und differenzierte Darstellung	Notizen:
	sicherer Unterscheidung historischer Sach- und Werturteile	
	Bezugnahme auf die Quellen- und Literaturbasis	
	Offenheit für Nachfragen und Sicherheit bei deren Beantwortung	Note:
mediale Unterstützung	dem Inhalt angemessene mediale Unterstützung	Notizen:
	angemessene Reduktion des Inhalts	
	Kreativität	
	ansprechende, aber nicht ablenkende Gestaltung	Note:
Rückmeldung aus der Klasse	positiv:	kritisch:
Bonuspunkte	für die Qualität der Rechercheleistung	
	für die mediale Gestaltung	
	für Struktur und Zeitmanagement	
	für den Einbezug des Publikums und die abschließende Diskussion	
	für die Dokumentation des Arbeitsprozesses	

Im Gegensatz zu sehr engmaschigen Checklisten erlaubt der Beurteilungsbogen, der Präsentation in ihrer Gesamtheit sowie ihrer Eigenständigkeit gerecht zu werden. Er enthält Hinweis auf die Frage, woran sich einzelne Kriterien festmachen lassen, verführt aber weniger stark als eine Checkliste dazu, mechanisch abzuhaken und die Individualität der Präsentation aus den Augen zu verlieren. Zudem ermöglicht der Bogen einen expliziten Einbezug der Lernenden in die Beurteilung, indem das Feedback aus der Klasse berücksichtigt werden kann. Über die „Bonuspunkte" schließlich ließe sich die Herausforderung angehen, eine Einzelbenotung auf Grundlage eines Gruppenarbeitsproduktes zu erstellen. Die Präsentation kann zunächst als Gesamtleistung auf Basis der im Bogen aufgeführten Kriterien bewertet werden. Über die Bonuspunkte kann die Individualnote der für diesen Aspekt zuständigen Person verbessert werden – aus diesem Grund sind die Lernenden in Teilaufgabe b) aufgefordert, jeweils Verantwortliche für diese Teilereiche zu benennen. Der Beurteilungsbogen, die Kriterien und das damit verbundene Prinzip der Notenfindung sollten den Lernenden im Vorfeld der Präsentation transparent gemacht werden.

Testtheoretische Kriterien wie Objektivität, Reliabilität und Validität lassen sich an eine derartig offen gestellt Aufgabe nur in sehr begrenztem Maße anlegen. Der Bewertungsbogen trägt zur Objektivität der Beurteilung bei, indem er Kriterien für die Bewertung der Präsentation definiert. Die einzelnen Indikatoren sind aber relativ hoch inferent, und auch ihre Gewichtung ist hier nicht festgelegt. Das würde die Idee hinter einer offenen, schüler*innengesteuerten Prüfungsleistung konterkarieren. Insofern hat die Lehrperson hier einen recht großen Auslegungsspielraum. Reliabel ist die Aufgabe insofern, als sie selbstverständlich nicht durch bloßes Raten zu lösen ist. Ebenso bedarf eine fachlich wie medial gelungene Präsentation ausgeprägter historischer Kompetenzen. Der Bewertungsbogen berücksichtigt unterschiedliche Teilkomponenten der benötigten Kompetenzen und trägt so zur Validität der Aufgabe bei.

6.3.2 Klausuraufgabe für die Sekundarstufe II

Klausuren stellen das zentrale Prüfungsformat der Oberstufe dar. Sie sollen die Lernenden auf die Abiturprüfung vorbereiten und sich daher an den formalen Vorgaben für die Konstruktion von Abituraufgaben orientieren. Das ist auch in der hier entwickelten Klausuraufgabe der Fall, die die Regelungen des nordrhein-westfälischen Kernlehrplans, die landesspezifischen „Vorgaben für die Konstruktion von Aufgaben für die schriftliche Abiturprüfung im Fach Geschichte", die Vorgaben „Zentralabitur 2020 – Geschichte"[20] sowie die bereits mehrfach erwähnten EPA berücksichtigt. Diese Dokumente geben recht strikte formale Rahmenbedingungen vor, die – wie im Folgenden noch erläutert wird – durchaus Spannungen mit geschichtsdidaktisch Wünschenswertem aufweisen. Die Aufgabe bezieht sich auf das Inhaltsfeld 6: „Nationalismus, Nationalstaat und deutsche Identität im 19. und 20. Jahrhundert". Dies geschieht am Beispiel der Konstruktion nationaler Identität unter Bezugnahme auf den Hermannsmythos zu unterschiedlichen Zeitpunkten des 19. Jahrhunderts.

		Anforderungsbereich und Gewichtung
1	Fassen Sie nach einer quellenkritischen Einordnung von Q1 die Argumentation von Ernst Moritz Arndt zusammen.	I 20 %
2	Arbeiten Sie vor dem Hintergrund der „Franzosenzeit" und der Nationalbewegung des 19. Jahrhunderts heraus, mit welcher Absicht Arndt an die Varusschlacht appelliert.	II 30 %
3	Untersuchen Sie die Funktion der historischen Bezüge in Q2 im Zusammenhang der Gesamtaussage der Karikatur und im Vergleich zu Q1.	II 30 %
4	Bewerten Sie die Konstruktion historischer Bezüge, wie Sie in Q1 und Q2 hergestellt werden, unter Berücksichtigung heutiger politischer Geschichtsbezüge.	III 20 %

Q1 Ernst Moritz Arndt: Friedensrede eines Deutschen, gesprochen den 13. Juli 1807

Der Text der Rede wurde im Folgejahr in der Zeitschrift Der Nordische Kontrolleur veröffentlicht:

S. 88 f.: [I]ch werde vergessen, ehe ich ganz begraben bin, und mein Name, der Name Deutscher und Deutschland, wird als etwas Unbedeutendes verschwiegen. Oder soll ich mich freuen, daß aus mir soviel geworden ist, daß mein Volk jetzt nach Völkern genannt wird? [...] Es klingt doch erfreulich, von den großen bayrischen, badenschen, württembergischen, sächsischen, hessischen, mecklenburgischen Völkern zu lesen, die man noch zu zehn und zwanzig andern vermehren könnte und vermehren wird. [...] Auch der Römer sprach gern von unsern Völkern und ließ sie sich gegenseitig zerstören, auf daß keine gemeinschaftliche Kraft und Glorie würde. [...] Man rühmt unser Kleines, um unser Großes vergessen zu lassen; von Deutschen, von Deutschland kein Wort; es könnte jemand einfallen, uns dann auch die große Nation zu nennen; es könnte jemand anfangen zu rechnen, daß der Deutschredenden zehn Millionen mehr sind als der Franzosen; es könnte uns selbst endlich einfallen, daß wir nicht nötig haben, andre von unsrer Unabhängigkeit und Freiheit schwatzen zu lassen, sondern daß wir in mächtiger Einheit, von einem Manne geführt, Russen und Franzosen und Türken und Polen anderswohin weisen könnten als auf unser Vaterland, das jetzt geschändete und blutig zerstampfte.

S. 91: Unser Ältestes steht so leuchtend in Freiheit, als unser Jüngstes dunkel ist in Knechtschaft. Germanen, welch ein Name und welch ein Volk! [... W]ir Männer der deutschen Zunge zwischen den Alpen, dem Rhein, der Weichsel und der Nordsee, wir bewohnen das alte Land der Germanen, wir sprechen ihre Sprache; wären wir doch auch stark durch ihre Sitten und groß durch ihre kriegerischen Künste!

S. 92: August schickte seine Stiefsöhne und Feldherrn an den Rhein und die Donau, die Germanen zu unterjochen. Dies ist Hermanns und Marbods Zeitalter. An der Schlacht im Teutoburger Wald hing das Schicksal der Welt, darum ist Hermann Weltname geworden; [...] weil wir noch durch ihn sind, weil ohne ihn vielleicht seit sechzehnhundert Jahren hier kein Deutsch mehr gesprochen sein würde. [...] Es war noch die Zeit, wo die Menschen nichts lieber hatten als Freiheit und Unabhängigkeit, als eigenes Recht und eigene Sprache, als Sitten und Weisen, die bei ihnen geboren und ihnen gleich waren; [...] Die Römer arbeiteten mit List, wo Tapferkeit nichts vermochte [...]; sie suchten durch Anzettelungen und Ränke zu verderben, die zwischen Sieg und Tod keine Wahl kannten. [...] [D]as Volk mußte sich untereinander morden, Hermann führte gegen Marbod, die Fürsten fanden beide ihr Verderben, aber das Volk bestand. Deutsche, vergesset Hermann nicht; flehet die Vorsehung an um einen solchen Mann und Befreier, weist eure Mitwelt und Nachwelt darauf hin, und er wird kommen, und ihr werdet ein Volk sein und ein freies, starkes Volk.

Ernst Moritz Arndt: Friedensrede eines Deutschen, gesprochen den 13. Juli 1807. In: ders.: Das Ernst-Moritz-Arndt-Buch. Eine Auswahl der Werke. Hg. von C. Elwenspoek. Stuttgart 1925, 82–119

Q2 Karikatur aus der Zeitschrift Kladderadatsch vom 15.8.1875

Bildunterzeile: „Verantwortl. Redacteur: E. Dohm in Berlin. – Verlag von A. Hofmann u. Co in Berlin, Kronenstr. 17. – Druck von Eduard Krause in Berlin."

Die Schüler*innen sollen zunächst Auszüge aus Ernst Moritz Arndts „Friedensrede eines Deutschen" aus dem Jahr 1807 nachvollziehen und interpretieren, in der Parallelen zwischen der römischen Herrschaft in Germanien und der „Franzosenzeit" des frühen 19. Jahrhunderts konstruiert werden. Hermann erscheint hier als Vorbild für die als Kultur- und Sprachnation konstruierten Deutschen, die sich, genau wie „die Germanen" zur Zeit des Arminius, von der wahrgenommenen Fremdherrschaft befreien sollen. In einem dritten Schritt werden die Prüflinge aufgefordert, eine Karikatur aus dem Jahr 1875 hinsichtlich der Frage zu untersuchen und mit der Rede Arndts zu vergleichen, welche Funktion die Bezugnahme auf den Hermannsmythos hat. Anders als bei Arndt, der Arminius bzw. Hermann zum Vorbild im Kampf gegen äußere Feinde stilisiert, um so nationale Einheit zu erkämpfen, richtet sich die kulturkämpferische Darstellung aus dem „Kladderadatsch" gegen den als „römisch" apostrophierten Katholizismus. Die abschließende Aufgabe fordert die Lernenden zu einem historischen Werturteil auf, bei dem auch der heutige politische Umgang mit Geschichte berücksichtigt werden soll. Wie bei den bisherigen Prüfungsaufgaben gilt auch hier, dass nicht das Urteil selbst (z.B. ein Lob als geschickte rhetorische Strategie; eine Rechtfertigung als notwendiges Element einer nationalen Meistererzählung; eine Verurteilung als unangemessene Vereinfachung oder als manipulative Indoktrination), sondern dessen Grad an Differenziertheit, Plausibilität und Reflexivität Gegenstand der Beurteilung ist.

Die folgende Tabelle präsentiert einen umfangreichen Erwartungshorizont für die insgesamt vier Teilaufgaben. Dabei wird die Aufgabe den ministerialen Vorgaben insofern gerecht, als sie alle drei Anforderungsbereiche umfasst und dabei einen Schwerpunkt auf AFB II legt, eine Zuordnung zu den AFB mittels EPA-Operatoren vornimmt, inhaltliche Lehrplanbezüge und Kompetenzstufen im Erwartungshorizont ausweist und auch die Darstellungsleistung berücksichtigt.

Erwartungshorizont	
Bezug zu den Inhaltsfeldern des Kernlehrplans und den inhaltlichen Fokussierungen der Vorgaben für die Abiturprüfung 2020 • Inhaltsfeld 6: Die „Deutsche Frage" im 19. Jahrhundert • Inhaltsfeld 6: „Volk" und „Nation" im Kaiserreich und im Nationalsozialismus	
1. Fassen Sie nach einer quellenkritischen Einordnung von Q1 die Argumentation von Ernst Moritz Arndt zusammen.	**AFB I**
Kompetenzbezug nach Kernlehrplan *Methodenkompetenz:* Die Schülerinnen und Schüler identifizieren Verstehensprobleme bei komplexen Materialien und führen fachgerecht die notwendigen Klärungen herbei (MK4); … wenden, an wissenschaftlichen Standards orientiert, selbstständig Schritte der Interpretation von Textquellen und der Analyse von und kritischen Auseinandersetzung mit historischen Darstellungen fachgerecht an (MK6).	
Der Prüfling	
• charakterisiert die Quelle als an eine breite Öffentlichkeit adressierte politische Rede.	2
• stellt dar, dass die spätere Publikation der Rede den Adressatenkreis vergrößerte.	2
• arbeitet den leitenden Gedanken des Quellenauszugs heraus: Die deutsche Nation müsse vereint werden, um zu alter Größe zurückzufinden und sich gegen französische Fremdherrschaft zu wehren. Dabei müsse man sich die Geschichte des Hermann zum Vorbild nehmen.	2
• fasst den Gedankengang des Texters zusammen: – In der öffentlichen Diskussion würden die deutschen „Stämme" genannt, nicht aber die die deutsche Nation. Dabei handele es sich um eine bewusste Strategie, die dazu beitragen solle, deutsches Nationalbewusstsein zu unterdrücken und ein Bewusstsein gemeinsamer Identität zu verhindern. – Dies passiere deshalb, weil ein einheitlicher deutscher Nationalstaat eine Bedrohung für Frankreich und andere europäische Großmächte darstellen würde, denen man (nicht nur) zahlenmäßig überlegen sei. Ein vereintes Deutschland unter entschlossener Führung würde die Fremdherrschaft über Deutschland beenden. – Deutschland stehe in Nachfolge der Germanen, in deren Siedlungsgebiet man lebe und deren Sprache man spreche. – Hermann (Arminius) habe die Freiheit, Eigenschaften, Gebräuche und das Recht der Germanen gegen römische Fremdherrschaft verteidigt. – Von außen gestifteter Unfrieden und Zwietracht hätten zum Krieg zwischen Marbod und Arminius geführt, der für beide verhängnisvoll gewesen sei. – Um zu Freiheit und Selbstbestimmung zu finden, brauche Deutschland einen entschlossenen Anführer wie Hermann, der die zerstreuten „Stämme" vereint und befreit.	10

Kriterien für eine gute Leistung: Die zentralen Aussagen der Quelle werden nach einer präzisen quellenkritischen Einführung zur Rede klar strukturiert und sachlich korrekt sowie sprachlich distanziert wiedergegeben. *Kriterien für eine ausreichende Leistung:* Nach im Kern zutreffenden Aussagen zur Quelle werden zentrale Aussagen des Textes in Ansätzen strukturiert und im Wesentlichen inhaltlich richtig erfasst. Die Wiedergabe bemüht sich um Eigenständigkeit und um Vermeidung von Redundanzen.	
2. Arbeiten Sie vor dem Hintergrund der „Franzosenzeit" und der Nationalbewegung des 19. Jahrhunderts heraus, mit welcher Absicht Arndt an die Varusschlacht appelliert.	**AFB II**
Kompetenzbezug nach Kernlehrplan *Methodenkompetenz:* Die Schülerinnen und Schüler wenden, an wissenschaftlichen Standards orientiert, selbstständig Schritte der Interpretation von Textquellen und der Analyse von und kritischen Auseinandersetzung mit historischen Darstellungen fachgerecht an (MK6). *Sachkompetenz:* Die Schülerinnen und Schüler ordnen historische Ereignisse, Personen, Prozesse und Strukturen differenziert in einen chronologischen, räumlichen und sachlich-thematischen Zusammenhang ein (SK1); … erläutern Zusammenhänge von Ereignissen, Entwicklungen, Strukturen sowie dem Denken und Handeln von Personen vor dem Hintergrund der jeweiligen historischen Rahmenbedingungen und Handlungsspielräume sowie aus der Perspektive von Beteiligten und Betroffenen mit ihren jeweiligen Interessen und Denkmustern (SK4).	
Der Prüfling	
• erläutert den historischen Hintergrund des Jahres 1807, z. B. – die preußisch-französischen Beziehungen nach der Französischen Revolution, – die Geschichte und insbesondere die Ergebnisse des vierten Koalitionskrieges, – Gebietsverluste und französische Herrschaft nach der Doppelschlacht von Jena und Auerstedt.	6
• diskutiert Ausprägung und Funktion des Nationalismus im frühen 19. Jahrhundert, z. B. – die emanzipatorische Ausrichtung des frühen deutschen Nationalismus, – die Aufhebung der Kleinstaaterei zugunsten eines einheitlichen (klein- oder großdeutschen) Nationalstaates als zentrales Anliegen der Nationalbewegung, – das liberale Bürgertum als zentralen Träger der Nationalbewegung, – die zeitgenössische Bedeutung der Kategorie Nation für die Identitätsbildung.	6
• identifiziert Arndts Deutschland-Konzept, z. B. – dessen Bezugnahme auf den vereinten Nationalstaat, – das Verständnis als unterdrückte Sprach- und Kulturnation.	4

• analysiert die Funktion der Bezugnahme auf den Hermannsmythos als Aufruf zur nationalen Einigkeit in ihren Teilargumenten, z. B. – die behauptete direkte Kontinuität von Germanen und Deutschen, – die Parallelisierung von römischer und französischer Fremdherrschaft, – die beiden zugeschriebene Strategie des „teile und herrsche", – die von Arndt hervorgehobene Bedeutung von (nationaler) Einigkeit, – die exemplarische Sinnbildung Arndts („immer wenn Deutsche/Germanen entschlossen zusammenstehen, überwinden sie ihre Feind"), – die Hermann/Arminius zugeschriebene Vorbildrolle, – die personalisierende Sicht Arndts auf Geschichte („große Männer machen Geschichte").	8
Kriterien für eine gute Leistung: Die Analyse berücksichtigt umfangreiche thematische Kenntnisse zum politik-, ideen- und mentalitätsgeschichtlichen Kontext. „Franzosenzeit" und Nationalbewegung werden berücksichtigt, aufeinander und auf die Quelle bezogen. Die mythische Qualität der Bezugnahme auf Arminius wird erkannt. Die vermutete Intention wird schlüssig begründet und umfassend am Material belegt. *Kriterien für eine ausreichende Leistung:* Die Analyse berücksichtigt grundlegende thematische Kenntnisse zum historischen Kontext. Die vermutete Intention wird in Ansätzen plausibel begründet und am Material belegt.	
3. Untersuchen Sie die Funktion der historischen Bezüge in Q2 im Zusammenhang der Gesamtaussage der Karikatur und im Vergleich zu Q1.	**AFB II**
Kompetenzbezug nach Kernlehrplan *Methodenkompetenz:* Die Schülerinnen und Schüler interpretieren und analysieren eigenständig sach- und fachgerecht nichtsprachliche Quellen und Darstellungen wie Karten, Grafiken, Statistiken, Schaubilder, Diagramme, Bilder, Karikaturen, Filme und historische Sachquellen (u. a. Denkmäler) (MK7). *Sachkompetenz:* Die Schülerinnen und Schüler ordnen historische Ereignisse, Personen, Prozesse und Strukturen differenziert in einen chronologischen, räumlichen und sachlich-thematischen Zusammenhang ein (SK1); … erläutern Zusammenhänge von Ereignissen, Entwicklungen, Strukturen sowie dem Denken und Handeln von Personen vor dem Hintergrund der jeweiligen historischen Rahmenbedingungen und Handlungsspielräume sowie aus der Perspektive von Beteiligten und Betroffenen mit ihren jeweiligen Interessen und Denkmustern (SK4). *Urteilskompetenz:* Die Schülerinnen und Schüler beurteilen historische Sachverhalte unter Verwendung mehrerer unterschiedlicher Kategorien, Perspektiven und Zeitebenen (UK3).	
Der Prüfling	
• interpretiert die Gesamtaussage der Karikatur vor ihrem historischen Hintergrund: – antikatholische Aussage im Kontext des Kulturkampfes – Katholizismus als Form „römischer" Fremdherrschaft (Petersdom) – personalisierende Sicht auf Geschichte („große Männer machen Geschichte").	8

• analysiert die historischen Bezüge: – Parallelisierung von Arminius/Hermann und Luther als Kämpfer gegen „römische" Fremdbestimmung; – während der Sieg des Arminius/Hermann bereits erfolgt sei, stehe der Sieg Luthers (als Stellvertreter des Protestantismus) noch bevor; – Arminius/Hermann als Kämpfer mit Waffen (Schwert, Schild), Luther als Kämpfer des Geistes und Wortes (Bibel).	8
• vergleicht die Aussage der beiden Quellen: – Arminius/Hermann steht in beiden Quellen allegorisch für Deutschland, das er verteidigt. – Während der Nationalstaat bei Arndt noch ein zu erstrebendes Ziel darstellt, ist er 1875 bereits verwirklicht. – Die Verteidigung richtet sich in Q1 und Q2 gegen unterschiedliche wahrgenommene Gegner: Frankreich und Napoleon als äußerer Feind, der Katholizismus als innerer Feind.	8
Kriterien für eine gute Leistung: Die Analyse berücksichtigt umfangreiche thematische Kenntnisse zum Funktionswandel des Nationsbegriffes. Dieser wird an den Quellen und mittels historischen Sachwissens belegt. Die unterschiedlichen Gegner in beiden Quellen werden plausibel begründet und umfassend am Material belegt. *Kriterien für eine ausreichende Leistung:* Die Analyse berücksichtigt grundlegende thematische Kenntnisse zum historischen Kontext. Die unterschiedlichen Gegner in beiden Quellen werden erkannt, benannt und am Material belegt.	
4. Bewerten Sie die Konstruktion historischer Bezüge, wie Sie in Q1 und Q2 hergestellt werden, unter Berücksichtigung heutiger politischer Geschichtsbezüge.	**AFB III**
Kompetenzbezug nach Kernlehrplan *Methodenkompetenz:* Die Schülerinnen und Schüler wenden unterschiedliche historische Untersuchungsformen an (gegenwartsgenetisch, diachron, synchron, perspektivisch-ideologiekritisch, Untersuchung eines historischen Falls) (MK5). *Sachkompetenz:* Die Schülerinnen und Schüler beziehen historische Situationen exemplarisch durch Vergleich, Analogiebildung und Unterscheidung auf die Gegenwart (SK6). *Urteilskompetenz:* Die Schülerinnen und Schüler beurteilen das Handeln historischer Akteurinnen und Akteure und deren Motive bzw. Interessen im Kontext der jeweiligen Wertvorstellungen und im Spannungsfeld von Offenheit und Bedingtheit (UK1); … bewerten historische Sachverhalte differenziert unter Offenlegung der dabei zugrunde gelegten Kriterien (UK7). *Handlungskompetenz:* Die Schülerinnen und Schüler stellen innerhalb und ggf. außerhalb der Lerngruppe ihre Vorstellungen vom Verhältnis der eigenen Person und Gruppe zur historischen Welt und ihren Menschen auch im Widerspruch zu anderen Positionen dar (HK1); … beziehen differenziert Position in Debatten über gegenwärtige Verantwortung für historische Sachverhalte und deren Konsequenzen (HK3).	

Der Prüfling	
• fällt ein differenziertes historisches Werturteil, indem – der Maßstab der Bewertung offengelegt und begründet wird, – die Differenz heutiger und zeitgenössischer Wertmaßstäbe reflektiert wird, – die in Aufgabe 1–3 erarbeiteten Sachverhalte, Analysen und Sachurteile berücksichtigt werden.	16
Kriterien für eine gute Leistung: Ein differenziertes historisches Werturteil wird auf Basis der bislang erarbeiteten Befunde und Urteile gefällt, mithilfe dieser sowie auf Basis reflektierter Wertmaßstäbe begründet und differenziert auf exemplarische historische Bezugnahmen heutiger Politiker*innen bezogen. *Kriterien für eine ausreichende Leistung:* Ein historisches Werturteil wird mit Bezugnahme zu den bislang erarbeiteten Befunden und Urteilen gefällt und in Ansätzen auf exemplarische historische Bezugnahmen heutiger Politiker*innen bezogen.	
5. Darstellungsleistung	
Der Prüfling	
• strukturiert den Text schlüssig, stringent sowie gedanklich klar und bezieht sich dabei genau und konsequent auf die Aufgabenstellung,	5
• bezieht beschreibende, deutende und wertende Aussagen schlüssig aufeinander,	4
• belegt sämtliche Aussagen durch angemessene und korrekte Nachweise (Zitate u.a.),	3
• formuliert unter Beachtung fachsprachlicher Ausdrücke präzise und begrifflich differenziert,	4
• schreibt sprachlich richtig (Grammatik, Syntax, Orthographie, Zeichensetzung) sowie stilistisch sicher.	4

Den Vorgaben entsprechend, sind insgesamt maximal 100 Punkte zu erreichen. Die folgende Tabelle zeigt die standardisierte Verteilung von erreichten Punkten und Leistungspunkten bzw. Noten.

Note	Punktzahl	Erreichte Punktzahl
sehr gut plus	15	100–95
sehr gut	14	94–90
sehr gut minus	13	89–85
gut plus	12	84–80
gut	11	79–75
gut minus	10	74–70
befriedigend plus	9	69–65

Note	Punktzahl	Erreichte Punktzahl
befriedigend	8	64–60
befriedigend minus	7	59–55
ausreichend plus	6	54–50
ausreichend	5	49–45
ausreichend minus	4	44–40
mangelhaft plus	3	39–33
mangelhaft	2	32–27
mangelhaft minus	1	26–20
ungenügend	0	19–0

Abschließend soll nun reflektiert werden, inwiefern die Klausuraufgabe den Gütekriterien aus Kapitel 2 gerecht wird. Durch den umfangreichen Erwartungshorizont wird die Aufgabe so *objektiv*, wie dies im Rahmen einer Klausur in einem geisteswissenschaftlichen Fach möglich ist. Er gibt einen expliziten Bewertungsmaßstab vor, konkretisiert die Erwartungen auf eine Weise, wie es „Ankerbeispiele" bei einer Diagnoseaufgabe tun, und gibt zudem Auskunft zu der Frage, wie unterschiedliche Teilleistungen zur Gesamtnote beitragen. Ein gewisser Auslegungsspielraum bleibt trotzdem erhalten und ist auch wünschenswert. Dies gilt insbesondere für die von den Lernenden zu fällenden Urteile: Die Offenheit des angestrebten Werturteils wurde bereits erwähnt. Aber auch die Sachurteile in Teilaufgabe 2 und 3 erlauben noch individuelle Schwerpunktsetzungen (etwa bezüglich der Frage, als wie appellativ Arndts Rede aufzufassen ist), wenngleich hier eine gewisse Engführung durch den Erwartungshorizont durchaus kritisiert werden könnte. Dieses geringere Maß an Offenheit ist auf die erwartete historische Denkleistung zurückzuführen: Das zu fällende historische Sachurteil vom Typ „Intention" (Aufgabe 2) bzw. „Instrumentalität" (Aufgabe 3, mit eingelagerter Analyse vom Typ „Vergleich") eröffnet auf Basis der hier präsentierten Materialien weniger Spielraum, als es bei Sachurteilen vom Typ „Kausalität" häufig der Fall ist. Dennoch gilt es in jedem Fall zu berücksichtigen, dass die Sachurteile nie an den Materialien abgelesen, sondern stets auf Basis interpretatorischer Denkleistungen konstruiert werden (vgl. Zülsdorf-Kersting 2016). Arndt zum Beispiel bringt seine Intention nicht direkt zum Ausdruck, diese wird von den Schüler*innen auf der Grundlage ihres historischen Inhaltswissens und ihrer Kompetenzen historischen

Denkens erschlossen. Dass offene Lernaufgaben, die von den Lernenden die Produktion längerer, zusammenhängender Texte erfordern, im Vergleich zu anderen Prüfungsformen ein hohes Maß an *Reliabilität* ermöglichen, wurde bereits mehrfach diskutiert.

Die *Validität* der Aufgabe schließlich verdient eine nähere Betrachtung. Durch die curricularen Rahmenbedingungen werden den Lehrkräften bei der Aufgabenkonstruktion gewisse Entscheidungen abgenommen. So ist das Modell historischen Denkens, auf das sich die weiteren Überlegungen beziehen müssen, im nordrhein-westfälischen Kernlehrplan vorgegeben. Hier wird ein Kompetenzstrukturmodell aus Methoden-, Sach-, Urteils- und Handlungskompetenz administrativ gesetzt. Entsprechende Kompetenzbezüge müssen im Erwartungshorizont ausgewiesen werden. Dieses Kompetenzmodell erscheint jedoch durchaus diskutabel. So ist z.B. die Sachkompetenz ausgesprochen unklar konturiert, vor allem bezüglich ihrer Abgrenzung zu rein deklarativem Inhaltswissen („Geschichtliches Denken braucht ein basales Wissen über Zeitvorstellungen und Datierungssysteme, historische Epochen, Prozesse und Strukturen. Insofern ist die Kenntnis von Sachverhalten Voraussetzung und Bestandteil der Sachkompetenz." Ministerium für Schule und Weiterbildung des Landes Nordrhein-Westfalen 2014, 15) sowie zur Methodenkompetenz (Sachkompetenz als „Befähigung zum Umgang mit Narrationen." Ebd.). Vor allem aber unternimmt der Kernlehrplan Aussagen zur Kompetenzentwicklung, die arbiträr wirken, ohne erkennbare Progressionslogik verfahren und häufig auch nicht trennscharf sind. So wird bei der Handlungskompetenz etwa sowohl auf Stufe drei („Die Schülerinnen und Schüler beziehen differenziert Position in Debatten über gegenwärtige Verantwortung für historische Sachverhalte und deren Konsequenzen") als auch auf Stufe fünf („Die Schülerinnen und Schüler nehmen, ggf. in kritischer Distanz, an der öffentlichen Geschichts- und Erinnerungskultur mit differenzierten eigenen Beiträgen teil") die Teilnahme an geschichtskulturellen Diskursen erwartet. Dabei handelt es sich jedoch – wenn überhaupt – um unterschiedliche Formen, nicht aber um unterschiedliche Niveaus geschichtskultureller Diskursbeiträge. Ähnliches ließe sich über verschiedene andere „Kompetenzerwartungen" der „Progressionstabelle" (ebd., 53–60) sagen. Dies muss bei der Beurteilung der Klausuren berücksichtigt werden. Der Erwartungshorizont nennt allerdings unabhängig von diesen Kompetenzerwartungen Kriterien, anhand derer sich gute von ausreichenden Leistungen unterscheiden lassen. Er stellt damit in gewisser Weise eine

Kompromisslösung aus dem administrativ Vorgegebenen und dem geschichtsdidaktisch Sinnvollen dar.

Dieser Kompromisscharakter gilt auch für die Zuordnung zu den drei Anforderungsbereichen. Dass die Zuordnung von historischen Denkleistungen zu Anforderungsbereichen problematisch ist, wurde bereits erwähnt (siehe Kapitel 2.2.1; vgl. Schönemann u.a. 2011; Zülsdorf-Kersting 2016; Sieker 2019). Dies zeigt sich unter anderem daran, dass Operatoren, die auf historische Sachurteile abzielen, sowohl auf AFB II (z.B. „erklären"; „herausarbeiten") als auch auf AFB III („beurteilen") angesiedelt sind. Damit kann dieselbe Denkleistung unterschiedlichen Anforderungsbereichen zugeordnet werden, abhängig davon, ob die Lernenden aufgefordert werden, die Ursachen eines historischen Phänomens zu „erklären" oder zu „beurteilen". Diese theoretische Inkonsistenz lässt sich jedoch insofern produktiv nutzen, als damit das Problem fehlender historischer Werturteile umgangen werden kann. Da sowohl der Operator „beurteile" als auch der Operator „bewerte" dem AFB III zugeordnet sind, verzichten Klausuraufgaben häufig auf Aufgaben, die von den Lernenden historische Werturteile verlangen – schließlich ist AFB III bereits mit dem Operator „beurteile" abgedeckt (vgl. Thünemann 2013; Zülsdorf-Kersting 2016). Aus geschichtsdidaktischer Sicht ist das aber problematisch. Schließlich ist es das historische Werturteil, das den Lernenden eine individuelle, in gegenwärtigen Normen verankerte Positionierung gegenüber dem Gegenstand der Aufgabe ermöglicht. Gerade das historische Werturteil ermöglicht damit historische Orientierung im Sinne einer Bezugnahme der Geschichte auf die eigene Lebenswelt. Wird AFB III mit dem Operator „beurteile" abgedeckt, wird die Klausur zwar den bildungsadministrativen Vorgaben gerecht, sie lässt aber keinen Raum für ein historisches Werturteil. Damit wäre im Übrigen auch die Validität der Klausuraufgabe eingeschränkt, weil ein wichtiger Bereich historischen Denkens nicht erfasst würde. Im Fall der vorliegenden Aufgabe dagegen werden Sachurteile mittels Operatoren des AFB II eingefordert, sodass Teilaufgabe vier ein Werturteil einfordern kann (mehrere Teilaufgaben auf AFB III würden den „Konstruktionsvorgaben" sowie dem Lehrplan widersprechen). Aufgrund dieser Kompromisse kann die Aufgabe als valide betrachtet werden: Die Aufgabe zielt eindeutig auf historische Denkleistungen; mit der Aufgabe wird historisches Denken erhoben und nicht eine andere Fähigkeit; das Kriterium der Konstruktvalidität ist insofern weitgehend abgedeckt, als Analysen, Sach- und Werturteile verlangt werden (historische Fragen dagegen nicht);

die Aufgabe ist darüber hinaus ökologisch valide, da die Interpretation von Text- und Bildquellen den Lernenden ebenso bekannt ist wie die Auseinandersetzung mit dem Prozess des Nationalstaatsbildung in Deutschland – die expliziten Lehrplanbezüge dokumentieren dies.

6.4 Schlussbemerkung

Die Aufgaben dieses Kapitels konkretisieren und veranschaulichen die theoretischen Überlegungen aus den vorangegangenen Kapiteln. Sie sind aber am universitären Schreibtisch entstanden, nicht in der Vorbereitung einer konkreten Unterrichtsstunde für eine spezifische Lerngruppe. Für den Unterrichtseinsatz können sie gerne adaptiert werden. Im Falle einer solchen Anpassung sollten aber die begleitenden theoretischen und unterrichtsmethodischen Überlegungen berücksichtigt werden, um zu gewährleisten, dass die Aufgaben den hier formulierten Ansprüchen auch nach einer Anpassung gerecht werden – dann hoffentlich in noch höherem Maße, als es hier der Fall ist.

Anmerkungen

1 Die Grundidee der Aufgabe entspricht der von Köster (2016), wurde hier aber überarbeitet und auf einen anderen thematischen Kontext übertragen.

2 Bei den neuzeitlichen Materialien handelt es sich um Darstellungen über die Zeit des Mittelalters, allerdings um Quellen für die Rezeptionsgeschichte des Mittelalters. Sie werden deshalb hier als Quellen bezeichnet.

3 Damit ist die Aufgabe – so wie jede Aufgabe zur Diagnose historischen Denkens, historischer Konzepte oder historischer Kompetenzen – nicht völlig unabhängig von inhaltlichem Wissen und inhaltlichen Konzepten. Vorwissen in Form verbreiteter, aber nicht triftiger Vorstellungen zum Mittelalter könnte sich hier also als eine Hürde bei der Bearbeitung erweisen. Das schränkt die Validität der Aufgabe aber deshalb nicht ein, weil kein bestimmtes Wissen zur Bearbeitung *benötigt* wird.

4 Diese ist aber schon deshalb mit gewissen Unsicherheiten behaftet, weil es keine empirischen Hinweise dafür gibt, dass die Stufen einzeln nacheinander durchlaufen werden müssen. Vielmehr erscheint ein Überspringen einzelner Stufen ebenso möglich wie – zumindest temporäre – Rückschritte (vgl. Lee 1998).

5 http://www.ddr-kabinett-bochum.de/warum-weshalb-wof%C3%BCr/

6 http://ddr-kabinett-bochum.blogspot.com/

7 Allerdings sind auch beim Haus der Geschichte zu Christel Dux weniger Hintergrundinformationen zu finden, als dies bei anderen Zeitzeugen auf der Seite der Fall ist.

8 http://udlguidelines.cast.org/.
9 https://www.youtube.com/watch?v=chJbxVPxqnQ.
10 https://www.mdr.de/zeitreise/stoebern/damals/video48580.htm.
11 https://www.ddrbildarchiv.de.
12 https://www.bild.bundesarchiv.de.
13 https://www.hdg.de/lemo/bestand/objekt/kunst-kinderzeichnung-panzer parade.html.
14 Beispielsweise https://www.flickr.com/photos/96964423@N03/4980219 5206.
15 https://www.zeitzeugenbuero.de/sowie https://www.ddr-zeitzeuge.de/. Auch der Verein „Zeitzeugenbörse" vermittelt entsprechende Kontakte: http://www.zeitzeugenboerse.de/. Das Portal „Zeitenwende" vermittelt zudem in den späten 1970er- und frühen 1980erjahren geborene Zeitzeug*innen.
16 MrWissen2go [Mirko Drotschmann]: Jung, sozialistisch, indoktriniert? Die Jugend der DDR I Geschichte. Online unter https://www.youtube.com/watch?v=5KdNJgkCuCk.
17 Bei von der Groeben (2013), von der Adamski den Begriff der „Blütenaufgabe" übernimmt, unterscheiden sich die Blütenblätter allerdings hinsichtlich ihres Anspruchsniveaus, nicht primär, wie hier, hinsichtlich inhaltlicher Schwerpunkte und medialer Träger.
18 Selbstverständlich handelt es sich bei der Punkteverteilung um Vorschläge, die variiert werden können.
19 Allerdings beziehen sich die Teiloperationen hier auf unterschiedliche historische Fragestellungen und tragen nicht unmittelbar zur Produktion einer übergreifenden, zusammenhängenden historischen Narration bei.
20 Die Dokumente sind unter https://www.standardsicherung.schulministerium.nrw.de/cms/zentralabitur-gost/faecher/fach.php?fach=12 zugänglich.

Literaturverzeichnis

Adamski, Peter (2014): Historisches Lernen diagnostizieren. Lernvoraussetzungen – Lernprozesse – Lernleistungen. Schwalbach/Ts.

Adamski, Peter (2017): Binnendifferenzierung im Geschichtsunterricht. Aufgaben, Materialien, Lernwege. Seelze.

Adamski, Peter/Bernhardt, Markus (2012): Diagnostizieren – Evaluieren – Leistungen beurteilen. In: Barricelli, Michele/Lücke, Martin (Hg.): Handbuch Praxis des Geschichtsunterrichts. Bd. 2. Schwalbach/Ts., S. 401–435.

Alavi, Bettina (2015): Lernen Schüler/innen Geschichte im Digitalen anders? In: Demantowsky, Marko/Pallaske, Christoph (Hg.): Geschichte lernen im digitalen Wandel. Berlin, S. 3–16.

Ammerer, Heinrich/Windischbauer, Elfriede (Hg.) (2011): Kompetenzorientierter Unterricht in Geschichte und Politischer Bildung: Diagnoseaufgaben mit Bildern. Wien.

Anderson, Lorin W./Krathwohl, David R. (Hg.) (2001): A Taxonomy for Learning, Teaching and Assessing: A Revision of Bloom's Taxonomy of Educational Objectives. New York.

Andrä, Kurt (2013): 13. August 1961. Zum Jahrestag der militärischen Sicherung der Staatsgrenze der DDR. In: DDR-Kabinett-Bochum e.V.: Beiträge zur Geschichte Nr. 2. Online unter https://www.dropbox.com/s/zpfopga5p98rcjk/Beirtaege_zur_Geschichte_Nr2_Der_13_August_1961.pdf.

Ankersmit, Frank R. (1994): History and Tropology. The Rise and Fall of Metaphor. Berkeley, CA.

Ashby, Rosalyn (2005): Students' Approaches to Validating Historical Claims. In: Ashby, Rosalyn u.a. (Hg.): Understanding History (International Review of History Education, Bd. 4). London, S. 21–36.

Barricelli, Michele (2015): Geschichtsprojekte. In: Günther-Arndt, Hilke/Handro, Saskia (Hg.): Geschichts-Methodik. Handbuch für die Sekundarstufe I und II. 5., überarb. Neuaufl. Berlin, S. 108–115.

Barricelli, Michele (2016a): Historisches Erzählen als Kern historischen Lernens. Wege zur narrativen Sinnbildung im Geschichtsunterricht. In: Buchsteiner, Martin/Nitsche, Martin (Hg.): Historisches Erzählen und Lernen. Historische, theoretische, empirische und pragmatische Erkundungen. Wiesbaden, S. 45–68.

Barricelli, Michele (2016b): Problemorientierung. In: Mayer, Ulrich u.a. (Hg.): Handbuch Methoden im Geschichtsunterricht. 5. Aufl. Schwalbach/Ts., S. 78–90.

Barricelli, Michele u.a. (2012): Historische Kompetenzen und Kompetenzmodelle. In: Barricelli, Michele/Lücke, Martin (Hg.): Handbuch Praxis des Geschichtsunterrichts. Bd. 1. Schwalbach/Ts., S. 207–235.

Barsch, Sebastian u.a. (Hg.) (2020): Handbuch Diversität im Geschichtsunterricht. Inklusive Geschichtsdidaktik. Frankfurt/M.

Berger, Jutta/Schmidtmann, Christian (2014): Referendariat Geschichte. Kompaktwissen für Berufseinstieg und Examensvorbereitung. Berlin.

Berger, Jutta/Schmidtmann, Christian (2017): Wiederholen. Plädoyer für eine vernachlässigte Kategorie des Geschichtsunterrichts. In: Geschichte Lernen 30, H. 179, S. 2–9.

Bergmann, Klaus (2016a): Multiperspektivität. In: Mayer, Ulrich u.a. (Hg.): Handbuch Methoden im Geschichtsunterricht. 5. Aufl. Schwalbach/Ts., S. 65–77.

Bergmann, Klaus (2016b): Gegenwarts- und Zukunftsbezug. In: Mayer, Ulrich u.a. (Hg.): Handbuch Methoden im Geschichtsunterricht. 5. Aufl. Schwalbach/Ts., S. 91–112.

Bernhard, Roland (2013): Der Eingang des „Mythos der flachen Erde" in deutsche und österreichische Geschichtsschulbücher im 20. Jahrhundert. In: Geschichte in Wissenschaft und Unterricht 64, S. 687–701.

Bernhard, Roland (2016): Lernaufgaben zur Förderung historischer Denkprozesse. Normative Richtlinien für Geschichtsschulbücher und deren Implementierung in Österreich. In: Matthes, Eva/Schütze, Sylvia (Hg.): Schulbücher auf dem Prüfstand. Textbooks under Scrutiny. Bad Heilbrunn, S. 243–252.

Bernhardt, Markus (2011): „Ich sehe was, was du nicht siehst!" Überlegungen zur Kompetenzentwicklung im Geschichtsunterricht am Beispiel der Bildwahrnehmung. In: Handro, Saskia/Schönemann, Bernd (Hg.): Visualität und Geschichte (Geschichtskultur und historisches Lernen, Bd. 1). Berlin, S. 37–54.

Bernsen, Daniel (2016): Wikipedia als Geschichtslexikon für Schülerinnen und Schüler der Klasse 8. Schwierigkeiten und unterrichtliche Lösungsansätze. Beitrag zum Open Peer Review-Projekt „Wikipedia in der Praxis". Online unter https://dwgd.hypotheses.org/393.

Bernsen, Daniel (2017): Online recherchieren. In: ders./Kerber, Ulf (Hg.): Praxishandbuch Historisches Lernen und Medienbildung im digitalen Zeitalter. Lizenzausgabe für die Bundeszentrale für politische Bildung. Bonn, S. 313–319.

Bernsen, Daniel u.a. (2012): Medien und historisches Lernen. Eine Verhältnisbestimmung und ein Plädoyer für eine digitale Geschichtsdidaktik. In: Zeitschrift für digitale Geschichtswissenschaft 1. Online unter: http://uni versaar.uni-saarland.de/journals/indFex.php/zdg/issue/current.

Bernsen, Daniel/Kerber, Ulf (2017): Medientheoretische Überlegungen für die Geschichtsdidaktik. In: dies. (Hg.): Praxishandbuch Historisches Lernen und Medienbildung im digitalen Zeitalter. Lizenzausgabe für die Bundeszentrale für politische Bildung. Bonn, S. 22–36.

Bernsen, Daniel/Kerber, Ulf (Hg.) (2017): Praxishandbuch Historisches Lernen und Medienbildung im digitalen Zeitalter. Lizenzausgabe für die Bundeszentrale für politische Bildung. Bonn.

Bertram, Christiane (2017): Zeitzeugen im Geschichtsunterricht: Chance oder Risiko für kompetenzorientiertes Lernen? (Geschichtsunterricht erforschen, Bd. 6). Schwalbach/Ts.

Biber, Jörg/Wittwer, Kersten (1994): Die Gestaltung von berufsgerichteten Lernaufgaben/Lernaufgabenfolgen – eine zentrale Aufgabe des Berufspädagogen. In: Eckert, Manfred/Rützel, Josef (Hg.): Strukturorientierte Didaktiken der beruflichen Bildung. Frankfurt/M., S. 141–167.

Blömeke, Sigrid u.a. (2006): Analyse der Qualität von Aufgabe aus didaktischer und fachlicher Sicht. In: Unterrichtswissenschaft 34, H. 4, S. 330–357.

Bloom, Benjamin S.u.a. (1956): Taxonomy of Educational Objectives. Handbook 1: Cognitive Domain. New York.

Bohl, Thorsten/Kleinknecht, Marc (2009): Aufgabenkultur. In: Blömeke, Sigrid u.a. (Hg.): Handbuch Schule. Theorie – Organisation – Entwicklung. Bad Heilbrunn, S. 331–334.

Bohl, Thorsten/Kleinknecht, Marc (2010): Lernumgebung und Aufgabenkultur im Unterricht. In: Bohl, Thorsten u.a. (Hg.): Handbuch Schulentwicklung. Stuttgart, S. 363–369.

Bormuth, Heike u.a. (2020): Inklusive Diagnostik. Ein Werkzeug zur Planung inklusiven (Geschichts-)Unterrichts. In: Barsch, Sebastian u.a. (Hg.): Handbuch Diversität im Geschichtsunterricht. Inklusive Geschichtsdidaktik. Frankfurt/M., S. 338–349.

Bösch, Frank: Europäische Medienereignisse. In: Europäische Geschichte Online (EGO), hg. vom Institut für Europäische Geschichte (IEG), Mainz 2010-12-03. URL: http://www.ieg-ego.eu/boeschf-2010-de.

Bracke, Sebastian u.a. (2018): Theorie des Geschichtsunterrichts (Geschichtsunterricht erforschen, Bd. 9). Frankfurt/M. 2018.

Bramann, Christoph (2018): Historisch Denken lernen mit Schulbuchaufgaben? Medienspezifische Analyse von Arbeitsaufträgen in österreichischen Geschichtsschulbüchern. In: ders.u.a (Hg.): Historisch Denken lernen mit Schulbüchern. Schwalbach/Ts., S. 181–214.

Brauch, Nicola (2014): Lernaufgaben im kompetenzorientierten Geschichtsunterricht. In: Blumschein, Patrick (Hg.): Lernaufgaben – Didaktische Forschungsperspektiven. Bad Heilbrunn, S. 217–230.

Breidenstein, Georg (2006): Teilnahme am Unterricht. Ethnographische Studien zum Schülerjob (Studien zur Schul- und Bildungsforschung, Bd. 24). Wiesbaden.

Brüning, Ludger/Saum, Tobias (2010): Individualisierung und Differenzierung – aber wie? Kooperatives Lernen erschließt neue Zugänge. In: Pädagogik 62, H. 11, S. 12–15.

Buck, Thomas Martin/Brauch, Nicola (Hg.) (2011): Das Mittelalter zwischen Vorstellung und Wirklichkeit. Probleme, Perspektiven und Anstöße für die Unterrichtspraxis. Münster.

Coffin, Caroline (2006a): Historical Discourse. The Language of Time, Cause and Evaluation. London.

Coffin, Caroline (2006b): Learning the Language of School History: The Role of Linguistics in Mapping the Writing Demands of the Secondary School Curriculum. In: Journal of Curriculum Studies 38, H. 4, S. 413–429.

Conrad, Franziska (2007): Diagnostizieren im Geschichtsunterricht. In: Geschichte Lernen 20, H. 116, S. 2–11.

Danker, Uwe/Schwabe, Astrid (2017): Geschichte im Internet. Stuttgart.

Deci, Edward L./Ryan, Richard M. (2000): Self-Determination Theory and the Facilitation of Intrinsic Motivation, Social Development, and Well-Being. In: American Psychologist 55, S. 68–78.

Degner, Bettina (2020): Leichte Sprache und Visualisierung. In: Barsch, Sebastian u.a. (Hg.): Handbuch Diversität im Geschichtsunterricht. Inklusive Geschichtsdidaktik. Frankfurt/M., S. 375–384.

Demantowsky, Marko (2013): Praxis vs. Theorie und Rüsens neue Historik. In: Public History Weekly 1, 14, DOI: dx.doi.org/10.1515/phw-2013-889.

Demantowsky, Marko/Pallaske, Christoph (Hg.) (2015): Geschichte lernen im digitalen Wandel. Berlin.

Dickinson, Alaric/Lee, Peter (1995): Project CHATA. Concepts of History and Teaching Approaches: 7 to 14. In: Information: International Society for History Didactics 16, S. 37–47.

Ercikan, Kadriye/Seixas, Peter (2011): Assessment of Higher Order Thinking: the Case of Historical Thinking. In: Shaw, Gregory/Robinson, Daniel R. (Hg.): Assessment of Higher Order Thinking Skills. Charlotte, NC, S. 245–261.

Flink, Tobias (2018): Historisches Erklären als Operation historischen Erzählens. Eine explorative Studie zu Konzepten und Kompetenzen von Schülerinnen und Schülern. Unveröff. Masterarbeit, Universität zu Köln.

Friedburg, Christopher (2014), unter Mitarbeit von Markus Bernhardt: „Digital" vs. „Analog"? Eine Kritik an Grundbegriffen in der Diskussion um den „digitalen Wandel" in der Geschichtsdidaktik und ein Versuch der Synthese von „Altem" und „Neuem". In: Zeitschrift für Geschichtsdidaktik 13, S. 117–133.

Fröhlich, Werner D. (2004): Wörterbuch Psychologie. CD-ROM-Version der 24. Auflage der Buchausgabe von 2002 (Digitale Bibliothek, Bd. 83). Berlin.

Fuchs, Nadine/Ritzer, Karin (2009): Prüfungen – Visitenkarten des Geschichtsunterrichts. In: Hodel, Jan/Ziegler, Béatrice (Hg.): Forschungswerkstatt Geschichtsdidaktik 07. Beiträge zur Tagung „geschichtsdidaktik empirisch 07“ (Geschichtsdidaktik heute, Bd. 2). Bern, S. 268–276.

Gautschi, Peter (2015): Guter Geschichtsunterricht. Grundlagen, Erkenntnisse, Hinweise. 3. Aufl. Schwalbach/Ts.

Girmes, Renate (2003): Die Welt als Aufgabe. Wie Aufgaben Schüler erreichen. In: Friedrich Jahresheft XXI, S. 6–11.

Girmes, Renate (2014): ‚Allgemeine Didaktik‘ als Theorie der sich stellenden Aufgaben. In: Blumschein, Patrick (Hg.): Lernaufgaben – Didaktische Forschungsperspektiven. Bad Heilbrunn, S. 10–23.

Greeno, James G. (1998): The Situativity of Knowing, Learning, and Research. In: American Psychologist 53, H. 1, S. 5–26.

Groeben, Annemarie von der: Verschiedenheit nutzen: Aufgabendifferenzierung und Unterrichtsplanung. Berlin 2013.

Groeben, Norbert/Scheele, Brigitte (2010): Das Forschungsprogramm Subjektive Theorien. In: Mey, Günter/Mruck, Katja (Hg.): Handbuch Qualitative Forschung in der Psychologie. Wiesbaden, S. 151–165.

Groebner, Valentin (2008): Das Mittelalter hört nicht auf. Über historisches Erzählen. München.

Groebner, Valentin (2013): Muss ich das lesen? In: FAZ online vom 10.2.2013. Online unter https://www.faz.net/aktuell/feuilleton/forschung-und-lehre/wissenschaftliches-publizieren-muss-ich-das-lesen-12051418.html.

Gropengießer, Harald (2006): Mit Aufgaben lernen. Eine Einleitung. In: ders. u. a. (Hg.): Mit Aufgaben lernen. Unterricht und Material 5–10. Seelze, S. 4–11.

Grosch, Waldemar (2009): Evaluation, Lernkontrolle und Leistungsbewertung. In: Günther-Arndt, Hilke (Hg.): Geschichts-Didaktik. Praxishandbuch für die Sekundarstufe I und II. 4. Aufl. Berlin, S. 206–218.

Günther-Arndt, Hilke (1988): Arbeitsfragen in Schulgeschichtsbüchern: Mögliche Auswirkungen auf die Rezeption im Unterricht und das Geschichtsbewußtsein. Eine Pilotstudie. In: Schneider, Gerhard (Hg.): Geschichtsbewußtsein und historisches Lernen (Jahrbuch für Geschichtsdidaktik, Bd. 1). Pfaffenweiler, S. 193–204.

Günther-Arndt, Hilke (2006): Conceptual Change-Forschung: Eine Aufgabe für die Geschichtsdidaktik? In: dies./Sauer, Michael (Hg.): Geschichtsdidaktik empirisch (Zeitgeschichte – Zeitverständnis, Bd. 14). Berlin, S. 251–277.

Günther-Arndt, Hilke (2010): Hinwendung zur Sprache in der Geschichtsdidaktik – Alte Fragen und neue Antworten. In: Handro, Saskia/Schönemann, Bernd (Hg.): Geschichte und Sprache (Zeitgeschichte, Zeitverständnis, Bd. 21). Berlin 2010, S. 17–46.

Günther-Arndt, Hilke (2015a): Umrisse einer Geschichtsmethodik. In: dies./Handro, Saskia (Hg.): Geschichts-Methodik. Handbuch für die Sekundarstufe I und II. 5., überarb. Neuaufl. Berlin, S. 9–23.

Günther-Arndt, Hilke (2015b): Erarbeitender Geschichtsunterricht. In: dies./Handro, Saskia (Hg.): Geschichts-Methodik. Handbuch für die Sekundarstufe I und II. 5., überarb. Neuaufl. Berlin, S. 85–90.

Günther-Arndt, Hilke (2015c): Aufgabenzentrierter Geschichtsunterricht. In: dies./Handro, Saskia (Hg.): Geschichts-Methodik. Handbuch für die Sekundarstufe I und II. 5., überarb. Neuaufl. Berlin, S. 91.

Günther-Arndt, Hilke (2015d): Projektförmiger Geschichtsunterricht. In: dies./Handro, Saskia (Hg.): Geschichts-Methodik. Handbuch für die Sekundarstufe I und II. 5., überarb. Neuaufl. Berlin, S. 104.

Günther-Arndt, Hilke (2015e): Ein neuer geschichtsdidaktischer Medienbegriff angesichts des digitalen Wandels? In: Pallaske, Christoph (Hg.): Medien machen Geschichte. Neue Anforderungen an den geschichtsdidaktischen Medienbegriff im digitalen Wandel. Berlin, S. 17–36.

Haber, Peter (2013): „Google-Syndrom“. Phantasmagorien des historischen Allwissens im World Wide Web. In: Gugerli, David u.a. (Hg.): Nach Feierabend (Zürcher Jahrbuch für Wissensgeschichte, Bd. 9). Zürich 2013, S. 175–189.

Hallet, Wolfgang (2013): Generisches Lernen im Fachunterricht. In: Becker-Mrotzek, Michael u.a. (Hg.): Sprache im Fach. Sprachlichkeit und fachliches Lernen. Münster, S. 60–75.

Halliday, Michael A. K. (2014): Halliday's Introduction to Functional Grammar. 4th, rev. ed. London.

Handro, Saskia (2013): Sprache und historisches Lernen. Dimensionen eines Schlüsselproblems des Geschichtsunterrichts. In: Becker-Mrotzek, Michael u.a. (Hg.): Sprache im Fach. Sprachlichkeit und fachliches Lernen. Münster, S. 317–333.

Handro, Saskia (2015): Historische Erkenntnisverfahren. In: Günther-Arndt, Hilke/Handro, Saskia (Hg.): Geschichts-Methodik. Praxishandbuch für die Sekundarstufe I und II. 6. Aufl. Berlin, S. 24–43.

Handro, Saskia (2016): „Sprachsensibler Geschichtsunterricht“. Systematisierende Überlegungen zu einer überfälligen Debatte. In: Hasberg, Wolfgang/Thünemann, Holger (Hg.): Geschichtsdidaktik in der Diskussion. Grundlagen und Perspektiven (Geschichtsdidaktik diskursiv – Public History und Historisches Denken, Bd. 1). Frankfurt/M., S. 265–296.

Handro, Saskia (2020): Sprache und Diversität im Geschichtsunterricht. In: Barsch, Sebastian u.a. (Hg.): Handbuch Diversität im Geschichtsunterricht. Inklusive Geschichtsdidaktik. Frankfurt/M., S. 93–116.

Hartung, Olaf (2015): Geschichte schreibend lernen. In: Schmölzer-Eibinger, Sabine/Thürmann, Eike (Hg.): Schreiben als Lernen. Kompetenzentwicklung durch Schreiben (in allen Fächern). Münster, S. 201–216.

Hasberg, Wolfgang (2005): Von PISA nach Berlin. Auf der Suche nach Kompetenzen und Standards historischen Lernens. In: Geschichte in Wissenschaft und Unterricht 56, S. 684–702.

Hascher, Tina/Hofmann, Franz (2008): Aufgaben – noch unentdeckte Potenziale im Unterricht. In: Thonhauser, Josef (Hg.): Aufgaben als Katalysatoren von Lernprozessen. Eine zentrale Komponente organisierten Lehrens und Lernens aus der Sicht von Lernforschung, Allgemeiner Didaktik und Fachdidaktik. Münster, S. 47–64.

Heer, Nelly (2011): Aufgaben im Schulbuch aus textlinguistischer Sicht. Zur intra- und intertextuellen Orientierung. In: Matthes, Eva/Schütze, Sylvia (Hg.): Aufgaben im Schulbuch. Bad Heilbrunn, S. 43–55.

Helmke, Andreas (2015): Unterrichtsqualität und Lehrerprofessionalität: Diagnose, Evaluation und Verbesserung des Unterrichts. 6. Aufl. Seelze.

Henke-Bockschatz, Gerhard (2014): Oral History im Geschichtsunterricht. Schwalbach/Ts.

Hertle, Hans-Hermann (2012): Der Fall der Mauer als mediales Ereignis. In: Jesse, Eckhard (Hg.): Eine Mauer für den SED-Staat: Berlin 1961 und die Folgen. Berlin, S. 201–224.

Heuer, Christian (2011a): „Gemeinsam erzählen". Offener Unterricht, Aufgabenkultur und historisches Lernen. In: Barricelli, Michele u.a. (Hg.): Jede Gegenwart hat ihre Gründe. Geschichtsbewusstsein, historische Lebenswelten und Zukunftserwartung im frühen 21. Jahrhundert. Hans-Jürgen Pandel zum 70. Geburtstag. Schwalbach/Ts., S. 43–58.

Heuer, Christian (2011b): Gütekriterien für kompetenzorientierte Lernaufgaben. In: Geschichte in Wissenschaft und Unterricht 62, S. 443–458.

Heuer, Christian (2012): Zur Aufgabenkultur im Geschichtsunterricht. In: Keller, Stefan/Bender, Ute (Hg.): Aufgabenkulturen. Fachliche Lernprozesse herausfordern, begleiten, reflektieren. Seelze, S. 100–112.

Heuer, Christian/Resch, Mario (2018): Aufgaben im Geschichtsunterricht. Stand und Perspektiven. In: Geschichte für heute 11, H. 3, S. 5–23.

Heymann, Hans Werner (2010): Binnendifferenzierung – eine Utopie? Pädagogischer Anspruch, didaktisches Handwerk, Realisierungschancen. In: Pädagogik 62, H. 11, S. 6–10.

Hirst, William/Echterhoff, Gerald (2008): Creating Shared Memories in Conversation: Toward a Psychology of Collective Memory. In: Social Research 75, S. 183–216.

Hodel, Jan (2015): Narrative Bricolage. Jugendlicher Umgang mit digitalen Netzmedien zur Bewältigung des „narrativen Paradox" von Neu-Nacherzählungen. In: Demantowsky, Marko/Pallaske, Christoph (Hg.): Geschichte lernen im digitalen Wandel. Berlin, S. 17–33.

Hodel, Jan (2016): Geschichte – Medien – Suche. Kompetenter Umgang mit komplexen Herausforderungen. In: Handro, Saskia/Schönemann, Bernd (Hg.): Aus der Geschichte lernen? Weiße Flecken der Kompetenzdebatte (Geschichtskultur und historisches Lernen, Bd. 15). Berlin, S. 153–168.

Hodel, Jan u. a. (2013): Schülernarrationen als Ausdruck historischer Kompetenz. In: Zeitschrift für Didaktik der Gesellschaftswissenschaften 4, H. 2, S. 121–145.

Hohls, Rüdiger (2017): Digital Humanities und digitale Geschichtswissenschaften. In: Busse, Laura u. a. (Hg.): Clio Guide – Ein Handbuch zu digitalen Ressourcen für die Geschichtswissenschaften (Historisches Forum, Bd. 23). 2. erw. und aktualisierte Aufl. Berlin, S. A.1-1-B.1-34, DOI: 10.18452/19244.

Hollstein, Oliver u. a. (2016): „Was ist (Schul)unterricht?". Die systemtheoretische Analyse einer Ordnung des Pädagogischen. In: Geier, Thomas/Pollmanns, Marion (Hg.): Was ist Unterricht? Zur Konstitution einer pädagogischen Form. Wiesbaden, S. 43–75.

Hymes, Dell (1979): Soziolinguistik. Zur Ethnographie der Kommunikation. Frankfurt/M.

Ingenkamp, Karl-Heinz/Lissmann, Urban (2008): Lehrbuch der Pädagogischen Diagnostik. 6. Aufl. Weinheim.

Jeismann, Karl-Ernst (2000): „Geschichtsbewußtsein" als zentrale Kategorie der Didaktik des Geschichtsunterrichts. In: ders.: Geschichte und Bildung. Beiträge zur Geschichtsdidaktik und zur Historischen Bildungsforschung. Hg. u. eingel. v. Wolfgang Jacobmeyer u. Bernd Schönemann. Paderborn, S. 46–72.

John, Anke (2018): Das digitale Archiv als innerschulischer Lernort. In: Public History Weekly 6, 22. DOI: dx.doi.org/10.1515/phw-2018-12235.

Jonas, Katharina u. a. (2017): Effekte des Fachinteresses an Geschichte auf die Wahrnehmung von Geschichtsaufgaben. In: Waldis, Monika/Ziegler, Béatrice (Hg.): Forschungswerkstatt Geschichtsdidaktik 15. Beiträge zur Tagung „geschichtsdidaktik empirisch 15" (Geschichtsdidaktik heute, Bd. 8). Bern, S. 191–204.

Keller, Stefan/Bender, Ute (2012): Einleitung. In: dies. (Hg.): Aufgabenkulturen. Fachliche Lernprozesse herausfordern, begleiten, reflektieren. Seelze, S. 8–20.

Kerber, Ulf (2017): Historische Medienbildung – ein transdisziplinäres Modell für den Geschichtsunterricht. In: Bernsen, Daniel/Kerber, Ulf (Hg.): Praxishandbuch Historisches Lernen und Medienbildung im digitalen Zeitalter. Lizenzausgabe für die Bundeszentrale für politische Bildung. Bonn, S. 45–82.

Kohler, Christian (2016): Schülervorstellungen über die Präsentation von Geschichte im Museum. Eine empirische Studie zum historischen Lernen im Museum (Geschichtskultur und historisches Lernen, Bd. 16). Berlin.

Körber, Andreas (2007): Grundbegriffe und Konzepte: Bildungsstandards, Kompetenzen und Kompetenzmodelle. In: ders.u.a (Hg.): Kompetenzen historischen Denkens. Ein Strukturmodell als Beitrag zur Kompetenzorientierung in der Geschichtsdidaktik (Kompetenzen: Grundlagen – Entwicklung – Förderung, Bd. 2). Neuried, S. 54–85.

Körber, Andreas (2017a): Differenzierung und Charakterisierung von Aufgaben für fachliches Lernen: Diskussionsvorschlag; Stand: 6. Oktober 2017: Online unter historischdenkenlernen.userblogs.uni-hamburg.de/index.php/2017/10/06/5512/

Körber, Andreas (2017b): Ärgerliches aus der Kompetenzdebatte – mit einem Exkurs zur Didaktik von Planspielen. Online unter https://historischdenkenlernen.userblogs.uni-hamburg.de/index.php/2017/07/28/aergerliches-von-der-kompetenzdiskussion-mit-einem-exkurs-zur-didaktik-von-planspielen/

Körber, Andreas/Baeck, Oliver (Hg.) (2006): Der Umgang mit Geschichte an Gedenkstätten. Anregungen zur De-Konstruktion. Neuried.

Körber, Andreas u.a. (Hg.) (2007): Kompetenzen historischen Denkens. Ein Strukturmodell als Beitrag zur Kompetenzorientierung in der Geschichtsdidaktik (Kompetenzen: Grundlagen – Entwicklung – Förderung, Bd. 2). Neuried.

Körber, Andreas u.a. (2020): Inklusives Geschichtslernen via Scaffolding von Aufgaben. In: Barsch, Sebastian u.a. (Hg.): Handbuch Diversität im Geschichtsunterricht. Inklusive Geschichtsdidaktik. Frankfurt/M., S. 405–423.

Köster, Manuel (2013): Historisches Textverstehen. Rezeption und Identifikation in der multiethnischen Gesellschaft (Geschichtskultur und historisches Lernen, Bd. 11). Berlin.

Köster, Manuel (2016): „Ad fontes …“ Schülervorstellungen zur Funktion historischer Quellen am Beispiel der Varusschlacht. In: Geschichte Lernen 29, H. 174, S. 12–18.

Köster, Manuel (2017): Echt wahr! Geschichtskulturelle Medien als sprachliche Konstruktionen mit Anspruch auf „Authentizität". In: Zeitschrift für Geschichtsdidaktik 16, S. 24–49.

Köster, Manuel (2018a): Rezension zu: Trautwein, Ulrich u.a.: Kompetenzen historischen Denkens erfassen. Konzeption, Operationalisierung und Befunde des Projekts „Historical Thinking – Competencies in History" (HiTCH). Münster 2017. In: H-Soz-Kult, 13.3.2018, online unter https://www.hsozkult.de/publicationreview/id/rezbuecher-28044.

Köster, Manuel (2018b): Alternative Fakten? Die sprachliche Konstruktion des Faktizitätsanspruchs rechtspopulistischer historischer Narrative. In: Zeitschrift für Geschichtsdidaktik 17, S. 72–86.

Köster, Manuel u.a. (2016): Aufgaben im Geschichtsunterricht: Typen, Gütekriterien und Konstruktionsprinzipien. In: Geschichte Lernen 29, H. 174, S. 2–11.

Köster, Manuel u.a. (2017): Geschichtsunterricht als soziales System zwischen Angebot und Nutzung. In: Zeitschrift für Geschichtsdidaktik 16, S. 210–226.

Köster, Manuel/Spieß, Christian (2018): Sprache. In: Bracke, Sebastian u.a.: Theorie des Geschichtsunterrichts (Geschichtsunterricht erforschen, Bd. 9). Frankfurt/M., S. 193–232.

Köster, Manuel/Zülsdorf-Kersting, Meik (2018): Fazit: Perspektiven und Potenziale einer kontingenzgewärtigen Theorie des Geschichtsunterrichts. In: Bracke, Sebastian u.a.: Theorie des Geschichtsunterrichts (Geschichtsunterricht erforschen, Bd. 9). Frankfurt/M., S. 233–242.

Krebs, Dagmar/Menold, Natalja (2014): Gütekriterien quantitativer Sozialforschung. In: Baur, Nina/Blasius, Jörg (Hg.): Handbuch Methoden der empirischen Sozialforschung. Wiesbaden, S. 425–438.

Krüger, Reinhard (2007): Ein Versuch über die Archäologie der Globalisierung. Die Kugelgestalt der Erde und die globale Konzeption des Erdraumes im Mittelalter. In: Wechselwirkungen. Jahrbuch aus Lehre und Forschung der Universität Stuttgart 26, S. 29–52.

Kubinger, Klaus D. (2018): Multiple-Choice-Antwortformat. In Wirtz, Markus A. (Hg.): Dorsch – Lexikon der Psychologie. Online-Fassung. Online unter https://portal.hogrefe.com/dorsch/multiple-choice-antwortformat/

Kühberger, Christoph (2011): Operatoren als strukturierende Elemente von Aufgabenstellungen für Geschichte und Sozialkunde, Politische Bildung. In: Bundesministerium für Frauen und Bildung (Hg.): Geschichte und Sozialkunde, Politische Bildung. Richtlinien und Beispiele für Themenpool und Prüfungsaufgaben. Wien, S. 15–20.

Kühberger, Christoph (2014): Leistungsfeststellung im Geschichtsunterricht. Diagnose – Bewertung – Beurteilung. Schwalbach/Ts.

Kühberger, Christoph (2016a): Geschichtsdidaktische Diagnostik. Zum Geschichtsverständnis von Schüler/innen. In: Handro, Saskia/Schönemann, Bernd (Hg.): Aus der Geschichte lernen? Weiße Flecken der Kompetenzdebatte (Geschichtskultur und historisches Lernen, Bd. 15). Berlin, S. 139–152.

Kühberger, Christoph (2016b): Historisches Wissen – verschiedene Formen seiner Strukturiertheit und der Wert von Basiskonzepten. In: Hasberg, Wolfgang/Thünemann, Holger (Hg.): Geschichtsdidaktik in der Diskussion. Grundlagen und Perspektiven (Geschichtsdidaktik diskursiv – Public History und Historisches Denken, Bd. 1). Frankfurt/M., S. 91–107.

Kühberger, Christoph (2020): Historisches Wissen als inklusives Wissen. In: Barsch, Sebastian u.a. (Hg.): Handbuch Diversität im Geschichtsunterricht. Inklusive Geschichtsdidaktik. Frankfurt/M., S. 270–284.

Kühberger, Christoph (Hg.) (2012): Historisches Wissen. Geschichtsdidaktische Erkundungen über Art, Umfang und Tiefe für das historische Lernen. Schwalbach/Ts.

Kühberger, Christoph u.a. (2019): Task Complexity in History Textbooks. A Multidisciplinary Case Study on Triangulation in History Education Research. In: History Education Research Journal 16, H. 1, S. 140–157.

Kühberger, Christoph/Barsch, Sebastian (2020): Lernsettings für den inklusiven Geschichtsunterricht. Zugänge für diversitätssensibles und individuelles historisches Lernen. In: Barsch, Sebastian u.a. (Hg.): Handbuch Diversität im Geschichtsunterricht. Inklusive Geschichtsdidaktik. Frankfurt/M., S. 297–310.

Kuhn, Johannes (2015): Universalhistoriker Yuval Harari. „Wir werden gewaltige Ungleichheiten erleben". SZ-online vom 9.2.2015. https://www.sueddeutsche.de/digital/universalhistoriker-yuval-harari-wir-werden-gewaltige-ungleichheiten-erleben-1.2337102.

Kühn, Svenja Mareike (2016): Aufgaben in (zentralen) Abschlussprüfungen. Theoretische und empirische Perspektiven auf ein interdisziplinäres Forschungsfeld. In: Keller, Stefan/Reintjes, Christian (Hg.): Aufgaben als Schlüssel zur Kompetenz. Didaktische Herausforderungen, wissenschaftliche Zugänge und empirische Befunde. Münster, S. 73–89.

Kunter, Mareike u.a. (Hg.) (2011): Professionelle Kompetenz von Lehrkräften. Ergebnisse des Forschungsprogramms Coactiv. Münster.

Lahmer-Gebauer, Jennifer (2018): Medien im Geschichtsunterricht. In: Bracke, Sebastian u.a.: Theorie des Geschichtsunterrichts (Geschichtsunterricht erforschen, Bd. 9). Frankfurt/M., S. 175–192.

Lange, Kristina (2011): Historisches Bildverstehen oder Wie Lernen Schüler mit Bildquellen? Ein Beitrag zur geschichtsdidaktischen Lehr-Lern-Forschung (Geschichtskultur und historisches Lernen, Bd. 7). Berlin.

Langner, Frank (2007): Diagnostik als Herausforderung für die Politikdidaktik. In: Schattschneider, Jessica (Hg.): Domänenspezifische Diagnostik. Wissenschaftliche Beiträge für die politische Bildung. Schwalbach/Ts., S. 58–70.

Lankes, Simone/Thünemann, Holger (2017): Historisch denken lernen mit aktuellen Schulgeschichtsbüchern? In: Erziehung und Unterricht. Österreichische Pädagogische Zeitschrift 167, S. 945–953.

Lankes, Simone/Wilfert, Christoph: Kommunikation. In: Bracke, Sebastian u. a.: Theorie des Geschichtsunterrichts (Geschichtsunterricht erforschen, Bd. 9). Frankfurt/M., S. 153–174.

Lee, Peter u. a. (1998): Researching Children's Ideas about History. In: Voss, James F./Carretero, Mario (Hg.): Learning and Reasoning in History (International Review of History Education, Bd. 2). London, S. 227–251.

Lee, Peter/Shemilt, Denis (2003): A Scaffold, not a Cage: Progression and Progression Models in History. In: Teaching History 35, H. 113, S. 13–23.

Leuders, Timo (2014): Aufgaben in Forschung und Praxis. Aufgabenklassifikationen und Aufgabenforschung aus fachdidaktischer Perspektive. In: Ralle, Bernd u. a. (Hg.): Lernaufgaben entwickeln, bearbeiten und überprüfen. Ergebnisse und Perspektiven der fachdidaktischen Forschung (Fachdidaktische Forschungen, Bd. 6). Münster, S. 33–50.

Lipowsky, Frank (2015): Unterricht. In: Wild, Elke/Möller, Jens (Hg.): Pädagogische Psychologie. 2., vollst. überarb. u. akt. Aufl. Berlin, S. 69–120.

Lücke, Martin (2012): Diversität und Intersektionalität als Konzepte der Geschichtsdidaktik. In: Barricelli, Michele/Lücke, Martin (Hg.): Handbuch Praxis des Geschichtsunterrichts. Bd. 1. Schwalbach/Ts., S. 136–146.

Luhmann, Niklas (2008): Einführung in die Systemtheorie. 4. Aufl. Heidelberg.

Mägdefrau, Jutta/Michler, Andreas (2012): Individualisierende Lernaufgaben im Geschichtsunterricht. Eine empirische Untersuchung zur Rolle von Schulbuchaufgaben und Eigenkonstruktionen der Lehrkräfte. In: Zeitschrift für Geschichtsdidaktik 11, S. 208–232.

Mägdefrau, Jutta/Michler, Andreas (2014): Arbeitsaufträge im Geschichtsunterricht. Diskrepanz zwischen Lehrerintention und didaktischem Potenzial? In: Ralle, Bernd u. a. (Hg.): Lernaufgaben entwickeln, bearbeiten und überprüfen. Ergebnisse und Perspektiven der fachdidaktischen Forschung. Münster, S. 105–119.

Mägdefrau, Jutta/Michler, Andreas (2018): Wo ist das Kind in der Geschichtsunterrichtsforschung? Interdisziplinäre Angebots-Nutzungsforschung am

Beispiel des Projekts „Adaptive Lernaufgabe in Geschichte – ALGe“. In: Sandkühler, Thomas u.a. (Hg.): Geschichtsunterricht im 21. Jahrhundert. Eine geschichtsdidaktische Standortbestimmung (Beihefte zur Zeitschrift für Geschichtsdidaktik, Bd. 17). Göttingen, S. 143–165.

Mägdefrau, Jutta u.a. (2017): Lernstrategieeinsatz von Schülern im Geschichtsunterricht – Aufgabenbezogene Erfassung der Nutzung kognitiver Lernstrategien im Schüler-Experten-Vergleich. Im: Empirische Pädagogik 31 (2017), H. 1, S. 64–87.

Maier, Uwe u.a. (2013): Allgemeindidaktische Kriterien für die Analyse von Aufgaben. In: dies. (Hg.): Lern- und Leistungsaufgaben im Unterricht. Fächerübergreifende Kriterien zur Auswahl und Analyse. Bad Heilbrunn, S. 9–46.

Marohn, Annette (2008): „Choice2learn“ – eine Konzeption zur Exploration und Veränderung von Lernervorstellungen im naturwissenschaftlichen Unterricht. In: Zeitschrift für Didaktik der Naturwissenschaften 14, S. 57–83.

Martens, Matthias (2010): Implizites Wissen und kompetentes Handeln. Die empirische Rekonstruktion von Kompetenzen historischen Verstehens im Umgang mit Darstellungen von Geschichte (Beihefte zur Zeitschrift für Geschichtsdidaktik, Bd. 1). Göttingen.

Mathes, Stefanie/Kühn, Svenja Mareike (2016): „… dann kommt alles auf die Korrekturanleitungen an …“. Eine empirische Annäherung an ein (bislang) weitgehend vernachlässigtes Forschungsfeld. In: Keller, Stefan/Reintjes, Christian (Hg.): Aufgaben als Schlüssel zur Kompetenz. Didaktische Herausforderungen, wissenschaftliche Zugänge und empirische Befunde. Münster, S. 169–178.

Meseth, Wolfgang u.a. (2012): Kontrolliertes Laissez-faire. Auf dem Weg zu einer kontingenzgewärtigen Unterrichtstheorie. In: Zeitschrift für Pädagogik 58, H. 2, S. 223–241.

Michler, Andreas (2007): Arbeitsaufträge in Schulbüchern. Anleitungen zum historischen Lernen über das Mittelalter? Eine vergleichende didaktische Fallanalyse aufgezeigt am Thema „Die Kreuzzüge“. In: Clauss, Martin/Seidenfuß, Manfred (Hg.): Das Bild des Mittelalters in europäischen Schulbüchern (Geschichtsdidaktik in Vergangenheit und Gegenwart, Bd. 5). Berlin, S. 271–302.

Ministerium für Schule und Weiterbildung des Landes Nordrhein-Westfalen (Hg.) (2014): Kernlehrplan für die Sekundarstufe II Gymnasium/Gesamtschule in Nordrhein-Westfalen. Geschichte. Frechen.

Ministerium für Schule und Weiterbildung des Landes Nordrhein-Westfalen (2015): Geschichte. Übersicht über die Operatoren. Online unter https://www.standardsicherung.schulministerium.nrw.de/cms/zentralabitur-gost/faecher/getfile.php?file=3946.

Ministerium für Schule und Weiterbildung des Landes Nordrhein-Westfalen (Hg.) (2019): Kernlehrplan für die Sekundarstufe I Gymnasium in Nordrhein-Westfalen. Geschichte. Düsseldorf.

mpfs – Medienpädagogischer Forschungsverbund Südwest (2018): JIM-Studie 2018. Jugend, Information, Medien. Basisuntersuchung zum Medienumgang 12- bis 19-Jähriger. Online unter https://www.mpfs.de/studien/jim-studie/2018/

Näpel, Oliver (2003): Historisches Lernen durch „Dokutainment"? – Ein geschichtsdidaktischer Aufriß. Chancen und Grenzen einer neuen Ästhetik populärer Geschichtsdokumentationen analysiert am Beispiel der Sendereihen Guido Knopps. In: Zeitschrift für Geschichtsdidaktik 2 (2003), S. 213–244.

Neubert, Anja (2017): Freie Bildungsmaterialien (OER) für historisches Lernen und Lehren. In: Bernsen, Daniel/Kerber, Ulf (Hg.): Praxishandbuch Historisches Lernen und Medienbildung im digitalen Zeitalter. Lizenzausgabe für die Bundeszentrale für politische Bildung. Bonn, S. 206–216.

Nitsche, Martin/Waldis, Monika (2016): Narrative Kompetenz von Studierenden erfassen. Zur Annäherung an formative und summative Vorgehensweisen im Fach Geschichte. In: Zeitschrift für Didaktik der Gesellschaftswissenschaften 7, H. 1, S. 17–34.

Oleschko, Sven (2016): Lernaufgaben und Diversität im gesellschaftswissenschaftlichen Fachunterricht. In: Keller, Stefan/Reintjes, Christian (Hg.): Aufgaben als Schlüssel zur Kompetenz. Didaktische Herausforderungen, wissenschaftliche Zugänge und empirische Befunde. Münster, S. 273–284.

Pandel, Hans-Jürgen (2006): Was macht ein Schulbuch zu einem Geschichtsbuch? Ein Versuch über Kohärenz und Intertextualität. In: Handro, Saskia/Schönemann, Bernd (Hg.): Geschichtsdidaktische Schulbuchforschung (Zeitgeschichte – Zeitverständnis, Bd. 16). Berlin, S. 15–37.

Pandel, Hans-Jürgen (2007): Geschichtsunterricht nach PISA. Kompetenzen, Bildungsstandards, Kerncurricula. 2. Aufl. Schwalbach/Ts.

Pandel, Hans-Jürgen (2012): Quelleninterpretation. Die schriftliche Quelle im Geschichtsunterricht. 4. Aufl. Schwalbach/Ts.

Pandel, Hans-Jürgen (2014): Erkunden. In: Mayer, Ulrich u.a. (Hg.): Wörterbuch Geschichtsdidaktik. 3. Aufl. Schwalbach/Ts., S. 60f.

Paul, Gerhard (2006): „Mushroom Clouds". Entstehung, Struktur und Funktion einer Medienikone des 20. Jahrhunderts im interkulturellen Vergleich. In: ders. (Hg.): Visual History. Ein Studienbuch. Göttingen, S. 243–264.

Paul, Gerhard (Hg.) (2006): Visual History. Ein Studienbuch. Göttingen.

Pauli, Christine/Reusser, Kurt (2006): Von international vergleichenden Video Surveys zur videobasierten Unterrichtsforschung und -entwicklung. In: Zeitschrift für Pädagogik 52, S. 774–798.

Pellegrino, James W. u.a. (Hg.) (2001): Knowing What Students Know: The Science and Design of Educational Assessment. Washington, DC.

Peters, Jelko (2015): Schriftliches Argumentieren in den Fächern Deutsch und Geschichte. Ein Vergleich der Operatoren für die Abiturprüfung. In: Budke, Alexandra u.a. (Hg.): Fachlich argumentieren lernen. Didaktische Forschungen zur Argumentation in den Unterrichtsfächern (LehrerInnenbildung gestalten, Bd. 7). Münster, S. 298–310.

Pfanzelter, Eva: Analoge vs. digitale Quellen: eine Standortbestimmung. In: Bernsen, Daniel/Kerber, Ulf (Hg.): Praxishandbuch Historisches Lernen und Medienbildung im digitalen Zeitalter. Lizenzausgabe für die Bundeszentrale für politische Bildung. Bonn, S. 85–94.

Pohl, Karl Heinrich (2006): Wann ist ein Museum „historisch korrekt"? „Offenes Geschichtsbild", Kontroversität, Multiperspektivität und „Überwältigungsverbot" als Grundprinzipien musealer Geschichtspräsentation. In: Hartung, Olaf (Hg.): Museum und Geschichtskultur. Ästhetik – Politik – Wissenschaft. Bielefeld, S. 273–286.

Pohl, Thorsten u.a. (2018): Basiserkenntniskonzepte als Instrumente fachlichen Denkens. Ein interdisziplinäres Forschungsprojekt in den Unterrichtsfächern Deutsch, Geschichte und Philosophie. In: Zeitschrift für Didaktik der Gesellschaftswissenschaften 9, H. 2, S. 108–124.

Reeken, Dietmar von (2004): Geschichtskultur im Geschichtsunterricht. Begründungen und Perspektiven. In: Geschichte in Wissenschaft und Unterricht 55, S. 233–240.

Resch, Mario (2018): Aufgaben formulieren können. Entwicklung und Validierung eines Vignettentests zur Erfassung professioneller Kompetenz für historisches Lehren. Frankfurt/M.

Reusser, Kurt/Pauli, Christine (2014): Berufsbezogene Überzeugungen von Lehrerinnen und Lehrern. In: Terhart, Ewald u.a. (Hg.): Handbuch der Forschung zum Lehrerberuf. 2., überarb. und erw. Aufl. Münster, S. 642–661.

Riegert, Judith (2020): Zur Differenzierung der Lerngegenstände im inklusiven Geschichtsunterricht. In: Barsch, Sebastian u.a. (Hg.): Handbuch Diversität im Geschichtsunterricht. Inklusive Geschichtsdidaktik. Frankfurt/M., S. 71–80.

Rigney, Ann (2013): History as Text: Narrative Theory and History. In: Partner, Nancy/Foot, Sarah (Hg.): The Sage Handbook of Historical Theory. London u.a., S. 183–201.

Rödder, Andreas (2015): 21.0: Eine kurze Geschichte der Gegenwart. München.

Rohlfes, Joachim (2005): Geschichte und ihre Didaktik. 2. Aufl. Göttingen.

Rüsen, Jörn (1992): Das ideale Schulbuch. Überlegungen zum Leitmedium des Geschichtsunterrichts. In: Internationale Schulbuchforschung 14, S. 237–250.

Rüsen, Jörn (1994): Was ist Geschichtskultur? Überlegungen zu einer neuen Art, über Geschichte nachzudenken. In: Füßmann, Klaus u.a. (Hg.): Historische Faszination. Geschichtskultur heute. Köln, S. 3–26.

Rüsen, Jörn (2008): Geschichtsdidaktische Konsequenzen aus einer erzähltheoretischen Historik. In: ders.: Historisches Lernen. Grundlagen und Paradigmen. 2. Aufl. Schwalbach/Ts., S. 25–60.

Sauer, Michael (2006): Kompetenzen für den Geschichtsunterricht – ein pragmatisches Modell als Basis für die Bildungsstandards des Verbands der Geschichtslehrer. In: Informationen für den Geschichts- und Gemeinschaftskundelehrer 72, S. 7–20.

Sauer, Michael (2013): Quellenarbeit im Geschichtsunterricht. Empirische Befunde. In: Zeitschrift für Geschichtsdidaktik 12, S. 176–197.

Schenk, E. u.a. (2014): Suchstrategien im Internet-The [sic] Deep Web. Online unter http://geoges.ph-karlsruhe.de/mhwiki/index.php5/Suchstrategien_im_Internet-The_Deep_Web.

Schleppegrell, Mary (2004): The Language of Schooling. A Functional Linguistics Perspective. Mahwah, NJ.

Schlutow, Martin (2015): Historisches Denken in der Fremdsprache. Bilingualer Unterricht aus funktional-linguistischer Perspektive. In: Zeitschrift für Geschichtsdidaktik 14, S. 121–135.

Schmale, Wolfgang (2017): Digitales Zeitalter. In: ders.: Blog „Mein Europa", wolfgangschmale.eu/digitales-zeitalter, Eintrag 24.8.2017.

Schmidt, Friedrich J. (1999): Medien – Kultur – Wissenschaft. In: Pias, Claus (Hg.): [me'dien]. Dreizehn vortraege zur medienkultur. Weimar, S. 183–198.

Schmölzer-Eibinger, Sabine (2013): Sprache als Medium des Lernens im Fach. In: Becker-Mrotzek, Michael u.a. (Hg.): Sprache im Fach. Sprachlichkeit und fachliches Lernen. Münster, S. 25–40.

Schneider, Gerhard (1995): Ein Zeitalter zu besichtigen! Die Nachkriegsgeschichte als Erinnerungswelt im Haus der Geschichte der Bundesrepublik Deutschland in Bonn. In: Geschichte in Wissenschaft und Unterricht 46, S. 223–234.

Schneider, Gerhard (2006): Neue Inhalte für ein altes Unterrichtsfach. Überlegungen zu einem alternativen Curriculum Geschichte in der Sekundarstufe I. In: Demantowsky, Marko/Schönemann, Bernd (Hg.): Neue geschichtsdidaktische Positionen (Dortmunder Arbeiten zur Schulgeschichte und zur historischen Didaktik, Bd. 32). 2. Aufl. Bochum, S. 119–141.

Schönemann, Bernd u.a. (2011): Was können Abiturienten? Zugleich ein Beitrag zur Debatte über Kompetenzen und Standards im Fach Geschichte (Geschichtskultur und historisches Lernen, Bd. 4). 2. Aufl. Berlin.

Schöner, Alexander (2007): Kompetenzbereich Historische Sachkompetenzen. In: Körber, Andreas u.a. (Hg.): Kompetenzen historischen Denkens. Ein Strukturmodell als Beitrag zur Kompetenzorientierung in der Geschichtsdidaktik (Kompetenzen: Grundlagen – Entwicklung – Förderung, Bd. 2). Neuried, S. 265–314.

Schrader, Viola (2013): Geschichte als narrative Konstruktion. Eine funktional-linguistische Analyse von Darstellungstexten in Geschichtsschulbüchern (Zeitgeschichte – Zeitverständnis, Bd. 26). Berlin.

Schreiber, Waltraud (2008): Kategoriale Schulbuchforschung als Grundlage für empirische Untersuchungen zu kompetenzorientiertem Geschichtsunterricht. In: Bauer, Jan P. u.a. (Hg.): Geschichtslernen – Innovationen und Reflexionen. Geschichtsdidaktik im Spannungsfeld von theoretischen Zuspitzungen, empirischen Erkundungen, normativen Überlegungen und pragmatischen Wendungen. Festschrift für Bodo von Borries. Kenzingen, S. 61–76.

Schreiber, Waltraud u.a. (2007): Historisches Denken. Ein Kompetenz-Strukturmodell (Basisbeitrag). In: Körber, Andreas u.a. (Hg.): Kompetenzen historischen Denkens. Ein Strukturmodell als Beitrag zur Kompetenzorientierung in der Geschichtsdidaktik (Kompetenzen: Grundlagen – Entwicklung – Förderung, Bd. 2). Neuried, S. 17–53.

Schreiber, Waltraud/Wenzl, Anna (Hg.) (2006): Geschichte im Film. Beiträge zur Förderung historischer Kompetenz. Neuried.

Seemann, Michael/Kreil, Michael (2017): Digitaler Tribalismus und Fake News. Blog-Post vom 29.9.2017. Online unter http://www.ctrl-verlust.net/digitaler-tribalismus-und-fake-news/

Seixas, Peter (2011): Assessment of Historical Thinking. In: Clark, Penney (Hg.): New Possibilities for the Past. Shaping History Education in Canada. Vancouver BC, S. 139–153.

Seixas, Peter (2015): A Model of Historical Thinking. In: Educational Philosophy and Theory 49, S. 593–605.

Seixas, Peter u.a. (2015): A Design Process for Assessing Historical Thinking: The Case of a One-Hour Test. In: Ercikan, Kadriye/Seixas, Peter (Hg.): New Directions in Assessing Historical Thinking. New York, NY, S. 102–116.

Seixas, Peter/Morton, Tom (2013): The Big Six Historical Thinking Concepts. Toronto, ON.

Sekretariat der Ständigen Konferenz der Kultusminister der Länder in der Bundesrepublik Deutschland (2004): Standards für die Lehrerbildung: Bildungswissenschaften. Beschluss der Kultusministerkonferenz vom 16.12.2004. Online unter https://www.kmk.org/fileadmin/Dateien/veroeffentlichungen_beschluesse/2004/2004_12_16-Standards-Lehrerbildung.pdf.

Sekretariat der Ständigen Konferenz der Kultusminister der Länder in der Bundesrepublik Deutschland (2005): Einheitliche Prüfungsanforderungen in der Abiturprüfung Geschichte. Beschluss der Kultusministerkonferenz vom 1.12.1989 i.d.F. vom 10.2.2005. Online unter http://www.kmk.org/fileadmin/veroeffentlichungen_beschluesse/1989/1989_12_01-EPA-Geschichte.pdf.

Sekretariat der Ständigen Konferenz der Kultusminister der Länder in der Bundesrepublik Deutschland (2017): Ländergemeinsame inhaltliche Anforderungen für die Fachwissenschaften und Fachdidaktiken in der Lehrerbildung. Beschluss der Kultusministerkonferenz vom 16.10.2008 i.d.F. vom 12.10.2017. Online unter https://www.kmk.org/fileadmin/Dateien/veroeffentlichungen_beschluesse/2008/2008_10_16-Fachprofile-Lehrerbildung.pdf.

Shulman, Lee S.: (1986) Those Who Understand: Knowledge Growth in Teaching. In: Educational Researcher 15, H. 4, S. 4–14.

Sieberkrob, Matthias/Lücke, Martin (2020): Sprachbildende Lernaufgaben im Geschichtsunterricht. In: Barsch, Sebastian u.a. (Hg.): Handbuch Diversität im Geschichtsunterricht. Inklusive Geschichtsdidaktik. Frankfurt/M., S. 424–439.

Sieker, Sarah (2019): Historisch Denken lernen auf der Grundlage von Geschichtsschulbüchern? Unveröff. Masterarbeit, Universität Osnabrück.

Spahn, Thomas (2017): Historisches Lernen mit WebQuests. In: Bernsen, Daniel/Kerber, Ulf (Hg.): Praxishandbuch Historisches Lernen und Medienbildung im digitalen Zeitalter. Lizenzausgabe für die Bundeszentrale für politische Bildung. Bonn, S. 355–362.

Spieß, Christian (2014): Quellenarbeit im Geschichtsunterricht. Die empirische Rekonstruktion von Kompetenzerwerb im Umgang mit Quellen (Beihefte zur Zeitschrift für Geschichtsdidaktik, Bd. 8). Göttingen.

Stiftung Haus der Geschichte der Bundesrepublik Deutschland (Hg.) (2003): X für U. Bilder, die lügen. Begleitbuch zur Ausstellung im Haus der Geschichte der Bundesrepublik Deutschland, Zeitgeschichtliches Forum Leipzig, 2. März bis Juni 2000. Bonn.

Stöckle, Friederike (2012): „Die armen kleinen Bäuerlein …". Schülervorstellungen zur mittelalterlichen Herrschaftsformen. Ein Beitrag zur Didaktischen Rekonstruktion. Oldenburg.

Strub, Michael (2009): Optimierung von Arbeitsaufträgen aus linguistischer Sicht. In: Hodel, Jan/Waldis, Monika (Hg.): Forschungswerkstatt Geschichtsdidaktik 07. Beiträge zur Tagung „geschichtsdidaktik empirisch 07" (Geschichtsdidaktik heute, Bd. 2). Bern, S. 277–286.

Thonhauser, Josef (Hg.) (2008): Aufgaben als Katalysatoren von Lernprozessen. Eine zentrale Komponente organisierten Lehrens und Lernens aus der Sicht von Lernforschung, Allgemeiner Didaktik und Fachdidaktik. Münster.

Thünemann, Holger (2010): Geschichtsunterricht ohne Geschichte? Überlegungen und empirische Befunde zu historischen Fragen im Geschichtsunterricht und im Schulgeschichtsbuch. In: Handro, Saskia/Schönemann, Bernd (Hg.): Geschichte und Sprache (Zeitgeschichte – Zeitverständnis, Bd. 21). Berlin, S. 49–59.

Thünemann, Holger (2013): Historische Lernaufgaben – Theoretische Überlegungen, empirische Befunde und forschungspragmatische Perspektiven. In: Zeitschrift für Geschichtsdidaktik 12, S. 141–155.

Thünemann, Holger (2014): Historisches Denken. Lernprozessdiagnose statt Leistungsmessung. In: Public History Weekly 2, 19. In: Public History Weekly 2, 19, DOI: dx.doi.org/10.1515/phw-2014-2058.

Thünemann, Holger (2016): Probleme und Perspektiven der geschichtsdidaktischen Kompetenzdebatte. In: Handro, Saskia/Schönemann, Bernd (Hg.): Aus der Geschichte lernen? Weiße Flecken der Kompetenzdebatte (Geschichtskultur und historisches Lernen, Bd. 15). Berlin, S. 37–51.

Thünemann, Holger (2018): Historisch Denken lernen mit Schulbüchern? Forschungsstand und Forschungsperspektiven. In: Bramann, Christoph u.a. (Hg.): Historisch Denken lernen mit Schulbüchern. Frankfurt/M., S. 17–36.

Thünemann, Holger/Jansen, Johannes (2018): Historisches Denken lernen. In: Bracke, Sebastian u.a.: Theorie des Geschichtsunterrichts (Geschichtsunterricht erforschen, Bd. 9). Frankfurt/M., S. 71–106.

Trautwein, Ulrich u.a. (2017): Kompetenzen historischen Denkens erfassen. Konzeption, Operationalisierung und Befunde des Projekts „Historical Thinking – Competencies in History" (HiTCH). Münster.

Uffelmann, Uwe (Hg.) (1999): Neue Beiträge zum Problemorientierten Geschichtsunterricht. Idstein.

Van Drie, Jannet/Van Boxtel, Carla (2008): Historical Reasoning: Towards a Framework for Analyzing Students' Reasoning about the Past. In: Educational Psychology Review 20, S. 87–110.

VanSledright, Bruce A. (2014): Assessing Historical Thinking and Understanding. Innovative Designs for New Standards. New York.

VanSledright, Bruce A. (2015): Assessing for Learning in the History Classroom. In: Ercikan, Kadriye/Seixas, Peter (Hg.): New Directions in Assessing Historical Thinking. New York, NY, S. 75–88.

Völkel, Bärbel (2017): Inklusive Geschichtsdidaktik. Vom inneren Zeitbewusstsein zur dialogischen Geschichte. Schwalbach/Ts.

Vollmer, Helmut Johannes/Thürmann, Eike (2013): Sprachbildung und Bildungssprache als Aufgabe aller Fächer der Regelschule. In: Becker-Mrotzek, Michael u.a. (Hg.): Sprache im Fach. Sprachlichkeit und fachliches Lernen. Münster, S. 41–57.

von Borries, Bodo (1974): Lernziele und Testaufgaben für den Geschichtsunterricht (Anmerkungen und Argumente, Bd. 8). 2., erg. Aufl. Stuttgart.

von Borries, Bodo (1979a): Leistungsmessung und Leistungsbeurteilung. In: Bergmann, Klaus u.a. (Hg.): Handbuch der Geschichtsdidaktik. Bd. 2. Düsseldorf, S. 89–93.

von Borries, Bodo (1979b): Tests. In: Bergmann, Klaus u.a. (Hg.): Handbuch der Geschichtsdidaktik. Bd. 2. Düsseldorf, S. 93–98.

von Borries, Bodo (1980): Problemorientierter Geschichtsunterricht: Schulbuchkritik und Schulbuchrevision am Beispiel der römischen Republik. Stuttgart.

von Borries, Bodo (1989): „Glanzvolle Ritterzeit" oder „bäuerliche Leibeigenschaft"? Mittelalter-Vorstellungen bei Schülerinnen und Schülern. In: Geschichte Lernen 2, H. 11, S. 4–7.

von Borries, Bodo (1997a): Leistungsmessung und Leistungsbeurteilung. In: Bergmann, Klaus u.a. (Hg.): Handbuch der Geschichtsdidaktik. 5., überarb. Aufl. Seelze-Velber, S. 475–481.

von Borries, Bodo (1997b): Tests. In: Bergmann, Klaus u.a. (Hg.): Handbuch der Geschichtsdidaktik. 5., überarb. Aufl. Seelze-Velber, S. 481–486.

von Borries, Bodo (2005): Historische Projektarbeit. „Größenwahn" oder „Königsweg"? In: Dittmer, Lothar/Siegfried, Detlef (Hg.): Spurensucher. Ein Praxisbuch für historische Projektarbeit. Hamburg, S. 243–252.

von Borries, Bodo (2007): Empirie: Ergebnisse messen (Lerndiagnose im Fach Geschichte). In: Körber, Andreas u.a. (Hg.): Kompetenzen historischen Denkens. Ein Strukturmodell als Beitrag zur Kompetenzorientierung in der Geschichtsdidaktik (Kompetenzen: Grundlagen – Entwicklung – Förderung, Bd. 2). Neuried, S. 653–673.

von Borries, Bodo u.a. (2005): Schulbuchverständnis, Richtlinienbenutzung und Reflexionsprozesse im Geschichtsunterricht. Eine qualitativ-quantitative Schüler- und Lehrerbefragung im Deutschsprachigen Bildungswesen 2002 (Bayrische Studien zur Geschichtsdidaktik, Bd. 9). Neuried.

Vygotsky, Lew S. (1978): Mind in Society. The Development of Higher Psychological Processes. Cambridge, MA.

Waldis, Monika (2013): Fachdidaktische Analyse von Aufgaben in Geschichte. In: Maier, Uwe u.a. (Hg.): Lern- und Leistungsaufgaben im Unterricht.

Fächerübergreifende Kriterien zur Auswahl und Analyse. Bad Heilbrunn, S. 145–162.

Waldis, Monika u.a. (2012): Qualität von Lernaufgaben im Geschichtsunterricht. Eine empirische Analyse von Videodaten. In: Zeitschrift für Didaktik der Gesellschaftswissenschaften 3, H. 1, S. 142–157.

Waldis, Monika u.a. (2015): Material-Based and Open-Ended Writing Tasks for Assessing Narrative Competence among Students. In: Ercikan, Kadriye/Seixas, Peter (Hg.): New Directions in Assessing Historical Thinking. New York, NY, S. 117–131.

Waleczek, Torben (2013): Merkels „Neuland“ wird zur Lachnummer im Netz. Tagespiegel online vom 19.6.2013. Online unter https://www.tagesspiegel.de/politik/die-kanzlerin-und-das-internet-merkels-neuland-wird-zur-lachnummer-im-netz/8375974.html.

Weinert, Franz E./Schrader, Friedrich-Wilhelm (1986): Diagnose des Lehrers als Diagnostiker. In: Petillon, Hanns u.a. (Hg.): Schülergerechte Diagnose. Theoretische und empirische Beiträge zur Pädagogischen Diagnostik. Festschrift zum 60. Geburtstag von Karlheinz Ingenkamp. Weinheim, S. 11–29.

Weißeno, Georg u.a. (2010): Konzepte der Politik – ein Kompetenzmodell. Bonn.

Wenzel, Birgit (2012a): Aufgaben im Geschichtsunterricht. In: Günther-Arndt, Hilke (Hg.): Geschichts-Methodik. Handbuch für die Sekundarstufe I und II. 4. Aufl. Berlin, S. 77–86.

Wenzel, Birgit (2012b): Aufgaben(kultur) und neue Prüfungsformen. In: Barricelli, Michele/Lücke, Martin (Hg.): Handbuch Praxis des Geschichtsunterrichts. Bd. 2. Schwalbach/Ts., S. 23–36.

Wenzel, Birgit (2012c): Heterogenität und Inklusion – Binnendifferenzierung und Individualisierung. In: Barricelli, Michele/Lücke, Martin (Hg.): Handbuch Praxis des Geschichtsunterrichts. Bd. 2. Schwalbach/Ts., S. 239–256.

Wenzel, Birgit (2015): Aufgaben im Geschichtsunterricht. In: Günther-Arndt, Hilke/Handro, Saskia (Hg.): Geschichts-Methodik. Handbuch für die Sekundarstufe I und II. 5. Aufl. Berlin, S. 75–83.

Wilhelm, Oliver/Kunina-Habenicht, Olga (2015): Pädagogisch-psychologische Diagnostik. In: Wild, Elke/Möller, Jens (Hg.): Pädagogische Psychologie. 2., vollst. überarb. u. akt. Aufl. Berlin, S. 305–328.

Wineburg, Sam (2016): Why Historical Thinking is Not about History. In: History News 71, H. 2, S. 13–16.

Wineburg, Sam/McGrew, Sarah (2017): Lateral Reading: Reading Less and Learning More When Evaluating Digital Information. Working Paper No 2017.A1/Stanford History Education Group. September 2017. Online unter https://papers.ssrn.com/sol3/papers.cfm?abstract_id=3048994.

Wineburg, Sam/Reisman, Abby (2019): Research on Historical Understanding. A Brief Glimpse from American Shores. In: Köster, Manuel u.a. (Hg.): Researching History Education. International Perspectives and Disciplinary Traditions. 2nd, completely revised and updated edition (Geschichtsunterricht erforschen, Bd. 4). Frankfurt/M., S. 321–340.

Wunderer, Hartmann (2016): Tests und Klausuren. In: Mayer, Ulrich u.a. (Hg.): Handbuch Methoden im Geschichtsunterricht. 5. Aufl. Schwalbach/Ts., S. 675–685.

Zülsdorf-Kersting, Meik (2007): Sechzig Jahre danach: Jugendliche und Holocaust. Eine Studie zur geschichtskulturellen Sozialisation (Geschichtskultur und Historisches Lernen, Bd. 2). Berlin.

Zülsdorf-Kersting, Meik (2012): Historische Projektarbeit. In: Barricelli, Michele/Lücke, Martin (Hg.): Handbuch Praxis des Geschichtsunterrichts. Bd. 2. Schwalbach/Ts., S. 64–75.

Zülsdorf-Kersting, Meik (2014): Historische Kompetenzen – Diagnose und Bewertung. In: Günther-Arndt, Hilke/Zülsdorf-Kersting, Meik (Hg.): Geschichts-Didaktik. Praxishandbuch für die Sekundarstufe I und II. 6., überarb. Neuaufl. Berlin, S. 214–226.

Zülsdorf-Kersting, Meik (2016): Historische Urteilsbildung. Theoretische Klärung und empirische Besichtigung. In: Hasberg, Wolfgang/Thünemann, Holger (Hg.): Geschichtsdidaktik in der Diskussion. Grundlagen und Perspektiven (Geschichtsdidaktik diskursiv – Public History und Historisches Denken, Bd. 1). Frankfurt/M., S. 197–224.

Zülsdorf-Kersting, Meik (2018): Geschichtsunterricht als soziales System. In: Bracke, Sebastian u.a.: Theorie des Geschichtsunterrichts (Geschichtsunterricht erforschen, Bd. 9). Frankfurt/M., S. 13–70.